Introdução ao Direito

Introdução ao Direito

2022 • 5ª Edição

José A. Gonçalves Ferreira (Coord.)
António Garcia Pereira
David Falcão

ALMEDINA

INTRODUÇÃO AO DIREITO

AUTORES
José A. Gonçalves Ferreira (COORDENADOR)
António Garcia Pereira
David Falcão

EDITOR
EDIÇÕES ALMEDINA, S.A.
Avenida Emídio Navarro, 81, 3D
3000-151 Coimbra
Tel.: 239 851 904 · Fax: 239 851 901
www.almedina.net · editora@almedina.net

Design de colecção: FBA.
Capa: Edições Almedina

PRÉ-IMPRESSÃO
EDIÇÕES ALMEDINA, S.A.

IMPRESSÃO E ACABAMENTO
ACD Print, S. A.

novembro de 2022

DEPÓSITO LEGAL
507259/22

ALMEDINA | GRUPOALMEDINA

BIBLIOTECA NACIONAL DE PORTUGAL – CATALOGAÇÃO NA PUBLICAÇÃO

INTRODUÇÃO AO DIREITO

Introdução ao Direito / coord. José Gonçalves Ferreira, António Garcia Pereira, David Falcão. – 5ª ed. - (Direito para economistas, gestores e marketeers)
ISBN 978-989-40-0909-2

I – FERREIRA, José Gonçalves
II – PEREIRA, António Garcia, 1952-
III - FALCÃO, David, 1978-

CDU 340

NOTA INTRODUTÓRIA À EDIÇÃO DE 2022

Na edição de 2019, para além de inovações de pormenor, procurou-se atualizar a obra em função de alterações legislativas ocorridas entre 30 de novembro de 2017 e 30 de novembro de 2018.

Na edição de 2020 procurou-se fazer a atualização legislativa até 15/11/2019, introduzindo aditamentos que complementam o texto no que respeita a fontes de Direito (Direito supraestadual) e compra e venda (contratação à distância e comércio eletrónico).

Na edição de 2021 atualizou-se a lei e informação aplicável a várias matérias até 22/07/2021.

Na edição de 2022 procurou-se fazer a atualização legislativa até 13/10/2022, introduzindo alguns aditamentos que complementam o texto tal como foi fixado na 4ª edição.

A presente obra representa o esforço de três docentes da disciplina da Introdução ao Direito que tem sido ministrada no Instituto Superior de Economia e Gestão da Universidade de Lisboa, no sentido de proporcionarem aos seus alunos conhecimentos básicos de Direito.

Destinando-se a obra a estudantes das licenciaturas de Economia, Gestão, Finanças e Matemática aplicada à economia (MAEG), não constitui pretensão dos autores inovar na ciência jurídica, mas, sensibilizar alunos que não são juristas, nem, previsivelmente, virão a ser juristas, para as questões do Direito, facultando-lhes alguns instrumentos essenciais para abordar, de uma forma tão pragmática quanto possível, as inúmeras interrogações que, como cidadãos e licenciados em ciências económicas e financeiras se podem deparam na sua vida quotidiana.

Nesta perspetiva, também se indicam, quando julgado necessário, os caminhos a percorrer para quem deseje aprofundar algum dos temas tratados, seja pela consulta de documentação disponibilizada na internet em sítios atualizados, seja pela bibliografia.

A obra é multidisciplinar, sintetizando conhecimentos que, nas Faculdades de Direito, correspondem a várias disciplinas jurídicas, encarados como indispensáveis ou úteis para ministrar a alunos que, na licenciatura de economia do ISEG, apenas dispõem desta disciplina jurídica como obrigatória.

Foram estes os nossos objetivos, que esperamos sejam conseguidos.

Lisboa, 13 de outubro de 2022

José A. Gonçalves Ferreira

ESTRUTURA E AUTORIAS

A presente obra coletiva divide-se em nove números, cuja autoria se encontra assim repartida:

José A. Gonçalves Ferreira

1 – Direito e economia

2 – Direito e sociedade. Ordens Normativas

3 – Os valores prosseguidos pelo Direito

4 – Características do Direito e da norma jurídica

6 – Sistema jurídico e sistema político

9.1 a 9.2.4.2.4.11 – 9.1 – Da noção e estrutura (em geral) da relação jurídica à compra e venda (inclusive)

9.2.5 – Relação jurídica (garantia)

José A. Gonçalves Ferreira e David Falcão

5 – Os Ramos do Direito

7 – Fontes de Direito

8 – Aplicação da Lei

António Garcia Pereira

9.2.4.3 – Responsabilidade Civil

Este autor escreve segundo a ortografia anterior ao acordo ortográfico.

Lisboa, 13 de outubro de 2022

O autor e coordenador:
José A. Gonçalves Ferreira

ABREVIATURAS

AC – Autoridade da Concorrência
AG – Assembleia Geral
al – alínea
ALR – Assembleia Legislativa Regional
AP – Administração Pública
AR – Assembleia da República
Artº – artigo
CA – Conselho de Administração
CADH – Convenção Americana sobre Direitos Humanos
CADHP – Convenção Africana dos Direitos do Homem e dos Povos
CAU – Comissão de Auditoria
CC – Código Civil
Ccom – Código Comercial
CCP – Código dos Contratos Públicos
CDA – Código do Direito de Autor e dos Direitos Conexos
CDFUE – Carta dos Direitos Fundamentais da União Europeia
CE – Código da Estrada
CEDH – Convenção Europeia dos Direitos do Homem
CEP – Código da Execução das Penas e Medidas Privativas da Liberdade
CF – Conselho Fiscal
cfr. – ver, confrontar
CIRE – Código da Insolvência e da Recuperação de Empresas
CM – Conselho de Ministros
CMVM – Comissão do Mercado de Valores Mobiliários

CN – Código do Notariado
CP – Código Penal
CPA – Código do Procedimento Administrativo
CPC – Código do Processo Civil
CPP – Código do Processo Penal
CPT – Código de Processo de Trabalho
CRP – Constituição da República Portuguesa
CSC – Código das Sociedades Comerciais
CSM – Conselho Superior da Magistratura
CSMP – Conselho Superior do Ministério Público
CT – Código do Trabalho
CVM – Código dos Valores Mobiliários
DL – Decreto-Lei
DLR – Decreto Legislativo Regional
DR – Decreto Regulamentar
DRE – Diário da República Eletrónico
DUDH – Declaração Universal dos Direitos do Homem
CEDH – Convenção Europeia dos Direitos do Homem
EMJ – Estatuto dos Magistrados Judiciais
EMP – Estatuto do Ministério Público
EN – Estatuto do Notariado
ETAF – Estatuto dos Tribunais Administrativos e Fiscais
FU – Fiscal único
GOV – Governo
ID – Introdução ao Direito
Ié – isto é
IMI – Código do Imposto Municipal sobre Imóveis
IMT – Código do Imposto Municipal sobre as Transmissões Onerosas de Imóveis
INCM – Imprensa Nacional-Casa da Moeda, SA
IRS – Imposto sobre o Rendimento de Pessoas Singulares
IRC – Imposto sobre o Rendimento de Pessoas Coletivas
IS – Código do Imposto do Selo
IVA – Imposto sobre o Valor Acrescentado
L – Lei
LAV – Lei de Arbitragem Voluntária
LCE – Lei do Comércio Eletrónico

LDC – Lei de Defesa do Consumidor
LFCG – Lei sobre Falta de Conformidade e Garantia de Bens Vendidos
LEO – Lei de Enquadramento Orçamental
LLR – Lei da Liberdade Religiosa
LOFTC – Lei Organização, Funcionamento e Processo do Tribunal Constitucional
LOPTC – Lei de Organização e Processo do Tribunal de Contas
LOSJ – Lei da Organização do Sistema Judiciário
LPTA – Lei de Processo nos Tribunais Administrativos
MP – Ministério Público
nº – número
OIT – Organização Internacional do Trabalho
ONU – Organização das Nações Unidas
PGR – Procuradoria-Geral da República
PIDCP – Pacto Internacional sobre Direitos Civis e Políticos
PIDESC – Pacto Internacional sobre Direitos Económicos, Sociais e Culturais
PM – Primeiro-Ministro
PR – Presidente da República
RRCEEP – Regime da Responsabilidade Civil Extracontratual do Estado e Demais Entidades Públicas
RCDFEC – Regime dos Contratos Celebrados à Distância e Fora do Estabelecimento Comercial
RGIT – Regime Geral das Infrações Tributárias
ROC – Revisor Oficial de Contas
RR – Representante da República nas Regiões Autónomas dos Açores e Madeira
SA – Sociedade Anónima
SAS – Sistema Anglo-Saxónico
SQ – Sociedade por Quotas
SRG – Sistema Romano-Germânico
SROC – Sociedade de Revisores Oficias de Contas
STA – Supremo Tribunal Administrativo
STJ – Supremo Tribunal de Justiça
STM – Supremo Tribunal Militar
T – Tribunais

TADHP – Tribunal Africano dos Direitos do Homem e dos Povos
TADH – Tribunal Americano dos Direitos do Homem
TR – Tribunal da Relação
TC – Tribunal Constitucional
TEDH – Tribunal Europeu dos Direitos Humanos
TFUE – Tratado Sobre o Funcionamento da União Europeia
TIJ – Tribunal Internacional de Justiça
TJUE – Tribunal de Justiça da União Europeia
TPI – Tribunal Penal Internacional
TUE – Tratado da União Europeia
UC – Unidade Curricular
UE – União Europeia
v.g – *verbi gratia* (por exemplo)
vide – Ver

1. Direito e economia

1.1. Apresentação

O Direito é, antes de mais, um sistema de normas reguladoras de pessoas, coisas e outras realidades verificáveis na vida em sociedade.

Noutra perspetiva, o Direito é uma ciência que tem como objeto normas.

A Economia é uma realidade social que se traduz no conjunto de atividades humanas tendentes à satisfação de necessidades materiais.

Lei para o Direito é diferente da lei para a economia, a primeira é uma ordem do ***dever ser*** e a segunda uma ordem do ***ser***, mas, interagem uma com a outra.

Veja-se *o Direito da concorrência:* contem um conjunto de normas sobre proibição de práticas restritivas do comércio, concentrações excessivas de empresas, auxílios do Estado que desvirtuam as regas do mercado, tendo presente o objetivo de o salvaguardar. O seu estudo tem por objeto normas, que determinam comportamentos de pessoas, reveladoras de um **dever de atuar**.

Noutro exemplo, o *Direito de propriedade industrial* contem disposições punitivas de atos de concorrência considerada desleal, regulando, mais uma vez, deveres comportamentais.

A *concorrência* é, por um lado, uma realidade social que obedece às "leis da economia" (v.g determinação de preços em função da livre oferta e procura), que correspondem à ordem natural das coisas, exprimindo um **ser**.

Todavia, a falta de regulamentação legal, determinaria que o livre funcionamento económico do mercado e da atividade empresarial o distorcesse, causando danos, quer às empresas, quer aos consumidores, podendo, inclusivamente, pôr em causa a sua existência, perante situações incontroladas de monopólio ou oligopólio.

O Direito, o *dever ser*, é assim, chamado a intervir.

O TFUE (replicado e desenvolvido pelo Direito interno português para o respetivo mercado) dispõe, sobre práticas restritivas da concorrência:

Artigo 101º

1. São incompatíveis com o mercado interno e proibidos todos os acordos entre empresas, todas as decisões de associações de empresas e todas as práticas concertadas que sejam suscetíveis de afetar o comércio entre os Estados-Membros e que tenham por objetivo ou efeito impedir, restringir ou falsear a concorrência no mercado interno, designadamente as que consistam em:

a) Fixar, de forma direta ou indireta, os preços de compra ou de venda, ou quaisquer outras condições de transação;

b) Limitar ou controlar a produção, a distribuição, o desenvolvimento técnico ou os investimentos;

c) Repartir os mercados ou as fontes de abastecimento;

d) Aplicar, relativamente a parceiros comerciais, condições desiguais no caso de prestações equivalentes colocando-os, por esse facto, em desvantagem na concorrência;

e) Subordinar a celebração de contratos à aceitação, por parte dos outros contraentes, de prestações suplementares que, pela sua natureza ou de acordo com os usos comerciais, não têm ligação com o objeto desses contratos.

2. São nulos os acordos ou decisões proibidos pelo presente artigo..........................

Artigo 102º

É incompatível com o mercado interno e proibido, na medida em que tal seja suscetível de afetar o comércio entre os Estados-Membros, o facto de uma ou mais empresas explorarem de forma abusiva uma posição dominante no mercado interno ou numa parte substancial deste. Estas práticas abusivas podem, nomeadamente, consistir em:

a) Impor, de forma direta ou indireta, preços de compra ou de venda ou outras condições de transação não equitativas;

b) Limitar a produção, a distribuição ou o desenvolvimento técnico em prejuízo dos consumidores;

c) Aplicar, relativamente a parceiros comerciais, condições desiguais no caso de prestações equivalentes colocando-os, por esse facto, em desvantagem na concorrência;

d) Subordinar a celebração de contratos à aceitação, por parte dos outros contraentes, de prestações suplementares que, pela sua natureza ou de acordo com os usos comerciais, não têm ligação com o objeto desses contratos.

Por sua vez, o regime da concorrência estabelecido pela lei nº 19/2012 de 8 de Maio, sobre concentrações de empresas prevê:

Artigo 37º

1 – As operações de concentração de empresas estão sujeitas a notificação prévia quando preencham uma das seguintes condições:

a) Em consequência da sua realização se adquira, crie ou reforce uma quota igual ou superior a 50% no mercado nacional de determinado bem ou serviço, ou numa parte substancial deste;

b) Em consequência da sua realização se adquira, crie ou reforce uma quota igual ou superior a 30% e inferior a 50% no mercado nacional de determinado bem ou serviço, ou numa parte substancial deste, desde que o volume de negócios realizado individualmente em Portugal, no último exercício, por pelo menos duas das empresas que participam na operação de concentração seja superior a cinco milhões de euros, líquidos dos impostos com estes diretamente relacionados;

c) O conjunto das empresas que participam na concentração tenha realizado em Portugal, no último exercício, um volume de negócios superior a 100 milhões de euros, líquidos dos impostos com este diretamente relacionados, desde que o volume de negócios realizado individualmente em Portugal por pelo menos duas dessas empresas seja superior a cinco milhões de euros.

2 – As operações de concentração abrangidas pela presente lei devem ser notificadas à Autoridade da Concorrência após a conclusão do acordo e antes de realizadas, sendo caso disso, após a data da divulgação do anúncio preliminar de uma oferta pública de aquisição ou de troca, ou da divulgação de anúncio de aquisição de uma participação de controlo em sociedade emitente de ações admitidas à negociação em mercado regulamentado, ou ainda, no caso de uma operação de concentração que resulte de procedimento para a formação de contrato público, após a adjudicação definitiva e antes de realizada.

....

4 – Quando as empresas que participem numa operação de concentração demonstrem junto da Autoridade da Concorrência uma intenção séria de concluir um acordo ou, no caso de uma oferta pública de aquisição ou de troca, a intenção pública de realizar tal oferta, desde que do acordo ou da oferta previstos resulte uma operação de concentração, a mesma pode ser objeto de notificação voluntária à Autoridade da Concorrência, em fase anterior à da constituição da obrigação prevista no nº 2 do presente artigo.

5 – As operações de concentração projetadas podem ser objeto de avaliação prévia pela Autoridade da Concorrência, segundo procedimento estabelecido pela mesma.

Ao serem objeto de regulação jurídica, ***o mercado e a concorrência deixam de representar apenas realidades económicas, um ser, para passarem a um dever ser.***

Por outro lado, o ***Direito define setores de produção*** (público, privado, cooperativo e social – artigos 80º *b*) e 82º da CRP), ***bens transacionáveis*** (artigo 202º nº 1 do CC) e não transacionáveis, através das noções de domínio privado e domínio publico do Estado e de outras pessoas coletivas territoriais (artigo 84º da CRP e artigo 202º nº 2 do CC), ***coisas no comércio e fora do comércio, a propriedade privada*** (artº 62º da CRP) e ***a iniciativa económica*** – privada e outra (artigo 61º da CRP), ***o acesso e o exercício da atividade económica*** (v.g artigos 61º, 62º, 82º, 86º, 87º da CRP) e as mais frequentes ***operações*** inseridas na última, como é o caso da ***negociação e contratação***, a ***regulação e supervisão*** dos mercados, tendo em vista garantir o seu funcionamento, reparar deficiências e evitar riscos[1], o ***acesso a bens e serviços essenciais***, a ***defesa de interesses difusos***, sejam os relativos ao ambiente e qualidade de vida (artº 66º da CRP), ou à defesa dos consumidores e investidores.

Nestes temas, sendo a função legislativa do Estado uma decorrência da sua função política (cfr. infra 6.2.4), as tarefas fundamentais que ao mesmo são cometidas (artigos 9º e 81º da CRP) exigem um sistema normativo muito abrangente.

Para além disto, sempre será indispensável economia a regulação de matérias tão diversas como sejam a ***definição de pessoas*** (singulares ou coletivas), das várias ***estruturas das empresas*** (individuais ou coleti-

[1] Veja-se, *por exemplo,* a enorme regulação existente em matéria de Instituições de crédito, sociedades financeiras, seguradoras, fundos de pensões, organismos de investimento coletivo em bens móveis e imóveis, mercados de valores mobiliários, tendo em vista a segurança dos investidores e a necessidade de evitar os riscos decorrentes da "insolvência" de instituições financeiras, que conduziram, por exemplo, à nacionalização ou à resolução de instituições de crédito (cfr. a Lei nº 62-A/2008 de 11 de Novembro que aprovou o regime jurídico da nacionalização de bens, ao abrigo do artigo 83º da CRP, e procedeu à nacionalização do Banco Português de Negócios SA, a Lei nº 58/2011 de 28 de Novembro, que prevê um fundo de resolução de instituições sujeitas à supervisão do Banco de Portugal, as várias medidas de reforço de solidez das instituições de crédito, ao abrigo da Lei nº 63-A/2008, de 24 de novembro, alterada e republicada em anexo à Lei nº 4/2012 de 11 de Janeiro, e o Decreto-Lei nº 31-A/2012, de 10 de fevereiro que alterou e republicou o Regime Geral das Instituições de Crédito e Sociedades Financeiras, ao abrigo do qual o Banco de Portugal decretou a resolução do BES e do BANIF.

vas – associações, fundações, sociedades, agrupamentos, cooperativas, entidades públicas empresariais, empresas públicas regionais e locais, para dar exemplos), bem como o ***estatuto dos empresários*** (investidores e/ou gestores).

Os ***institutos gerais*** (personalidade jurídica, autonomia na regulação de interesses, a tutela da confiança, a reparação de danos, a propriedade) concebidos pelo Direito privado, também são fundamentais ao funcionamento das relações económicas estabelecidas em sociedade.

O Direito Constitucional, Penal, Económico, Administrativo, Tributário, Financeiro, no âmbito do Direito Público, e o Direito civil, comercial e laboral, no âmbito do Direito privado, farão, assim, parte, necessariamente, da ***regulação económica***, no sentido mais amplo possível desta noção.

Por fim, ***a resolução de litígios***, mediante a aplicação coerciva da lei, seja pelos órgãos de soberania do Estado (Tribunais), seja por meios alternativos, é também tema obrigatório do Direito, sem a qual a vida em sociedade se regeria pela impunidade e a economia pela lei do mais forte, introduzindo-se uma intolerável injustiça e insegurança permanente.

No entanto, na sua vasta abrangência, ***o Direito vai para além da regulação da economia***.

Assim, o *Direito Constitucional* procura garantir a defesa e realização dos valores fundamentais da vida em sociedade, seja pela definição do Estado, da sua organização e fins prosseguidos, seja pela consagração de direitos, liberdades e garantias pessoais, sociais, culturais e de participação política, seja pela organização do poder político.

Por sua vez, o *Direito Criminal* (Penal), se por um lado, pune as infrações mais graves relacionadas com os valores patrimoniais, salvaguarda, em primeira linha, os valores pessoais (a vida, a integridade física, a liberdade pessoal e sexual, a honra, a reserva da vida privada, a identidade pessoal e cultural, a família, os sentimentos religiosos e o respeito devido aos mortos), sociais e pessoais (a punição da falsificação, a necessidade de proteção contra perigos comuns – incêndios, energia nuclear, proteção da natureza, poluição e atividades perigosas para o ambiente, animais, vegetais, substâncias alimentares e medicinais, doenças e intervenções de profissionais de saúde, segurança das comunicações, ordem e tranquilidade públicas, segurança do Estado, soberania nacional, dos

Estados estrangeiros e organizações internacionais, realização do Estado de Direito, sistema eleitoral, autoridade pública, exercício de funções públicas, realização da justiça, exercício de funções públicas).

O *Direito civil* aborda os direitos de personalidade, da família e sucessões.

O *Direito Internacional* abrange também realidades que extravasam a economia, como sejam, os Direitos Liberdades e Garantias dos cidadãos, os mecanismos inerentes à paz e à guerra, à garantia da biodiversidade e de um ambiente sustentável.

Todos estes ramos de Direito são indispensáveis ao funcionamento da vida nas sociedades estaduais organizadas, tais como as conhecemos no presente, mesmo que não incidam diretamente sobre a economia. Na realidade, *nem só de necessidades materiais vive o homem.*

1.2. O conhecimento do Direito. Sequência de exposição.

Sendo fundamental para a vida em sociedade, o Direito é *imperativo.* A sua ignorância não evita a respetiva aplicação (artigo 6º do CC), tornando-se, assim, de conhecimento obrigatório.

Cada um dos seus destinatários deve dotar-se dos instrumentos específicos para o *saber interpretar*, ou seja, extrair um sentido das normas que o compõem, que, como se verá, pode não coincidir com a mera leitura das mesmas (cfr. infra, 8.3.1).

Por outro lado, se a realidade traz à consideração dos aplicadores do Direito (todas as pessoas) situações facilmente enquadráveis nas normas constituídas, também mostra outras que podem não estar expressamente reguladas, muito embora careçam de regulação.

Quanto a este último aspeto, importa não esquecer que, *nem toda a regulação da vida em sociedade e*, em particular, *da economia, carece de regulamentação jurídica*, e nem sempre esta conduzirá à solução mais eficaz para aquela (um comportamento incorreto, em sociedade, pode gerar a aplicação de sanções sociais e/ou económicas, não forçosamente jurídicas, e, muitas vezes, as primeiras são mais eficazes do que as últimas). Há que saber delimitar o campo de atuação do Direito.

Só uma visão crítica do Direito pode conduzir à boa interpretação das suas normas, bem como à correta delimitação do seu âmbito.

No Direito aplicável à *vida privada*, nomeadamente em matéria de negócios jurídicos, vigora o *princípio jurídico da liberdade de atuação* (é permitido tudo o que não é proibido)[2], pelo que a falta de regulação normativa das situações concretas não impede a atuação social, económica e jurídica.

Pelo contrário, no âmbito de *atuação das pessoas coletivas* (v.g Estado, Regiões, autarquias) *e* do denominado *"Direito Público"* (cfr. infra, 5.1), *impera o princípio da competência* (só é permitido atuar dentro da competência que o Direito atribui a cada pessoa).

Conhecer o Direito implica, assim, dominar normas com conteúdos e funções diversas (cfr. infra 4.2.2), sendo tão importantes as que regulamentam exaustivamente as situações da vida pessoal, social, política ou económica, como aquelas que se limitam a conceder liberdade de atuação, impondo apenas os limites ou os fins da mesma.

Abordar-se-ão as questões gerais do Direito, os seus ramos, o sistema político e jurídico, as fontes de Direito, a aplicação da lei, a relação jurídica, como situação jurídica típica, incluindo na mesma dois temas mais específicos e considerados especialmente relevantes para a atuação no mercado: o contrato e a responsabilidade civil.

[2] De que constitui manifestação, o princípio da liberdade contratual (artº 405º do CC) que comporta em si a liberdade de celebração de negócios e a de fixação do seu conteúdo.

2. Direito e sociedade. Ordens Normativas

2.1. Direito objetivo, subjetivo, ciência do Direito

2.1.1. **O Direito objetivo** consiste num ***conjunto sistematizado de normas*** produzidas pelos órgãos competentes ou diretamente pela comunidade[3], tendo em vista regular o comportamento das pessoas em sociedade.

Neste sentido, se alude ao Direito Constitucional, o Direito Criminal, o Direito Civil, os costumes locais, nacionais ou internacionais.

O Direito não se esgota nestas normas, e, dentro destas, nas normas escritas, apresentando uma dimensão normativa, fáctica e valorativa (conceção tridimensional).

Isto significa que, na realidade jurídica, coexistem as três dimensões relacionando-se entre si: normas, factos e valores.

Tendo em conta a realidade social, o Direito procede à regulação dos comportamentos considerados indispensáveis para a vida em sociedade, mediante a produção de normas legitimadas pela prossecução de determinados valores (justiça, segurança, outros).

Nesta medida, a legitimidade do Direito não resulta apenas da mera conformidade das normas inferiores relativamente às superiores produzidas pelo Estado, que as organiza numa hierarquia, mas, resulta

[3] Caso do costume, também denominado direito consuetudinário (cfr. artigo 348º do CC).

também da adequação do seu conteúdo à realidade social e ao conjunto de valores prosseguidos.

O facto de a CRP, Lei estruturante do sistema jurídico português, consagrar, como fundamento da comunidade política organizada em República, a salvaguarda da dignidade da pessoa humana, tendo em vista a construção de uma sociedade livre, justa e solidária (artigo 1º), de o Estado ser Democrático de Direito, respeitando os direitos e liberdades fundamentais dos cidadãos (artigo 2º) e de advogar, na esfera internacional, o respeito dos direitos do homem, dos direitos dos povos, da igualdade entre os Estados, da solução pacífica dos conflitos, da cooperação com todos os outros povos para a emancipação e o progresso da humanidade, preconizando a abolição de quaisquer formas de agressão, domínio e exploração nas relações entre os povos, reconhecendo o direito dos povos à autodeterminação e independência e ao desenvolvimento, bem como o direito à insurreição contra todas as formas de opressão, e a necessidade do estabelecimento de um sistema de segurança colectiva, com vista à criação de uma ordem internacional capaz de assegurar a paz e a justiça nas relações entre os povos (artigo 7º) *demonstra, suficientemente, que a validade do Direito português se encontra intrinsecamente ligada a uma ordem de valores concreta, não se bastando com meras adequações formais.*

2.1.2. O direito subjetivo *significa um poder ou liberdade de atuar* de acordo com o Direito objetivo, **uma *posição individual de vantagem*** resultante da afetação de um bem à satisfação de necessidades de uma pessoa determinada.

O direito subjetivo produz efeitos perante as outras pessoas, pressupondo, em muitos casos, o poder de exigir a sua colaboração.

> **A** tem **liberdade** de exprimir o que pensa sobre a atuação de um político; **B pode recorrer** aos Tribunais para resolver litígios; **C** é titular do direito de propriedade relativo ao prédio onde habita, **podendo exigir** a todos os que o possam contactar que se abstenham de o usar e danificar; **D pode exigir** do comprador o pagamento do preço dos bens que lhe vendeu; **E pode levantar** dinheiro da sua conta bancária; **F pode solicitar** assistência na doença às unidades e profissionais do Serviço Nacional de Saúde, tendo **liberdade** de escolher o seu médico de família.

2.1.3. A ciência do Direito consiste num conjunto sistematizado de conhecimentos com vista à solução justa.

A estuda Direito da Concorrência, tendo em vista uma operação de concentração de empresas. A Universidade de Lisboa tem no seu seio, estabelecimentos de **ensino de Direito**.

2.2. Ordem jurídica e outras ordens normativas: moral, religião, trato social

2.2.1. Natureza social do Homem

A existência de uma *sociedade*, implica a de um conjunto de pessoas unidas pela necessidade de prossecução de fins comuns, pelo compartilhar de interesses, semelhanças étnicas, culturais, políticas, e, porventura, religiosas, tendo em vista a satisfação das suas necessidades coletivas (a subsistência e preservação da espécie, a realização da justiça e da segurança, incluindo nesta a defesa externa, o bem-estar económico e social).

A noção de sociedade pressupõe, assim, uma forma conjugada de atuação, a existência de finalidades comuns e uma comunidade com caracter de permanência.

O Direito aceita a natureza social do Homem e a sua vida numa *sociedade dotada de poder normativo* (elaboração de regras de conduta), *poder decisório* (decisão sobre situações concretas da vida) *e poder sancionatório* (imposição de sanções para o não acatamento de normas e decisões).

2.2.2. Direito como ordem normativa

Como ordem, o Direito materializa a regulação de comportamentos dos membros da sociedade, tendo em conta as suas estruturas económicas, sociais, políticas e culturais, com vista à satisfação de valores considerados fundamentais, estabelecendo o "**dever ser**", por *contraposição a ordens de natureza diversa.*

Assim, *contrapõe-se à ordem da natureza* (estudada, por exemplo, pela física ou química) que traduz relações inelutáveis dos seus elementos *e à ordem de facto*, que se limita à observação da sociedade (estudada, por exemplo, pela sociologia).

Distingue-se também da *ordem técnica*, que indica, sem impor, os meios a utilizar para atingir objetivos.

Segundo o Direito, se **A** compra Y a **B**, este fica obrigado a pagar o respetivo preço (artigo 874º e 879º do CC); **B** pode não cumprir este dever, mas, nesse caso, está sujeito a sanções impostas pelo órgão do Estado com competência para aplicar coercivamente a norma (Tribunal). Os preceitos citados dão corpo a uma norma ética ou valorativa, que estabelece o dever de adotar um comportamento ("dever ser"). Se bem que, como norma de conduta, possa ser violada, a sua violação implica a aplicação de sanções ao prevaricador pelo órgão competente da autoridade social. Estamos no domínio de uma **ordem de conduta**, de valores e **do "dever ser"** estabelecido pelo **Direito**.

Segundo a ordem da natureza, o petróleo é composto por parafinas normais, parafinas cíclicas, resinas e asfaltenos, parafinas ramificadas e aromáticos, juntos em determinadas proporções, representando uma mistura de carbono e hidrogénio (hidrocarbonetos). Esta ordem traduz apenas a explicação de um facto, de uma relação existente na natureza; não se trata de uma regra de conduta, sendo inviolável e inalterável. Estamos no domínio de uma **ordem da natureza**.

Segundo a estatística, em Portugal, a idade média da Mãe ao nascimento do primeiro filho no ano de 2013 foi de 29,7 anos. Trata-se de uma observação sociológica que descreve e interpreta dados de facto; não se traduz em norma de conduta pessoal, suscetível de ser acatada ou violada, mas, sim de uma **ordem de facto**.

Segundo as instruções fornecidas pelo fabricante, se A, que se dedica à pintura de automóveis, juntar determinadas substâncias numa proporção pré-estabelecida, consegue obter a cor exata prevista para pintar o veículo modelo X, da marca Y, fabricado no ano Z, com o número de quadro ABC. Estamos no domínio da **ordem técnica.**

2.2.3. Direito, Moral, Religião, Normas de Trato Social

2.2.3.1. Direito

Como se verá (cfr. infra 4.2), o sistema jurídico procura regular o comportamento externo das pessoas em sociedade, prescindindo, em geral, de fatores intrasubjetivos. Na verdade, a norma jurídica, sendo produto da criação humana, tem em vista manter e aperfeiçoar a vida em sociedade, impondo-se aos seus destinatários independentemente destes terem consciência da sua existência.

No entanto, a consciência ou a falta de consciência da ilicitude é relevante para o Direito em certos casos, nomeadamente em Direito Penal, podendo conduzir à absolvição ou aplicação de uma pena atenuada. A este propósito, veja-se o disposto no artigo 17º do CP: "1 – Age sem culpa quem atuar sem consciência da ilicitude do facto, se o erro lhe não for censurável. 2 – Se o erro lhe for censurável, o agente é punido com a pena aplicável ao crime doloso respetivo, a qual pode ser especialmente atenuada."

Apreendendo o lado externo do comportamento das pessoas e o seu recíproco relacionamento social, o sistema jurídico (conjunto articulado de normas jurídicas) impõe-se pela coercibilidade, ou seja, pela suscetibilidade de aplicação de sanções em caso de inobservância das normas, através de órgãos socialmente institucionalizados, designadamente, dos Tribunais.

Mas o Direito deve ser visto também "pela positiva", como conjunto normativo interiorizado e praticado voluntariamente pelos membros da sociedade[4], e não apenas como imposição forçada de condutas, procedimentos e sanções na circunstância de infração às suas normas.

Porém, no caso de não ser acatado pelos seus destinatários, existe a suscetibilidade de aplicação de uma sanção[5].

As *sanções* podem revestir natureza e finalidades muito variadas: *punitivas* se visam punir o infrator (v.g aplicação de pena de prisão[6], de uma coima – pagamento de importância pecuniária – ou extinção da relação laboral por despedimento), *preventivas,* se visam prevenir futuras infrações (v.g, a aplicação de medidas de segurança – internamento em estabelecimento psiquiátrico – aos inimputáveis, por anomalia psíquica, pela prática de um crime, socialmente perigosos, obrigação de pagamento de uma quantia pecuniária por cada dia de incumprimento de uma decisão judicial ou administrativa, ou a interdição de exercício de atividade económica por prática de infração contra a economia, ambiente ou saúde pública), *reconstitutivas,* se visam reconstituir a situação que existia antes da prática do ato ilícito (v.g pagamento de uma indemnização no montante dos prejuízos sofridos decorrentes do ato ilícito avaliáveis em dinheiro[7]), *compensatórias,* se visam compensar os danos causados (v.g indemnização por danos não patrimoniais – artigo 496º CC),

[4] Tal é especialmente visível nas sociedades em que o costume tem um papel muito relevante, na medida em que as normas são diretamente criadas e acatadas pela sociedade (por exemplo, no sistema jurídico anglo-saxónico).

[5] Cfr. infra 4, sobre as características do sistema e das normas jurídicas.

[6] Muito embora, a função das penas criminais sejam a proteção de bens jurídicos e a reintegração do agente na sociedade (artigo 40º do CP).

[7] Ver infra, responsabilidade civil.

compulsórias, se visam compelir o infrator a cumprir a norma (v.g o disposto nos artigos 829-A ou 754º do CC).

Por outro lado, as *sanções* podem ser *materiais* (v.g a prisão de uma pessoa), ou meramente *jurídicas* (v.g a invalidade de um negócio contrário à lei), *negativas*, nos exemplos dados, ou *positivas*, quando se premeia um comportamento (v.g o perdão de juros de mora em regularizações extraordinárias de pagamentos de impostos ou contribuições para a segurança social, ou a concessão de um incentivo fiscal para um empreendimento).

O Estado empenha-se em *garantir a observância das normas jurídicas, quer através dos seus órgãos de soberania (Tribunais)*, dotados de independência, relativamente aos outros órgãos de soberania, e imparcialidade (cfr. infra 6.2.5.2.2.3), *quer através da Administração Pública* (cfr. infra, 5.3.4, 6.2.3, 6.2.4), que atua, sob direção do Governo, por forma a garantir a satisfação do interesse público.

Em ambos os casos, a atuação pauta-se pelo princípio da legalidade.

Desta forma, a aplicação coativa do Direito, tanto se pode verificar por uma *decisão judicial*, vinculativa para todas as entidades públicas e privadas (artº 205º nº 2 da CRP), pela *atuação policial* da Administração Central (artigo 272º da CRP), pela intervenção das *entidades administrativas independentes*, com funções de regulação da atividade económica dos setores privado, público, social e cooperativo e dos vários segmentos de mercado, como sejam, a Autoridade de Supervisão de Seguros e Fundos de Pensões, a Comissão do Mercado de Valores Mobiliários, a Autoridade da Concorrência, a Entidade Reguladora dos Serviços Energéticos, a Autoridade Nacional de Comunicações, a Autoridade Nacional de Aviação Civil, a Autoridade da Mobilidade e dos Transportes, a Entidade Reguladora dos Serviços de Águas e Resíduos, e a Entidade Reguladora da Saúde[8], *outras entidades públicas com estatuto de independência*, como é o caso do Banco de Portugal (artigo 102º da CRP), ou ainda pela atuação das *Administrações Regionais, autárquicas e autónomas* (cfr. infra, 6.2.5).

2.2.3.2. Direito e Moral

A palavra moral, se, por um lado, se pode reconduzir a hábitos sociais, por outro, reporta-se à ética, quer no sentido de que se pretende refe-

[8] Cfr. Lei nº 67/2013 de 28 de Agosto na redação dada pela Lei nº 12/2017 de 2 de Maio.

rir ao comportamento humano tal como é ditado pelo íntimo de cada um, quer no sentido de que significa uma norma de conduta ditada por determinados valores (noção de Bem, por contraposição ao Mal). As normas morais são normas de conduta que, através da consciência pessoal, orientam o comportamento para o Bem, tendo em vista o aperfeiçoamento individual, pela imposição de deveres (não também de direitos, como sucede com a norma jurídica). A regra é, assim, *intrasubjetiva*, impondo-se na medida em que cada um tenha consciência de que a deve acatar.

Contrariamente, ao Direito, que apreende o lado externo do comportamento das pessoas, prescindindo, como regra, da consciência que os seus destinatários tenham da sua existência, bem como da concordância com o modo de atuar exigido, a moral pretende atingir o íntimo de cada um.

Assim, a violação da norma moral não dá origem à aplicação de sanções físicas ou materiais por órgãos instituídos pela sociedade, como ocorre relativamente ao não acatamento das normas jurídicas, mas, apenas a um hipotético sentimento de reprovação, arrependimento ou culpa.

Não se pode, pois, dizer, que as normas morais sejam normas sociais, no sentido de se dirigirem, imperativa e coercivamente, a todos os membros de uma comunidade, mas, apenas, comandos individuais que operam pela consciência de cada um (salvaguardando o Direito a *liberdade de consciência* – artigo 41º nº 1 da CRP e artigo 18º da DUDH). Não obstante, na medida em que o mesmo conceito de Bem seja interiorizado pela generalidade dos membros da comunidade, vindo a traduzir-se em comportamentos uniformes, pode falar-se de uma "*moral pública*" ou "*bons costumes*".

Se bem que nem sempre a o Direito receba o conteúdo da regra moral, tal pode suceder em casos pontuais. Todavia, em caso de conflito, *a norma jurídica prevalece sobre a norma moral.*

Prevalência do Direito

Artigo 8º CC

2. O dever de obediência à lei não pode ser afastado sob pretexto de ser injusto ou **imoral** *o conteúdo do preceito legislativo.*

Receção pelo Direito de conteúdos de regras morais:
Artigo 280º CC
2. É nulo o negócio ......ofensivo dos **bons costumes.**

Artigo 281º CC
Se apenas o fim do negócio jurídico for ... ofensivo dos **bons costumes,** *o negócio só é nulo quando o fim for comum a ambas as partes.*

Artigo 1083º CC
2 – É fundamento de resolução o incumprimento que, pela sua gravidade ou consequências, torne inexigível à outra parte a manutenção do arrendamento, designadamente, quanto à resolução pelo senhorio:
b) A utilização do prédio contrária à lei, aos **bons costumes***....;*
(realce nosso)

Artigo 21º CRP
Todos têm o direito de resistir a qualquer ordem que ofenda os seus direitos, liberdades e garantias e de repelir pela força qualquer agressão, quando não seja possível recorrer à autoridade pública.

2.2.3.3. Direito e Religião

As normas religiosas relacionam a pessoa humana com o transcendente, a(s) divindade(s), operando *intrasubjetivamente*, pela crença (fé) na sua existência e mandamentos.

Nos sistemas jurídicos ocidentais, e, em concreto, em Portugal, em que existe uma clara *independência entre Igreja e Estado* e efetiva *liberdade religiosa* (artigo 41º nº 4 da CRP e Lei nº 16/2001 de 22 de junho[9]), as normas religiosas não vinculam os cidadãos.

Não é assim em todos os Estados do mundo, distinguindo-se os *Estados laicos*, como o português, dos religiosos[10].

Assim, a LLR institui a liberdade de consciência, de religião e de culto (cfr. artigos 8º e 9º), inviolável e garantida a todos, de acordo com o artigo 41º nº 1 da CRP e artigo 18º da DUDH, ninguém podendo ser privilegiado, beneficiado, prejudicado, perseguido, privado de qualquer direito ou isento de qualquer dever por causa das suas convicções ou

[9] Com a última redação dada pela Lei nº 66-B/2012, de 31/12.

[10] Como é o caso do Irão, em que a lei religiosa e as decisões dos Tribunais da Xaria, prevalecem sobre as normas jurídicas, tal como são entendidas entre nós.

prática religiosa (artº 2º LLR), vigorando o princípio de que o Estado não adota qualquer religião nem se pronuncia sobre questões religiosas (artº 4º LLR).

Ao contrário das normas jurídicas, que têm como principal fonte o Estado, assente na soberania popular, as normas religiosas têm uma fonte divina, sendo eficazes, relativamente aos crentes, apenas na medida em que cada um tenha consciência de que deve adaptar às mesmas o seu comportamento, pelo que, em caso de incumprimento, não são suscetíveis de aplicação coerciva pelo Estado (as sanções aplicáveis possuem mera natureza espiritual, associadas a ideia de "pecado").

O facto de, no "sistema jurídico ocidental" a *norma religiosa* ser *diversa da norma jurídica, quanto à fonte, eficácia, imperatividade e coercibilidade*, não pode, no entanto, fazer esquecer a influência que, quanto ao conteúdo, a primeira exerceu sobre a última.

Exemplo disso são a previsão o crime de homicídio, fundado na proibição de matar ou a consagração de feriados religiosos como feriados oficiais.

2.2.3.4. Direito e normas de trato social

As nomas de trato social, ou usos sociais, constituem regras de cortesia ou conveniência, que *não impõem deveres*. Em caso de violação, a norma religiosa não permite a aplicação ao infrator de uma sanção material (física ou de outra natureza), mas, apenas, de uma reprovação ou ostracismo social.

- A cumprimenta os seus familiares e amigos sempre que os vê
- B cede o lugar sentado no transporte a uma grávida, C responde às comunicações e pedidos que lhe são dirigidos

Os usos, ou seja, as práticas sociais reiteradas, não possuem força vinculativa própria, uma vez que a mesma apenas se verifica se o Direito a determinar e aqueles não contrariarem os princípios da boa fé (artigo 3º do CC).

São exemplos de usos recebidos pelo Direito, os previstos nos artigos 218º, 234º, 560º nº 3, 885º nº 2, 1083º nº 2 alínea *a*) do CC.

Se a distinção entre norma jurídica e norma de trato social parece fácil na maior parte dos casos, em certas situações pode ser discutida.

A solução dependerá da forma como apreciemos a natureza da regulamentação de interesses estabelecida pelas partes (ser juridicamente vinculante ou não).

- A confia a B o encargo de registar a sua aposta no euromilhões na semana X. B aceita e fica portador do comprovativo do registo. A aposta é premiada. A deverá pagar a B o preço da aposta e B deve entregar a A o prémio que recebeu?
- F pede a H para guardar o seu casaco enquanto estiver no ginásio. H aceita. O casaco é furtado a H. H é responsável pelo pagamento de indemnização a F?

  A solução para estes casos depende de as pessoas envolvidas terem desejado vincular-se juridicamente a um determinado comportamento ou o mesmo não passar de um mero favor ou cortesia social.

3. Os valores prosseguidos pelo Direito

3.1. Justiça

A noção de Justiça pode ser encarada em *várias perspetivas*, destacando-se três: *justiça comutativa, distributiva e expressão do princípio da salvaguarda da dignidade do ser humano, igualdade e proporcionalidade.*

3.1.1. Justiça comutativa e equilíbrio de posições

Diz-se que um negócio é justo quando as *posições das partes se equivalem*, quando *existe equilíbrio* no relacionamento entre as mesmas.

(invalidade dos negócios usurários)

A, tendo conhecimento de que B se encontra numa situação de insolvência e necessita de liquidez para fazer face a despesas de saúde inadiáveis, compra-lhe o imóvel onde habita por valor correspondente a 1/10 do valor corrente de mercado.

O disposto nos artigos 282º e 289º do CC permitem, através da anulação do negócio, a reposição da situação existente antes do benefício excessivo ou injustificado.

(reposição do equilíbrio contratual na contratação pública)

O Estado contrata com a sociedade B a construção de uma autoestrada que será inteiramente custeada e, depois de concluída, mantida em bom estado de conservação, a expensas de B. Como contrapartida, B reterá para si a receita obtida pela cobrança de portagens da autoestrada nos trinta anos seguintes à conclusão da obra. Da documentação que acompanha o contrato, consta a previsão anual de veículos que circulará pela autoestrada, devendo o Estado pagar a B o correspondente às portagens não cobradas por forma a repor a retribuição correspondente àquela previsão.

O CCP regula o equilíbrio entre as posições das partes nos contratos públicos[11], prevendo que o contraente público não pode assumir direitos ou obrigações manifestamente desproporcionados ou que não tenham uma conexão material direta com o fim do contrato (artº 281º), havendo lugar à reposição do equilíbrio financeiro inicialmente estabelecido no contrato nos casos que o mesmo previr ou resultarem da lei (artº 282º). No caso das parcerias público-privadas, sempre que ocorrer um acréscimo anormal e imprevisível dos benefícios financeiros para o cocontratante (v.g a entidade privada construtora da autoestrada, da ponte ou do hospital) que não resulte da sua eficiente gestão e das oportunidades por si criadas, o artigo 341º do CCP também prevê a partilha dos mesmos.

(modificação do contrato por alteração de circunstâncias)

Em 01/04 do ano n, A acorda com B em que este lhe contruirá, em regime de empreitada, um hotel pelo preço de 10.000.000,00, devendo o mesmo estar concluído em 01/04/do ano n+2. No ano n+1 ocorre uma crise económica internacional, imprevisível para as partes, que faz subir o preço dos materiais de construção do hotel em mais de 100%. B pede a modificação do contrato de empreitada quanto ao preço tendo em vista reequilibrar a posição de cada parte no contrato.

O Código civil prevê, no seu artigo 437º, a possibilidade de resolução (extinção) ou modificação do contrato por alteração anormal das circunstâncias que constituíram a base do negócio.

(alteração de circunstâncias imputável a decisão do contraente público)

Em 21/01/do ano no Estado adjudica a B a construção de um hospital, pelo preço de 150.000.000,00, tendo em vista servir a população dos concelhos X e Y. Em 21/01/do ano n+2 o Estado impõe a B várias alterações ao projeto de construção decorrentes de nova definição da área de influência do hospital, reconhecendo ser de interesse público que o mesmo sirva também a população residente nos concelhos S, T e Z, dado o imprevisto acréscimo de procura de serviços hospitalares nos últimos, o que implica uma alteração profunda ao projeto de construção. B requer a revisão do preço da empreitada, para o valor de 200.000.000,00.

Resulta do disposto nos artigos 312º alínea *a*) e 314º do CCP que, quando as circunstâncias em que as partes fundaram a decisão de contratar tiverem sofrido uma alteração anormal e imprevisível, desde que a exigência das obrigações por si assumidas afete gravemente os princípios da boa fé e não esteja coberta pelos riscos próprios do contrato, há lugar a reposição do equilíbrio financeiro se a alteração anormal e imprevisível das circunstâncias for imputável a decisão do contraente

[11] Nomeadamente, nos casos mais frequentes de empreitada de obra pública e concessão de obras e serviços públicos e parcerias público-privadas.

público, adotada fora do exercício dos seus poderes de conformação da relação contratual, e se repercuta de modo específico na situação contratual do cocontratante.

A justiça como equilíbrio entre a posição dos intervenientes numa situação jurídica concreta pode também manifestar-se em casos não relacionados com contratos, como sejam a *reparação de danos* causados pela prática de um ato ilícito através do pagamento de uma indemnização (artigos 483º e seguintes e 562º e seguintes do CC), o pagamento de *justa indemnização por* prática de ato lícito traduzido em requisição ou *expropriação* (artigo 62º nº 2 da CRP) *ou pela cessação de relação contratual* por motivos alheios ao trabalhador (artigos 359º e seguintes do CT – despedimento coletivo ou extinção de posto de trabalho), ou a reposição do equilíbrio patrimonial quando *alguém enriquece, sem causa, à custa de outrem* (artigos 473º e seguintes do CC).

Reparação de danos

A provoca um acidente por virtude do qual, é destruída a mercadoria transportada por B. A indemnização devida a B visa reparar os danos, repondo a situação existente antes da pratica da infração (artigo 562º do CC).

Indemnização por expropriação

A Infraestruturas de Portugal SA procede ao pagamento a F da indemnização de X pela expropriação do terreno Y, de que era proprietário, por virtude de, não tendo conseguido comprar este último, por discordância do preço pedido por F, o Estado ter declarado a utilidade pública daquela, tendo em vista a ampliação da estrada nacional nº 120.

Indemnização por rescisão de contrato de trabalho

A sociedade ABC Lda, com sede em Portugal, vê-se obrigada a encerrar a sua atividade de fabrico do produto X por motivo de a fornecedora das matérias primas indispensáveis ao mesmo ter deslocalizado a sua produção para a Polónia, tornando não rentável aquela atividade. Por esse motivo a ABC Lda, não tendo possibilidade de colocar os trabalhadores noutro posto de trabalho, despede coletivamente 10 trabalhadores afetos exclusivamente à referida atividade, pagando-lhes as indemnizações correspondentes à sua antiguidade (artigos 359º nºs 1 e 2 *a*) e 366º do CT)

Enriquecimento sem causa

A entrega a B a quantia de X por conta do pagamento do preço de compra verbal da sua quota na sociedade Y Lda. Decorridos seis meses B informa A que nunca desejou vender a sua quota na indicada sociedade, não se tendo concluído qualquer contrato entre ambos. X deve ser restituído a A.

3.1.2. Justiça distributiva

O princípio da salvaguarda da dignidade da pessoa humana (artigo 1º da CRP) impõe ao Estado que, tendo em vista diminuir as desigualdades económicas, sociais e culturais, distribua mais rendimentos aos mais carenciados e menos ou nenhuns aos mais abastados.

O Estado cobra a receita tributária (impostos) e redistribui tendo em vista a repartição justa dos rendimentos e da riqueza (artº 103º da CRP). Para este efeito, o imposto sobre o rendimento pessoal (IRS), que visa a diminuição das desigualdades, é único e progressivo, tendo em conta as necessidades e os rendimentos do agregado familiar.

Por sua vez, a tributação do património (IMI, IMT, IS) deve também contribuir para a igualdade entre os cidadãos, e, quanto à tributação sobre o consumo, é possível afetar as respetivas receitas à prossecução da justiça social, onerando especialmente os bens considerados de luxo (artº 104º da CRP).

Desta forma, o Estado cobra mais aos que mais têm, para distribuir pelos que mais carecem.

Progressividade tributária/reafectação de receitas

As taxas de IRS aumentam à medida que os rendimentos atingem escalões mais elevados, o IMI é superior para os imóveis com maior área e valor, parte da receita do IVA é afetada, quando necessário, ao financiamento da segurança social.

3.1.3. Justiça enquanto expressão do princípio da salvaguarda da dignidade do ser humano, igualdade e proporcionalidade

Como corolário do princípio da salvaguarda da dignidade da pessoa humana, a CRP e o Direito Internacional recebido por via dos seus artigos 8º e 16º, associam a *ideia de Justiça* à *salvaguarda dos valores seguidamente enunciados.*

3.1.3.1. Dignidade da pessoa humana e direitos fundamentais

É justo o que corresponda ao *respeito e à promoção da dignidade das pessoas*, em absoluto.

O fundamento último do Direito reside na dignidade da pessoa humana, e no respeito e salvaguarda dos seus direitos fundamentais, como decorre do disposto nos artigos 1º e 2º da CRP e do Direito internacional vigente (artigo 1º da DUDH, artigo 2º do TUE, artigo 1º da CDFUE[12]).

Entre os *direitos e liberdades fundamentais*, destacam-se:

- o *direito à vida*, que é inviolável, não sendo permitida a pena de morte (artigo 24º da CRP, artigo 2º da CDFUE, artigo 2º da CEDH, artigo 6º do PIDCP);
- o *direito à integridade moral e física* das pessoas, que implica ninguém poder ser submetido a tortura, nem a tratos ou penas cruéis, degradantes ou desumanos (artigo 25º da CRP, artigo 5º da DUDH, artigos 3º e 4º da CDFUE e artigo 3º da CEDH, artigo 7º do PIDCP), bem como, que a pessoa privada de liberdade será tratada humanamente e com o respeito devido à dignidade inerente ao ser humano (artigo 10º do PIDCP);
- a *proibição da escravidão e trabalho forçado e o tráfico de seres humanos* (artigo 5º da CDFUE, artigo 4º da CEDH, artigo 8º do PIDCP) e a *proibição da prisão por dívidas* (artigo 11º do PIDCP);
- os *direitos à personalidade jurídica, identidade pessoal, ao desenvolvimento da personalidade, à capacidade civil, à cidadania, ao bom nome e reputação, à imagem, à palavra, à reserva da intimidade da vida privada e familiar e à proteção legal contra quaisquer formas de discriminação* (artigo 26º da CRP e artigo 6º da DUDH, artigo 16º do PIDCP);

[12] As disposições da Carta dos Direitos Fundamentais da União Europeia têm por destinatários as instituições, órgãos e organismos da União, na observância do princípio da subsidiariedade, bem como os Estados-Membros, apenas quando apliquem o direito da União (artigo 51º CDFUE), excluindo-se, assim, a possibilidade de os cidadãos da UE invocarem entre si os direitos na mesma previstos, podendo invoca-los apenas perante tais entidades e no âmbito do Direito europeu (da UE). Na realidade, o artigo 52º nº 5 da CDFUE estabelece que as disposições desta "podem ser aplicadas através de atos legislativos e executivos tomados pelas instituições, órgãos e organismos da União e por atos dos Estados-Membros quando estes apliquem o direito da União, no exercício das respetivas competências", só podendo ser invocadas perante o juiz tendo em vista a interpretação desses atos e a fiscalização da sua legalidade. Porém, na sua essência, a CDFUE contempla direitos que gozam de proteção através de outros instrumentos de Direito internacional, como é o caso da DUDH e da CEDH, sendo esta referida no seu artigo 52º nº 3, pelo que, por esta via, será invocável o regime coincidente. No âmbito regional, fora da Europa, deve considerar-se, nomeadamente, o disposto na Convenção Americana sobre Direitos Humanos (parte dos Estados da América do Sul e caraíbas) e na Carta Africana de Direitos Humanos e dos Povos (parte dos Estados africanos).

- o *direito à nacionalidade*, que não pode ser suprimido arbitrariamente (artº 15º da DUDH);
- o *direito à liberdade e segurança* (artigos 27º, 30º, 31º, 32º da CRP, artigos 9º, 10º, 11º da DUDH, artigos 5º, 6º da CEDH, artigo 9º do PIDCP), as *restrições em matéria de expulsão* do território nacional *e de extradição* de cidadãos nacionais (artigo 33º da CRP, artigo 19º da CDFUE), o *direito de asilo* para os perseguidos (artigo 33º da CRP, artigo 14º da DUDH, artigo 18º da CDFUE);
- o *respeito pela vida privada e familiar e a proteção de dados pessoais* (artigos 7º e 8º da CDFUE, artigo 8º da CEDH, artigos 34º, 35º da CRP, artigo 17º do PIDCP);
- a *liberdade de consciência, de expressão, de informação, de religião e culto* (artigos 37º, 41º da CRP, artigos 18º e 19º da DUDH, artigos 18º e 19º do PIDCP, artigos 9º e 10º da CEDH;
- o direito à *participação na vida pública e ao sufrágio* (artigos 48º e 49º da CRP);
- a *liberdade de criação cultural, de aprender e ensinar, de profissão* (artigos 42º e 43º e 47º da CRP);
- o *direito de acesso a cargos públicos* (artigo 50º da CRP);
- o *direito de constituir e participar em associações*, entre as quais, partidos políticos (artigo 51º da CRP);
- o *direito de petição e ação popular* (artigo 52 da CRP)[13];
- os *direitos, liberdades e garantias dos trabalhadores* (artigos 53º a 57º da CRP).

Note-se que o *Estado português é um Estado democrático de direito* (cfr. infra 6.2.5.2.1), baseado no respeito pelos direitos liberdades e garantias, tendo em vista uma democracia económica, social de cultural (artigo 2º da CRP), tendo por tarefas fundamentais garantir os direitos e liberdades fundamentais, bem como promover o bem-estar e a qualidade de vida do povo e a igualdade real entre os portugueses, e ainda a efetivação dos direitos económicos, sociais, culturais e ambientais, mediante a

[13] Regulamentados pela Lei número 43/90 de 10/08, alterada e republicada pela Lei número 51/17 de 13 de Julho e Lei número Lei nº 83/95 de 31 de Agosto. alterada pela Retificação nº 4/95 de 12 de Outubro (consultar in http://www.parlamento.pt/legislacao/documents/legislacao_anotada/exerciciodireitopeticao_anotado.pdf e http://www.pgdlisboa.pt/leis/lei_mostra_articulado.php?nid=722&tabela=leis).

transformação e modernização das estruturas económicas e sociais, pelo que *a noção de justiça, quer pessoal, quer social é muito ampla.*

Por outro lado, segundo o disposto no artigo 16º da CRP, *os direitos fundamentais* consagrados na Constituição *não excluem quaisquer outros constantes das leis e das regras aplicáveis de direito internacional,* devendo ser interpretados e integrados de harmonia com a Declaração Universal dos Direitos do Homem. Assim, tem plena justificação a citação dos preceitos de Direito internacional enunciados.

Diga-se ainda que *o regime dos direitos, liberdades e garantias é aplicável diretamente, vinculando todas as entidades* (artigo 18º da CRP), *admitindo a CRP o direito de resistência* (artº 21º da CRP), *sendo este regime aplicável a situações análogas* (cfr. infra 3.1.3.3), *não podendo ser suspensos a não ser pelo decretamento do estado de sítio ou de emergência (artº 19º da CRP), nem podendo ser restringidos a não ser por lei da AR,* com carater genérico e abstrato, sempre *sem prejuízo da salvaguarda do seu conteúdo essencial,* nunca podendo a lei pôr em causa os direitos à vida, à integridade pessoal, à identidade pessoal, à capacidade civil e à cidadania, a não retroatividade da lei criminal, o direito de defesa dos arguidos e a liberdade de consciência e de religião (artigos 18º e 19º da CRP)[14], respeitando, as leis restritivas, os princípios da necessidade, adequação e da proporcionalidade (artº 18º nº 2 da CRP), e não tendo efeito retroativo.

Face ao disposto nos artigos 164º, 165º nº 1 alínea *b*) e 288º alínea *d*), *e*) e *i*) só a AR tem competência para legislar, em absoluto ou em primeira linha, consoante os casos sobre direitos liberdades e garantias, *não podendo ser esta matéria ser objeto de revisão constitucional.*

Finalmente dispõe o artigo 22º da CRP que o Estado e demais entidades públicas são obrigadas a *indemnizar os lesados em caso de violação* dos direitos, liberdades e garantias.

3.1.3.2. Dignidade e princípios de atuação de órgãos do Estado em particular

O princípio do respeito pela dignidade da pessoa humana e direitos fundamentais dos cidadãos, *impõe-se perante o Estado e as outras pessoas.*

[14] A CRP tem, assim, uma proteção mais eficaz dos direitos fundamentais, relativamente ao consagrado na CEDH, na medida em que o artigo 15º desta última prevê: "Em caso de guerra ou de outro perigo público que ameace a vida da nação, qualquer Alta Parte Contratante pode tomar providências que derroguem as obrigações previstas na presente.

Nesta medida os poderes públicos, estão sujeitos a princípios de atuação específicos para salvaguarda desta ideia de justiça.

Assim, competindo à *Administração Pública*, na dependência do Governo, satisfazer as necessidades coletivas (artigos 182º e 199º *g*) da CRP), *a sua atuação deve pautar-se pelo respeito pelos direitos e interesses legalmente protegidos dos cidadãos, e pelos princípios da igualdade, da proporcionalidade, da justiça,* da imparcialidade e da boa-fé (artigo 266º da CRP)[15]. Por sua vez o artigo 268º da CRP estabelece um conjunto significativo de *direitos dos administrados.*

Como parte integrante da AP, a *polícia* assume funções de defesa da legalidade democrática e garantia da segurança interna e dos direitos dos cidadãos, devendo respeitar os direitos, liberdades e garantias dos cidadãos (artigo 272º da CRP).

No desenvolvimento dos princípios constitucionais, o *CPA também impõe como princípios de atuação* da AP[16] o respeito pelos direitos e interesses legalmente protegidos dos cidadãos (artigo 4º), o tratamento de forma justa de todos aqueles que com ela entrem em relação, a rejeição das soluções manifestamente desrazoáveis ou incompatíveis com a ideia de Direito, nomeadamente em matéria de interpretação das normas jurídicas e das valorações próprias do exercício da função administrativa (artigo 8º).

Para salvaguarda dos seus direitos, os cidadãos têm, não só o *direito de ação judicial* (artigo 20º da CRP), pondo em causa a validade dos atos praticados pela AP (artº 268º da CRP), como o *direito de reclamar e recorrer hierarquicamente* das decisões da AP que lhes sejam desfavoráveis, (artigos 184º e segs do CPA, ETAF e CPTA), *de dirigir petições* aos órgãos de soberania para defesa dos seus direitos, *intentar a ação popular* (artº 52º da CRP), e o *direito de queixa ao Provedor de Justiça* (artigo 23º da CRP[17]).

[15] Estes princípios são aplicáveis a toda a Administração Pública.

[16] 2O artigo 2º do CPA dispõe: "4 – Para efeitos do disposto no presente Código, integram a Administração Pública: *a*) Os órgãos do Estado e das regiões autónomas que exercem funções administrativas a título principal; *b*) As autarquias locais e suas associações e federações de direito público; *c*) As entidades administrativas independentes; *d*) Os institutos públicos e as associações públicas.

[17] O Estatuto do Provedor de Justiça foi regulamentado pela Lei nº 9/91, de 9 de Abril, alterada pela Lei nº 30/96, de 14 de Agosto, e Lei nº 52-A/2005, de 10 de Outubro e Lei nº 17/2013, de 18 de fevereiro (pode consultar-se em http://www.provedor-jus.pt/?idc=119).

O *ato injusto constitui, assim, um ato ilegal*, e, como tal, inválido e impugnável administrativa e judicialmente.

3.1.3.3. Situações análogas – direitos e deveres económicos, sociais e culturais

Se bem que se encontrem fora do âmbito formal dos direitos, liberdades e garantias, é possível enquadrar ainda outras *situações* relacionadas com a salvaguarda constitucional da dignidade das pessoas, *no âmbito dos direitos económicos, sociais e culturais*, merecedoras da proteção do regime previsto nos artigos 18º e 21º da CRP, em disposições que não tenham natureza meramente programática (declarações de intenção de ação política do Estado) ou direitos genéricos não determináveis em concreto.

Assim, *exemplificativamente*, admite-se que, como tal possam ser consideradas, as situações abrangidas pelos artigos da CRP 58º nº 2 alínea *b*) (igualdade de género e de oportunidades na escolha da profissão), 59º (direitos dos trabalhadores), 61º (iniciativa privada, cooperativa e autogestionária), 62º (direito de propriedade privada), 63º (segurança social e solidariedade), 64º (Serviço Nacional de Saúde), 66º (ambiente e qualidade de vida), 68º nºs 1 e 3 (paternidade e maternidade), 69º (proteção das crianças), 71º, números 1 e 2 (proteção dos deficientes), 74º nº 2 *a*) (ensino básico gratuito), para além de outras situações previstas fora do âmbito dos direitos e deveres sociais, económicos e culturais.

3.1.3.4. O princípio da igualdade perante a lei

A ideia de Justiça é indissociável do principio da igualdade, sendo o princípio da igualdade, por sua vez, indissociável do princípio da dignidade da pessoa humana, que conduz à *igual dignidade social dos cidadãos*, como se deduz do número 1 do *artigo 13º da CRP.*

Igualdade significa que a lei, aplicável a uma generalidade de pessoas e a situações abstratas, deve:

- *tratar por forma igual situações objetivamente iguais*, posicionando os cidadãos, face à lei, em igual posição entre si e perante o Estado[18]

[18] Por isso, as normas devem dirigir-se a uma generalidade de pessoas e ter como objeto situações abstratas, não se destinando a regular situações concretas.

- *tratar por forma desigual situações objetivamente desiguais*, procurando atingir a "igualdade real entre os cidadãos", compensando a desigualdade de oportunidades[19]
- *Proibir o arbítrio* (princípio da proibição do excesso ou arbítrio)[20] *e discriminação*

Exemplificando, em geral[21], poderemos citar, para além do artigo 13º da CRP, os artigos 1º, 2º e 7º da DUDH e 20º, 21º e 23º da CDFUE e artigos 2º, 3º e 26º do PIDCP (igualdade em dignidade e direitos, igualdade perante a lei, proibição de discriminações), 14º da CEDH e 2º do PIDESC (proibição de discriminação), e o artigo 6º do CPA (atuação da AP com respeito pelo princípio da igualdade).

Exemplificando, em especial, vários aspetos do princípio da igualdade:

- *tratar por forma igual situações objetivamente iguais:*

"A todos é assegurado o acesso ao direito e aos tribunais para defesa dos seus direitos e interesses legalmente protegidos, não podendo a justiça ser denegada por insuficiência de meios económicos." (artº 20º da CRP)

"1. Todos têm o direito de constituir família e de contrair casamento em condições de plena igualdade.

...3. Os cônjuges têm iguais direitos e deveres quanto à capacidade civil e política e à manutenção e educação dos filhos. 4. Os filhos nascidos fora do casamento não podem, por esse motivo, ser objeto de qualquer discriminação e a lei ou as repartições oficiais não podem usar designações discriminatórias relativas à filiação." (artº 36º da CRP)

"Nos períodos eleitorais os concorrentes têm direito a tempos de antena, regulares e equitativos, nas estações emissoras de rádio e de televisão de âmbito nacional e regional, nos termos da lei" (artº 40º nº 3 da CRP)

[19] Nesse sentido, ver artigo 9º *d*) da CRP. Ver também nota seguinte.

[20] A *proibição do arbítrio* significa que o que é fundamentalmente igual ou desigual, não deve ser tratado, arbitraria e respetivamente, como desigual e igual. O *tratamento desigual exige que a situação seja objetivamente diferente, que não estejam em causa quaisquer fatores de discriminação mencionados no artigo 13º nº 2 da CRP ou noutros artigos da lei fundamental* (v.g artigo 26º nº 1 da CRP, parte final), *que seja justificado por fim legítimo e seja satisfeito o princípio da proporcionalidade*, nas dimensões de necessidade, adequação e proporcionalidade *strito sensu.*

[21] Embora o princípio da justiça seja enunciado na CRP e no CPA autonomamente relativamente aos princípios da igualdade e proporcionalidade, estes dois últimos, integram forçosamente o primeiro.

"Ninguém pode ser perseguido, privado de direitos ou isento de obrigações ou deveres cívicos por causa das suas convicções ou prática religiosa" (artº 41º da CRP)

"Todos os cidadãos têm o direito de acesso à função pública, em condições de igualdade e liberdade, em regra por via de concurso" (artº 47º nº 2 da CRP)

"Todos os cidadãos têm o direito de tomar parte na vida política e na direção dos assuntos públicos do país, diretamente ou por intermédio de representantes livremente eleitos" (artº 48º da CRP)

"Todos os cidadãos têm o direito de acesso, em condições de igualdade e liberdade, aos cargos públicos" (artº 50º nº 1 da CRP)

"Para assegurar o direito ao trabalho, incumbe ao Estado promover: *b*) A igualdade de oportunidades na escolha da profissão ou género de trabalho e condições para que não seja vedado ou limitado, em função do sexo, o acesso a quaisquer cargos, trabalho ou categorias profissionais" (artº 58º nº 2 da CRP)

"Todos os trabalhadores, sem distinção de idade, sexo, raça, cidadania, território de origem, religião, convicções políticas ou ideológicas, têm direito: a) À retribuição do trabalho, segundo a quantidade, natureza e qualidade, observando-se o princípio de que para trabalho igual salário igual..." (artº 59 nº 1 da CRP)[22]

"A participação direta e ativa de homens e mulheres na vida política .... devendo a lei promover a igualdade no exercício dos direitos cívicos e políticos e a não discriminação em função do sexo no acesso a cargos políticos" (artº 109º da CRP)

Sobre a proibição da discriminação, em razão da origem racial e étnica, cor, nacionalidade, ascendência e território de origem, é especialmente importante o regime da Lei nº 93/2017 de 23 de Agosto, que, após a definição de variadíssimas modalidades de discriminação (artigo 3º), proíbe as seguintes práticas, em função dos fatores de discriminação referidos (artigo 4º)[23]:

"*a*) A recusa de fornecimento ou impedimento de fruição de bens ou serviços, colocados à disposição do público; *b*) O impedimento ou limitação ao acesso e exercício normal de uma atividade económica; *c*) A recusa ou condicionamento de venda, arrendamento ou subarrendamento de imóveis; *d*) A recusa ou limitação de acesso a locais públicos ou abertos ao público; *e*) A recusa ou limitação de acesso aos cuidados de saúde prestados em estabelecimentos de saúde públicos ou

[22] Sobre igualdade no trabalho pode ver-se a Lei nº 60/2018, de 21 de agosto, e a legislação pela mesma alterada.

[23] Estas práticas são consideradas contraordenações puníveis com coimas e sanções acessórias (artº 16º), pela Comissão para a Igualdade e Contra a Discriminação Racial, que funciona junto ao Alto Comissariado para as Migrações, I.P..

privados; *f*) A recusa ou limitação de acesso a estabelecimento de educação ou ensino público ou privado; *g*) A constituição de turmas ou a adoção de outras medidas de organização interna nos estabelecimentos de educação ou ensino, públicos ou privados, segundo critérios discriminatórios; *h*) A recusa ou a limitação de acesso à fruição cultural; *i*) A adoção de prática ou medida por parte de qualquer órgão, serviço, entidade, empresa ou trabalhador da administração direta ou indireta do Estado, das regiões autónomas ou das autarquias locais, que condicione ou limite a prática do exercício de qualquer direito; *j*) A adoção de ato em que, publicamente ou com a intenção de ampla divulgação, seja emitida uma declaração ou transmitida uma informação em virtude da qual uma pessoa ou grupo de pessoas seja ameaçado, insultado ou aviltado em razão de qualquer um dos fatores indicados no artigo 1.".

Sobre a matéria pode consultar-se http://www.acm.gov.pt/-/comissao-para-a-igualdade-e-contra-a- discriminacao-racial e, a propósito da Comissão para a igualdade no trabalho e emprego, http://cite.gov.pt/.

- *implementar situações de igualdade e discriminações positivas*

Para além do que se disse sobre justiça distributiva, designadamente, a propósito dos artigos 103º e 104º da CRP (sistema fiscal e impostos):

"São tarefas fundamentais do Estado: ......*d*) Promover o bem-estar e a qualidade de vida do povo e a igualdade real entre os portugueses....." (artº 9º da CRP)

"São tarefas fundamentais do Estado: ...*e*). assegurar um correto ordenamento do território; ....*g*) Promover o desenvolvimento harmonioso de todo o território nacional, tendo em conta, designadamente, o caráter ultraperiférico dos arquipélagos dos Açores e da Madeira." (artº 9º da CRP)

"A União combate a exclusão social e as discriminações e promove a justiça e a proteção sociais, a igualdade entre homens e mulheres, a solidariedade entre as gerações e a proteção dos direitos da criança. A União promove a coesão económica, social e territorial, e a solidariedade entre os Estados- Membros" (artº 3º do TUE)

"Incumbe ao Estado assegurar as condições de trabalho, retribuição e repouso a que os trabalhadores têm direito, nomeadamente: ......*c*) A especial proteção do trabalho das mulheres durante a gravidez e após o parto, bem como do trabalho dos menores, dos diminuídos e dos que desempenhem atividades particularmente violentas ou em condições insalubres, tóxicas ou perigosas..." (artº 59º da CRP)

"O direito à proteção da saúde é realizado: ...*b*) Pela criação de condições económicas, sociais, culturais e ambientais que garantam, designadamente, a proteção da infância, da juventude e da velhice, e pela melhoria sistemática das condições de vida e de trabalho, bem como pela promoção da cultura física e desportiva, escolar e popular, e ainda pelo desenvolvimento da educação sanitária do povo e de práticas de vida saudável. 3. Para assegurar o direito à proteção da saúde, incumbe prioritariamente ao Estado: *a*) Garantir o acesso de todos os cidadãos, independentemente da sua condição económica, aos cuidados da medicina preventiva, curativa e de reabilitação" (artº 64º da CRP)

"O Estado adotará uma política tendente a estabelecer um sistema de renda compatível com o rendimento familiar e de acesso à habitação própria." (artigo 65º nº 3 da CRP)

"1. As crianças têm direito à protecção da sociedade e do Estado, com vista ao seu desenvolvimento integral, especialmente contra todas as formas de abandono, de discriminação e de opressão e contra o exercício abusivo da autoridade na família e nas demais instituições. 2. O Estado assegura especial protecção às crianças órfãs, abandonadas ou por qualquer forma privadas de um ambiente familiar normal." (artigo 69º da CRP)

"1. Os jovens gozam de protecção especial para efectivação dos seus direitos económicos, sociais e culturais, nomeadamente:

a) No ensino, na formação profissional e na cultura; *b*) No acesso ao primeiro emprego, no trabalho e na segurança social; *c*) No acesso à habitação; *d*) Na educação física e no desporto; *e*) No aproveitamento dos tempos livres..."(artº 70º da CRP)

"O Estado promove a democratização da educação e as demais condições para que a educação, realizada através da escola e de outros meios formativos, contribua para a igualdade de oportunidades, a superação das desigualdades económicas, sociais e culturais...." (artº 73º da CRP)

"Na realização da política de ensino incumbe ao Estado: .....*g*) Promover e apoiar o acesso dos cidadãos portadores de deficiência ao ensino e apoiar o ensino especial, quando necessário..." (artº 74º da CRP)

"Incumbe prioritariamente ao Estado no âmbito económico e social: *a*) Promover o aumento do bem-estar social e económico e da qualidade de vida das pessoas, em especial das mais desfavorecidas, ... *e*) Promover a correção das desigualdades derivadas da insularidade das regiões" (artº 81º da CRP)

"A lei definirá os benefícios fiscais e financeiros das cooperativas, bem como condições mais favoráveis à obtenção de crédito e auxílio técnico" (artº 85º da CRP)

"Na prossecução dos objetivos da política agrícola o Estado apoiará preferencialmente os pequenos e médios agricultores, nomeadamente quando integrados em unidades de exploração familiar, individualmente ou associados em cooperativas, bem como as cooperativas de trabalhadores agrícolas e outras formas de exploração por trabalhadores. 2. O apoio do Estado compreende, designadamente: *a*) Concessão de assistência técnica; *b*) Criação de formas de apoio à comercialização a montante e a jusante da produção; *c*) Apoio à cobertura de riscos resultantes dos acidentes climatéricos e fitopatológicos imprevisíveis ou incontroláveis; *d*) Estímulos ao associativismo dos trabalhadores rurais e dos agricultores" (artº 97º da CRP)

- *salvaguardar os princípios da imparcialidade e equilíbrio na decisão.*

"Os órgãos e agentes administrativos ....devem atuar, no exercício das suas funções, com respeito pelos princípios da igualdade, da proporcionalidade, da justiça, da imparcialidade ...." (artº 266º da CRP)

"os trabalhadores da Administração Pública e demais agentes do Estado e outras entidades públicas estão exclusivamente ao serviço do interesse público.." (artº 269º da CRP)

"A Administração Pública deve tratar de forma imparcial aqueles que com ela entrem em relação, designadamente, considerando com objetividade todos e apenas os interesses relevantes no contexto decisório e adotando as soluções... indispensáveis à preservação da isenção administrativa e à confiança nessa isenção" (artº 9º do CPA).

3.1.3.5. Proporcionalidade

Finalmente, a ideia de justiça está também associada ao princípio da proporcionalidade.

Significa este:

- *A necessidade da medida adotada, pela falta de medidas alternativas para o satisfação dos fins em vista, acompanhada de adequação (idoneidade) de meios para prossecução dos mesmos*

"A Administração Pública deve pautar-se por critérios de eficiência, economicidade e celeridade. "(artº 5º do CPA)

"Na prossecução do interesse público, a Administração Pública deve adotar os comportamentos adequados aos fins prosseguidos.." (artº 7º do CPA)

"A assunção de compromissos e a realização de despesa pelos serviços e pelas entidades pertencentes aos subsetores que constituem o setor das administrações públicas estão sujeitas ao princípio da economia, eficiência e eficácia. 2 – A economia, a eficiência e a eficácia consistem na: *a*) Utilização do mínimo de recursos que assegurem os adequados padrões de qualidade do serviço público; *b*) Promoção do acréscimo de produtividade pelo alcance de resultados semelhantes com menor despesa; *c*) Utilização dos recursos mais adequados para atingir o resultado que se pretende alcançar."(artº 18º da LEO[24])

- A *proibição da restrição a direitos liberdades e garantias constitucionalmente consagrados, e, no caso de tal ocorrer, redução da mesma ao mínimo, sem pôr em causa a sua essência, sendo limitada: ao necessário, proibindo-se o livre arbítrio, ao adequado, ao racional ou proporcional para a prossecução dos fins pretendidos*[25]*, proibindo-se o excesso (proporcionalidade em sentido restrito):*

"1 – Na prossecução do interesse público, a Administração Pública deve adotar os comportamentos adequados aos fins prosseguidos. 2 – As decisões da Administração que colidam com direitos subjetivos ou interesses legalmente protegidos dos particulares só podem afetar essas posições na medida do necessário e em termos proporcionais aos objetivos a realizar." (artigo 7º do CPA)

"A lei só pode restringir os direitos, liberdades e garantias nos casos expressamente previstos na Constituição, devendo as restrições limitar-se ao necessário para salvaguardar outros direitos ou interesses constitucionalmente protegidos.." (artigo 18º nº 2 da CRP)

"A opção pelo estado de sítio ou pelo estado de emergência, bem como as respetivas declaração e execução, devem respeitar o princípio da proporcionalidade e limitar-se, nomeadamente quanto às suas extensão e duração e aos meios utilizados, ao estritamente necessário ao pronto restabelecimento da normalidade constitucional. 5. A declaração do estado de sítio ou do estado de emergência é adequadamente fundamentada e contém a especificação dos direitos, liberdades e garantias cujo exercício fica suspenso, não podendo o estado declarado ter duração superior a quinze dias, ou à duração fixada por lei quando em consequência de declaração de guerra, sem prejuízo de eventuais renovações, com salvaguarda dos mesmos limites. 6. A declaração do estado de sítio ou do estado de emergência em nenhum caso pode afetar os direitos à vida, à integridade pessoal, à identidade pessoal, a capacidade civil e à cidadania, a não retroatividade da lei criminal, o direito de defesa dos arguidos e a liberdade de consciência e de religião" (artigo 19º da CRP)

[24] Publicada em anexo à Lei nº 151/2015 de 11 de Setembro.

[25] Requisito da proporcionalidade em sentido estrito, ou equilíbrio, em que se faz apelo à noção de "razoabilidade", de "justa medida" que se aplica não apenas no que respeita a restrições a direitos liberdades e garantias consagradas no texto constitucional, mas, em variadíssimos setores de atuação do Estado e outras entidades públicas, designadamente, no âmbito do Direito do urbanismo, tributário, disciplinar.

"Os condenados a quem sejam aplicadas pena ou medida de segurança privativas da liberdade mantêm a titularidade dos direitos fundamentais, salvas as limitações inerentes ao sentido da condenação e às exigências próprias da respetiva execução." (artigo 30º nº 5 da CRP)

"A lei pode estabelecer, na estrita medida das exigências próprias das respetivas funções, restrições ao exercício dos direitos de expressão, reunião, manifestação, associação e petição coletiva e à capacidade eleitoral passiva por militares e agentes militarizados dos quadros permanentes em serviço efetivo, bem como por agentes dos serviços e das forças de segurança e, no caso destas, a não admissão do direito à greve, mesmo quando reconhecido o direito de associação sindical" (artigo 270º da CRP)

".......2. As medidas de polícia são as previstas na lei, não devendo ser utilizadas para além do estritamente necessário." (artigo 272º da CRP)

3.2. Equidade

A equidade *é um critério para a resolução de conflitos,* adaptando normas jurídicas às situações concretas da vida real, ou regulando os mesmos sem recurso a tais normas, conforme parecer justo, no caso concreto.

A equidade é, assim, sinónimo de *justiça no caso concreto,* querendo, com isto dizer:

- Que a aplicação da lei deve ser moldada às circunstâncias concretas de cada caso, sendo estas determinantes para a decisão;
- Ou, no caso de as partes no litígio assim o determinarem (possibilidade de o julgamento se realizar "ex aequo et bono") e a lei permitir, que os decisores do conflito devem apreciá-lo e julgá-lo conforme lhes parecer justo, atentas apenas as circunstâncias concretas, sem estarem vinculados a qualquer norma jurídica.

No Direito português os tribunais só podem resolver seguindo a equidade (artigo 4º do CC):

a) Quando haja disposição legal que o permita;

b) Quando haja acordo das partes e a relação jurídica não seja indisponível;

c) Quando as partes tenham previamente convencionado o recurso à equidade, nos termos aplicáveis à cláusula compromissória.

De facto, a *lei recorre por vezes, à equidade,* com forma de resolução de situações concretas, com sucede na fixação de indemnização por danos fundada em mera culpa ou tendo os danos natureza não patrimoniais (artigos 483º, 562º, 494º e 496º do CC).

Fixação de danos não patrimoniais e patrimoniais

Se um acidente de viação, causado pelo incumprimento negligente das disposições do CE por parte do condutor do veículo A, provoca a morte de um passageiro transportado no veículo B, o cônjuge sobrevivo e os filhos de B podem reclamar indemnização pela perda do seu direito à vida, bem como pelo sofrimento e abalo moral, a fim de obterem uma compensação relativa a danos não avaliáveis em dinheiro. Não obstante, o Tribunal atribuirá uma indemnização consoante lhe parecer justo (artº 496º do CC), ou seja, segundo a equidade. Por sua vez, na fixação de indemnização pelos danos patrimoniais resultantes do sinistro (atendendo, por exemplo, aos rendimentos que os familiares deixaram de auferir correspondentes à contribuição económica do sinistrado para a economia familiar e à perda de outros bens materiais), se o mesmo não foi intencionalmente provocado (não existindo, assim, dolo), mas, resultou de atuação meramente negligente (mera culpa), o Tribunal pode reduzir o montante da indemnização, tendo em conta a culpa diminuta de A, face a outros fatores determinantes do sinistro (v.g a chuva torrencial, ou o banco de nevoeiro, que, subitamente, se depararam a A, contribuindo para uma quase absoluta quebra de visibilidade por si do veiculo em que B era transportado), a condição económica do culpado e do lesado (artigo 494º do CC). O Tribunal, nestes casos, não dispõe de qualquer critério pré-fixado na lei com base no qual deva apurar a indemnização devida, fixando-a pela equidade, ou seja, consoante parecer justo em função das circunstâncias do caso concreto.

Por sua vez, sendo os direitos patrimoniais livremente disponíveis pelos respetivos titulares, podem estes estipular cláusula contratual sobre a resolução de litígios, pela qual prevejam o *julgamento do mesmos por árbitros*, segundo parecer justo aos mesmos, em face das circunstâncias do caso concreto, não estando vinculados a lei determinada (artigo 1º da LAV[26]). *Neste caso, o Tribunal estadual não será chamado a intervir para um primeiro e, eventualmente, último julgamento do caso concreto, e a equidade constituirá o único critério para a decisão.*

3.3. Segurança

O valor da segurança está associado às *ideias de:*

- *ordem e tranquilidade públicas, seja nas relações internacionais, seja internamente, em cada Estado,* através da resolução pacífica dos diferen-

[26] Lei nº 63/2011 de 14 de dezembro.

dos pelos Tribunais, da proibição do uso da força física e da atuação da Administração Pública, designadamente, das organizações de polícia.

Esta ideia vem refletida em vários textos de Direito Internacional e interno, designadamente, no artigo 1º, 1) da *Carta das Nações Unidas*, ao fixar como seus objetivo manter "a paz e a segurança internacionais e para esse fim, tomar medidas coletivas eficazes para prevenir e afastar ameaças à paz e reprimir os atos de agressão, ou outra qualquer rutura da paz e chegar, por meios pacíficos, e em conformidade com os princípios da justiça e do direito internacional, a um ajustamento ou solução das controvérsias ou situações internacionais que possam levar a uma perturbação da paz", *no artigo 3º do TUE*, em que se alude à mesma promoção da paz e da segurança, nos *artigos 20º, 202º e 205º nº 2 da CRP e artigos 1º e 2º do CPC*, que instituem os Tribunais como órgãos de soberania a que todos têm acesso e onde podem e devem exercer os seus direitos de ação, a quem compete reprimir a violação da legalidade e o julgamento dos conflitos, não sendo lícito o recurso à força física como forma de os solucionar, sendo as decisões daqueles obrigatórias para todas as entidades pública e privadas, prevalecendo sobre as de quaisquer outras autoridades, ou, finalmente no *artigo 272º nº 1 da CRP* que instituí a polícia como entidade administrativa que deve defender a legalidade e garantir a segurança interna e os direitos dos cidadãos.

- *estabilidade, previsibilidade e certeza no Direito:* o Direito deve manter alguma estabilidade, por forma a que cada pessoa possa prever as consequências jurídicas dos seus atos e atuar em conformidade com o mesmo, para o que se torna imperioso que o mesmo seja publicitado e determinável, sendo garantido o fácil acesso ao seu conteúdo, e seja preciso e claro, para que os seus destinatários o possam cumprir.

Estes princípios resultam da conjugação de vários preceitos, designadamente dos que fundamentam as seguintes ideias:

- *noção de Estado de Direito Democrático* (cfr. infra 6.2.5.2.1) que garante a sujeição do Estado ao Direito e à garantia dos princípios enunciados na mesma (artigos 2º e 3º nº 2 da CRP)

- *controlo jurídico e jurisdicional de restrições às liberdades fundamentais, proteção das legítimas expetativas,* designadamente em direito criminal e em matéria processual, vedando-se uma repetição de causas e decisões judiciais contraditórias, prevalecendo a decisão que primeiro tenha transitado em julgado[27], como decorre do disposto nos artigos 18º nº 2, 27º, 29º da CRP, e nos artigos 576º nº 2, 577º *i*) e 580º, 581º, 619º nº 1, 625º, 628º do CPC

- *necessidade de publicação dos atos normativos como condição para a sua entrada em vigor* (cfr. artigo 119º da CRP, artigo 5º do CC, Lei sobre identificação e publicação de diplomas[28])
- *princípio segundo o qual a lei nova não tem efeito retroativo para situações passadas* (cfr. infra, 8.2, e artigo 12º do CC), exceto em direito criminal, contraordenacional ou disciplinar, se for mais favorável ao arguido (artigos 29º da CRP, 2º do CP)

3.4. O conflito entre justiça e segurança

Se bem que a Justiça seja encarada como o valor supremo que se confunde com a ideia de Direito, ele interage com os outros valores prosseguidos pelo último. Na maior parte dos casos, o valor Segurança está em sintonia com o valor Justiça, na medida em que aquela é fundamental para a implementação prática da última (e vice-versa).

Todavia, prefiguram-se situações em que o valor Segurança prevalece sobre o valor Justiça, designadamente, por aplicação dos seguintes princípios e regime.

Em *primeiro lugar*, o *princípio de que a ignorância da lei não releva*[29]. Para salvaguarda da segurança jurídica e da imperatividade da norma jurídica, a mesma aplicar-se-á independentemente de os seus destinatários a conhecerem (artº 6º do CC).

Ignorância da lei 1

A não entrega a declaração para apuração de imposto sobre os rendimentos no prazo previsto na lei tributária; deverá proceder ao pagamento da coima legal, mesmo que ignore a imposição legal de tal prazo

[27] Ou seja, que não admita recurso ordinário ou reclamação que leve à sua modificação.

[28] Lei nº 74/08, de 11 de novembro alterada e republicada pela Lei nº 43/2014 d e 11 de julho.

[29] Note-se que em Direito Penal a ignorância da ilicitude do facto é relevante, nos termos do artigo 17º do CP que dispõe: "1 – Age sem culpa quem atuar sem consciência da ilicitude do facto, se o erro lhe não for censurável. 2 – Se o erro lhe for censurável, o agente é punido com a pena aplicável ao crime doloso respetivo, a qual pode ser especialmente atenuada."

Ignorância da lei 2

B, cidadão uruguaio, residente em Portugal há vinte anos, é punido criminalmente por exploração em Portugal de plantas de que extrai substâncias estupefacientes proibidas pela lei portuguesa, mesmo que desconheça, em absoluto, tal lei e que a lei do Uruguai não puna criminalmente tal comportamento.

Em *segundo lugar*, o princípio *da prevalência do caso julgado* (artigos 576º nº 2, 577º *i*) e 580º, 581º, 619º nº 1, 625º, 628º do CPC, 282 nº 3 CR)[30]. Tendo o Tribunal definido juridicamente a situação concreta por decisão de que não cabe recurso ordinário ou reclamação, a mesma prevalece sobre decisões posteriores sobre a mesma situação.

Caso julgado 1

Em dezembro do ano n o Tribunal decretou, por sentença de que não cabe recurso ou reclamação, que, entre A e B, nunca existiu um contrato de arrendamento válido que possibilitasse ao último ocupar o imóvel em que habita. Em março do ano n+1, mantendo-se a mesma lei, A pede a B o pagamento de rendas pelo facto de continuar a habitar o referido imóvel. B contesta a ação invocando **caso julgado**, facto de que retira como consequência, não serem devidas rendas.

Caso julgado 2

O Tribunal Constitucional declarou em janeiro do ano n a invalidade, por inconstitucionalidade, da norma x da lei y que regulava a forma como os particulares podiam utilizar os bens do domínio público hídrico. **As decisões judiciais irrecorríveis** que aplicaram a norma declarada inconstitucional à utilização de água extraída dos rios Y e Z **não serão afetadas** por tal declaração.

Em *terceiro lugar, o princípio da não retroatividade da lei* (artigo 12 CC)[31]. Como regra, a lei nova não se aplica a situações constituídas antes da sua entrada em vigor.

Compra e venda

Em 02/03 do ano n, A comprou verbalmente a B mil embalagens de resinas compostas. Em 02/03 do ano n+1 entrou em vigor a lei X que determinou que a transação destes produtos deveria ser celebrada por escrito, procedendo-se ao res-

[30] Apesar de possíveis soluções de compromisso – artigo 282º nº 4 CR (cfr. infra, 7.4).

[31] Com exceções previstas no mesmo artigo 12º nº 2, segunda parte, do CC e artigos 29º nº 4 CR e 2º nºs 2 e 4 do CP (matéria tratada infra em 8.2).

petivo registo na entidade reguladora dos medicamentos. Salvo manifestação do legislador em contrário, a lei x não será aplicável ao contrato de compra referido.

Arrendamento

Durante cinco anos e até à data da entrada em vigor da Lei x, em 03/04 do ano n, A pagou rendas pela fração do prédio y, onde e exercia o seu comércio. Em 03/04 do ano n, a lei x exigiu, como requisito de validade, que os contratos de arrendamento comerciais mencionassem a respetiva licença de utilização, emitida pela entidade pública competente, estabelecendo ainda que esta disposição se aplicava a todos os contratos de arrendamento em vigor. Mesmo que o arrendamento de A seja considerado inválido, o pagamento das rendas até à entrada em vigor da lei x fica ressalvado, não sendo devolvidas quaisquer rendas ao arrendatário.

Em *quarto lugar*, os institutos da *prescrição e caducidade de direitos* (artº 298º CC), *de prescrição de procedimento criminal e de penas* (artigos 118 e segs do CP). Certos direitos e decisões, respetivamente, extinguem-se (caducam), ou não podem ser mais exercidos (prescrevem) pelo decurso de um prazo. Por outro lado, os procedimentos criminais relativamente a crimes dependentes de acusação particular (vg. injúria, difamação) ou de queixa (v.g ofensas corporais simples, ameaça), só podem ter início se a queixa foi apresentada em certo prazo (artº 115º do CP), sob pena de caducidade, sendo que, decorrido um determinado prazo sobre a prática do crime, o suposto autor, também não pode ser condenado pela sua prática, por prescrição do procedimento (artº 118º do CP). Finalmente, depois de aplicadas por decisão judicial, as penas ou medidas de segurança, as mesmas prescrevem pelo decurso de determinados prazos (artigos 122º e 124º do CP).

Prescrição de honorários de profissional liberal

A, economista, profissional liberal, considera-se com direito a receber a retribuição da sua prestação de serviços à empresa B, no montante de x euros. B recusa pagar esta quantia por nunca se ter confessado devedora da mesma e terem decorrido mais de dois anos sobre a prestação do serviço. A ser verdade a argumentação de B, A não pode exercer o seu direito, uma vez que o mesmo prescreveu pelo decurso do prazo previsto na lei (artigo 317º alínea *c*) do CC)

Caducidade do direito de acionar

A, senhoria do imóvel x, destinado a habitação, tem conhecimento em 01/05 do ano n que a arrendatária B deixou de pagar as respetivas rendas; persistindo esta situação por três meses, se A não propuser ação de despejo contra B nos três meses seguintes, caduca o seu direito de ação (artigos 1085º nº 2 e 1083º nº 3 do CC)

Caducidade do direito de queixa em procedimento criminal

A tem conhecimento em 03/04 do ano n da comunicação escrita que lhe foi dirigida por C, em 02/02 do mesmo ano, em que o último tece considerações ofensivas da sua honra e consideração. Em 07/12 do ano n, A apresenta queixa criminal contra C, pela prática do crime de difamação (artº 180º do CP). O Ministério Público não instaura qualquer procedimento criminal contra C, invocando a caducidade do direito de queixa, por terem decorrido mais de seis meses sobre a data em que A teve conhecimento dos factos e do seu autor.

Prescrição de procedimento criminal

Imaginemos o caso referido no exemplo imediatamente antecedente e que A apresentou a sua queixa em 17/04 do ano n, dando origem a procedimento de inquérito criminal dirigido pelo Ministério Público, e que o mesmo esteve sem andamento durante dois anos, não tendo C sido chamado ao processo para prestar declarações como arguido. C pode invocar a prescrição do procedimento criminal, nos termos do artigo 118º do CP, que, no caso é de dois anos, extinguindo-se o procedimento, devendo ser arquivado.

Prescrição de penas

F foi condenado na medida de segurança de cassação de licença de condução de veículos automóveis, na sequência de condenação por crime praticado na condução de veículo com motor, havendo fundado receio de que possa vir a praticar outros factos da mesma espécie, ou por dever ser considerado inapto para a condução de veículo com motor (artigo 101º do CP). Decorridos cinco anos sobre a decisão judicial irrecorrível de condenação, a medida de segurança prescreve (artigo 124º nº 2 do CP).

Em *quinto lugar, o reconhecimento e tutela de direitos adquiridos* pondo termo a situações controvertidas.

Usucapião

G tem registado a seu favor na Conservatória do Registo Predial H a aquisição do direito de propriedade sobre um prédio rústico que herdou dos seus Pais há vinte e cinco anos, sito na freguesia X do concelho Y. Há vinte e três anos G emigrou para o estrangeiro, não mais tendo regressado a Portugal. Há, pelos menos, vinte anos que o prédio referido é possuído por M, que o explora considerando-se seu proprietário, à vista de todos os que com o mesmo contactam, e sem a oposição de alguém. M, ao possuir o prédio, põe em dúvida que os Pais de G alguma vez tivessem sido proprietários do imóvel, uma vez que nunca o possuíram, tendo M sucedido na posse do mesmo aos seus Pais, N e P. No caso de G pretender reaver a posse do prédio, através de ação judicial intentada contra M, este pode contestar a ação e, por sua vez, pedir ao Tribunal que o declare proprietário do mesmo pela sua posse reiterada, como proprietário, por usucapião (artigos 1251º, 1260º nº 1, 1261º, 1262º, 1263º *a*), 1287º e 1296º do CC).

3.5. Bem-estar económico e social

A CRP caracteriza o Estado português como um *Estado de Direito* democrático *visando a realização da democracia económica, social e cultural* (artigos 2º, 9º, al. *d*), 81º, al. *a*) da CRP).

O Estado social de Direito – *welfare state* – que transita do pós-segunda guerra mundial (século XX), tem como preocupação a satisfação das necessidades coletivas, nomeadamente as referidas, tendo uma postura interventiva na economia e sociedade, por contraposição ao Estado liberal que o antecedeu.

Ao referir o *objetivo de construção de uma sociedade justa e solidária* (artigo 1º), *consagrar os direitos e deveres económicos, sociais e culturais* nos seus artigos 58º a 79º, estabelecendo com *tarefa do Estado promover o bem-estar e a qualidade de vida* do povo e a *igualdade real* entre os portugueses, bem como a transformação e modernização das estruturas económicas e sociais (artigo 9º al *b*), sendo uma prioridade do Estado promover o bem-estar social e económico e da qualidade de vida das pessoas, em especial das mais desfavorecidas, no quadro de uma estratégia de desenvolvimento sustentável, promovendo a justiça social, assegurando a igualdade de oportunidades e operando as necessárias correções das desigualdades na distribuição da riqueza e do rendimento (artigo 81º als *a*) e *b*), pretende a CRP que o Estado não se demita da intervenção económica e social que o tem caracterizado.

4. Características do Direito e da norma jurídica

4.1. Noção de sistema e de norma jurídica

O Direito é um conjunto de normas relacionadas segundo uma ordem coerente, respeitando princípios e orientações definidas tendo em vista prosseguir os seus fins.

Neste conjunto, as normas agrupam-se em torno de *ideias centrais*, regulando um conjunto de *instituições que tendem a perdurar no tempo*, independentemente do seu conteúdo conjuntural, de que são exemplos, a personalidade jurídica, a autonomia na regulação de interesses (v.g contratos), a reparação de danos, a propriedade, ou a família.

4.2. Características do sistema e da norma jurídica

4.2.1. Sistema

O Direito (ordem jurídica) não é a única ordem ética e normativa (do "*dever ser*").

Como sistema de normas, a ordem jurídica é:

- *Necessária* à regulação da organização social, bem como à resolução de conflitos.

Contratos típicos

A empresta a **B**, sucessivamente, as quantias Y, YY e YYY. Não existindo as normas jurídicas instituídas pelos artigos 406º e 1142º do CC, que instituem o tipo de contrato de mútuo, não estaria garantido o reembolso das importâncias mutuadas, as condições do contrato poderiam ser alteradas por vontade apenas de **A** ou **B,** e não apenas por acordo entre ambos, **A** poderia pretender obrigar **C** ao reembolso de Y, YY e YYY, apesar de não ser parte no contrato; **B** poderia reembolsar apenas parte das quantias e quando o entendesse. Tal geraria tamanha insegurança no comércio que ninguém ousaria contratar o empréstimo.

Tribunais

Imagine-se o negócio do exemplo antecedente e a inexistência de Tribunais ou outros órgãos com competência para julgar os litígios resultantes do incumprimento de contratos. A contratação não ofereceria segurança, prevalecendo no cumprimento e incumprimento do negócio a solução imposta pelo mais forte, que não coincide forçosamente com a solução justa.

- *Imperativa*, por constituir expressão de *dever ser*, prevalecendo sobre outras ordens normativas.

Prevalência da lei sobre convicções pessoais

A comprou a **B** a fração autónoma M situada no último piso do prédio X, pretendendo anular o negócio alegando, para o efeito, ter partido do princípio de que na compra se compreendia o terraço de cobertura do prédio, facto que, segundo veio a apurar posteriormente, contraria a lei, no caso, o disposto no artigo 1421º nº 1 do CC, que dispõe no sentido de aquele ser parte comum do imóvel. **B** invoca o princípio de que o a ignorância da lei por **A** é irrelevante (artigo 6º do CC), sendo o artigo 1421º nº 1 do CC imperativo. O Tribunal considera válido o negócio prevalecendo o regime do citado preceito do CC, que se impõem a todos, mesmo aos que o desconheçam.

Prevalência da lei sobre moral

C contrai no banco **D** um empréstimo no valor de 210.000,00 destinado ao pagamento do preço de compra do prédio Y, ficando obrigado ao pagamento de 300 prestações mensais no valor de 700,00, e juros. **C** não paga a terceira prestação e o banco considera em dívida a mesma e todas as prestações vincendas (artigo 781º do CC). **C** alega em Tribunal que este regime é imoral e injusto. O Tribunal não lhe dá razão, invocando o disposto no artigo 8º nº 2 do CC e o princípio de que o artigo 781º do CC está em vigor e deve ser respeitado como norma jurídica que prevalece mesmo que o seu conteúdo seja considerado injusto ou imoral.

- *Coerciva*, na medida em que, no caso de incumprimento das suas normas, a ordem jurídica prevê a *suscetibilidade de aplicação coativa das mesmas*, com a possibilidade de imposição de sanções, através da tutela pública (Tribunais). Note-se que *a coercibilidade é característica do sistema jurídico, não podendo ser associada a cada norma isoladamente.*

Sanção penal (a mais grave)

O artigo 1672º do CC estabelece cinco deveres conjugais. Se o cônjuge **A** infligir dolosamente ao cônjuge **B** maus tratos físicos ou psíquicos, incluindo castigos corporais, privações da liberdade e ofensas sexuais é punido com pena de prisão de um a cinco anos (artigo 152º nº 1 do CP).

Norma sem sanção

A acorda com o seu cônjuge **B** em que este entregará no dia X a declaração para liquidação conjunta do imposto sobre os rendimentos de ambos do ano Y. B entrega a declaração trinta dias após o dia X, último dia do prazo normal para entrega de tal declaração sem penalização. A coima prevista para a entrega tardia da declaração visa sancionar este facto e não o incumprimento do dever de cooperação conjugal que, assim, não tem associada a aplicação de sanção específica. Conclui-se, assim, que, apesar da natureza jurídica dos deveres conjugais, nem todas as suas violações acarretam, isoladamente, a imposição de uma sanção. Assim acontece porque a coeribilidade é característica do sistema jurídico, mas, não de cada norma isoladamente considerada.

No Direito internacional público, podem verificar-se mais frequentemente casos de violação de regras jurídicas sem a imposição concreta de sanções (normas imperfeitas). Já não assim no Direito da União Europeia, em que são visíveis sanções pecuniárias (v.g em matéria de concorrência, a conjugação dos artigos 101º e segs. com o artigo 260º do TFUE).

Também não pode deixar-se de ter em consideração que o Estado Português e outros Estados estão vinculados à jurisdição de vários Tribunais internacionais (o TIJ, no âmbito da Organização das Nações Unidas, que dirime conflitos entre Estados, o TJUE, no âmbito do Tratado sobre o funcionamento da União Europeia que julga conflitos entre Estados e instituições comunitárias, designadamente a Comissão Europeia, e interpreta o Direito da UE, o TEDH, que aprecia o incumprimento pelos Estados da Convenção Europeia dos Direitos do Homem, julgando conflitos entre cidadãos e Estados membros do Conselho da Europa, e o TPI, que julga processos criminais contra pessoas singulares relativos a crimes especialmente graves, como genocídios, crimes de guerra, crimes contra a humanidade e os crimes de agressão). Em matéria de direitos humanos, pode referir-se um conjunto de convenções/tratados/pactos/declarações internacionais sobre matérias muito variadas, algumas das quais já referidas em 3.1.3, gerados no âmbito de organizações internacionais de que os Estados são membros (v.g. ONU, Conselho da Europa, UE, OIT).

- *Violável,* na medida em que, para o Direito, ninguém pode ser coagido a adotar um determinado comportamento, pressupondo-se sempre a liberdade humana de acatar ou não qualquer imposição normativa. Relembre-se, a este propósito, os preceitos já enunciados sobre a abolição da escravatura e trabalhos forçados. A regra em Direito é a que ninguém pode ser obrigado fisicamente a adotar um determinado comportamento. A exceção é a privação de liberdade. Porém, mesmo neste caso, a lei impõe o dever de respeitar a dignidade das pessoas, sendo protegida a vida, saúde, integridade pessoal e a liberdade de consciência dos reclusos, não podendo ser submetidos a tortura, nem a tratos ou penas cruéis, degradantes ou desumanos (cfr. os artigos 1º nº 1, 3º e 7º nº 1 *a*) do CEP).

- *Caracterizada pela alteridade,* na medida em que tem em vista a relação entre pessoas (muito embora nem todas as disposições se destinem a este fim – cfr infra, v.g as definições legais e as nomas remissivas), condicionando os seus comportamentos em sociedade.

4.2.2. Norma Jurídica

4.2.2.1. Noção e estrutura

A noção de sistema jurídico, envolve, por um lado, os princípios decorrentes dos seus valores fundamentais (designadamente, o da justiça e segurança), com ou sem manifestação escrita, e, por outro lado, um conjunto articulado e coerente de normas de conduta (normas jurídicas).

Se é verdade que existem normas jurídicas não escritas, como são as emergentes dos costumes (cfr. infra, 7.3.1), a maior parte delas constam de textos escritos, a lei, em sentido amplo da palavra.

A norma jurídica, apresenta uma estrutura, que, na maior parte dos casos, se decompõe em dois elementos: a *previsão* de uma situação (*fattispecie*), definida por forma abstrata, modelar, e aplicável a uma generalidade de pessoas, a que é associada uma consequência, denominada *estatuição.*

Esta *estatuição pode ser material*, quando se reporta a atos da vida do destinatário (por exemplo, praticar uma ação ou omissão, sofrer pena privativa de liberdade, ver encerrado o estabelecimento comercial), *ou meramente jurídica* (adquirir personalidade ou capacidade jurídica, a invalidade de um negócio).

Porém, a verificação destes dois elementos (previsão e estatuição) não ocorre em todas as normas, e a ordem pela qual são enunciados pode variar.

Norma perfeita (previsão + estatuição) **com sanção material**

Artigo 153º CP

1 – Quem ameaçar outra pessoa com a prática de crime contra a vida, a integridade física, a liberdade pessoal, a liberdade e autodeterminação sexual ou bens patrimoniais de considerável valor, de forma adequada a provocar-lhe medo ou inquietação ou a prejudicar a sua liberdade de determinação, é punido com pena de prisão até 1 ano ou com pena de multa até 120 dias.

Previsão: alguém ameaçar outrem com a prática de crime contra a vida, a integridade física, a liberdade pessoal, a liberdade e autodeterminação sexual ou bens patrimoniais de considerável valor, de forma adequada a provocar-lhe medo ou inquietação ou a prejudicar a sua liberdade de determinação

Estatuição de natureza **material** (punição criminal): é punido com pena de prisão até 1 ano ou com pena de multa até 120 dias

Norma perfeita com sanção jurídica

Artigo 1324º CC

1. Se aquele que descobrir coisa móvel de algum valor, escondida ou enterrada, não puder determinar quem é o dono dela, torna-se proprietário de metade do achado; a outra metade pertence ao proprietário da coisa móvel ou imóvel onde o tesouro estava escondido ou enterrado.

Previsão: alguém descobrir coisa móvel de algum valor, escondida ou enterrada, não pudendo determinar quem é o dono dela

Estatuição jurídica: torna-se proprietário de metade do achado; a outra metade pertence ao proprietário da coisa móvel ou imóvel onde o tesouro estava escondido ou enterrado

Nem todas as normas possuem sanção, mas, previsão e estatuição são características gerais. Por outro lado, a previsão e estatuição podem resultar da **conjugação de normas** e não da norma isoladamente considerada.

Artigo 122º CC
É menor quem não tiver ainda completado dezoito anos de idade.

Artigo 123º CC
Salvo disposição em contrário, os menores carecem de capacidade para o exercício de direitos

Artigo 125º CC
Sem prejuízo do disposto no nº 2 do artigo 287º, os negócios jurídicos celebrados pelo menor podem ser anulados..................

Previsão: quem não tiver ainda completado dezoito anos de idade

Estatuição (jurídica): é menor, carecendo de capacidade jurídica para o exercício de direitos sendo anuláveis os negócios jurídicos por si praticados

4.2.2.2. Características

4.2.2.2.1. Generalidade e abstração

A norma dirige-se a uma *generalidade de destinatários* e não a pessoas determinadas.

Artigo 120º CRP
O Presidente da República representa a República Portuguesa, garante a independência nacional, a unidade do Estado e o regular funcionamento das instituições democráticas e é, por inerência, Comandante Supremo das Forças Armadas.

O destinatário da *norma não é o Sr. A que exerce o cargo de Presidente da República, mas, qualquer pessoa que exerça tal cargo.*

Por outro lado, a norma jurídica contem uma previsão abstrata, na medida em que se refere a um *padrão ou tipo de situação* ou situações e não a um caso concreto.

Artigo 1022º CC

Locação é o contrato pelo qual uma das partes se obriga a proporcionar à outra o gozo temporário de uma coisa, mediante retribuição.

O preceito define uma situação modelo que integra a definição de contrato de locação, não o caso de A que cedeu a B um imóvel sito na Rua X da cidade Y, destinado a habitação, por um período de um ano, contra o recebimento da importância Z por cada mês de utilização. O aplicador do Direito, face às circunstâncias do caso concreto, procurará integra-lo na previsão do preceito que contem a definição deste tipo de contrato ou de outros preceitos legais que definam contratos potencialmente aplicáveis. A função da norma consiste apenas em definir um modelo de situação.

Por confronto com as normas jurídicas, *os atos administrativos e sentenças judiciais são concretos na previsão e na estatuição* aplicável à situação apreciada.

Exemplo:

A Câmara Municipal X delibera autorizar a empresa Y a ocupar parte da via pública Z para proceder à reabilitação do imóvel W; O Tribunal condenou A na pena de multa no montante de € 1500,00 por ter praticado um crime de ofensa à integridade física na pessoa de B.

A generalidade e abstração são características da norma. Todavia, pode suceder que os atos que, normalmente, são fonte de normas (v.g Lei, Decreto-Lei), regulem, excecionalmente, situações concretas (os denominados *decretos providência*). Neste caso, não conterão normas, no que respeita a tal regulação individual.

O Decreto-Lei nº 391/99, de 30 de setembro, aprovou e publicou, em anexo, os Estatutos da Fundação Centro Cultural de Belém. Ao assim proceder, regulou uma situação concreta, em vez de, como é habitual, ser fonte de normas gerais e abstratas.

4.2.2.2.2. Hipoteticidade

Como decorrência da abstração e generalidade, cada norma só tem aplicação quando e se a situação que a mesma prevê se concretizar, sendo potencialmente aplicável a todos os destinatários que possam vir a estar abrangidos por aquela. A aplicação da norma é, assim, hipotética.

4.2.2.3. Classificações mais importantes de normas

4.2.2.3.1. Normas precetivas

Normas jurídicas que impõem a prática de uma determinada conduta.

Artigo 406º CC
O contrato deve ser pontualmente cumprido, ………………………

Artigo 1038º CC
São obrigações do locatário:
a) Pagar a renda ou aluguer;
b) Facultar ao locador o exame da coisa locada;
c) Não aplicar a coisa a fim diverso daqueles a que ela se destina;
d) Não fazer dela uma utilização imprudente;
………………………………
f) Não proporcionar a outrem o gozo total ou parcial da coisa por meio de cessão onerosa ou gratuita da sua posição jurídica, sublocação ou comodato, exceto se a lei o permitir ou o locador o autorizar;
g) Comunicar ao locador, dentro de 15 dias, a cedência do gozo da coisa por algum dos referidos títulos, quando permitida ou autorizada;
h) Avisar imediatamente o locador sempre que tenha conhecimento de vícios na coisa ou saiba que a ameaça algum perigo ou que terceiros se arrogam direitos em relação a ela, desde que o facto seja ignorado pelo locador;
i) Restituir a coisa locada findo o contrato.

4.2.2.3.2. Normas proibitivas

Normas jurídicas que proíbem a prática de uma determinada conduta.

Artigo 877ºCC
1. Os pais e avós não podem vender a filhos ou netos, se os outros filhos ou netos não consentirem na venda; ………….

Artigo 1376º CC
1. Os terrenos aptos para cultura não podem fracionar-se em parcelas de área inferior a determinada superfície mínima, correspondente à unidade de cultura fixada para cada zona do País………….

4.2.2.3.3. Normas permissivas

Normas jurídicas que permitem comportamentos ou traduzem uma faculdade.

Artigo 1450º CC

O usufrutuário tem a faculdade de fazer na coisa usufruída as benfeitorias úteis e voluptuárias que bem lhe parecer, contanto que não altere a sua forma ou substância, nem o seu destino económico.

Artigo 2188º CC

Podem testar todos os indivíduos que a lei não declare incapazes de o fazer.

4.2.2.3.4. Normas supletivas

Estabelecem o regime aplicável na falta de convenção das partes em contrário.

São especialmente importantes e frequentes no Direito das Obrigações e em sede de negócios jurídicos.

Podem ser imperativas ou permissivas

Artigo 878º CC

Na falta de convenção em contrário, as despesas do contrato e outras acessórias ficam a cargo do comprador.

Artigo 992º CC

1 – Na falta de convenção em contrário, os sócios participam nos lucros e perdas da sociedade segundo a proporção das respetivas entradas. ...... 4 – Se o contrato determinar somente a parte de cada sócio nos lucros, presumir-se-á ser a mesma a sua parte nas perdas.

5. Os Ramos do Direito

5.1. Noção. Direito Público e Direito Privado

Os Ramos do Direito constituem a divisão ou compartimentação do Direito Objetivo (conjunto de regras jurídicas) em razão das matérias que as normas regulam.

As razões para tal divisão assentam fundamentalmente na facilitação da investigação, estudo e ensino do Direito.

Na Ordem Jurídica portuguesa procede-se a uma divisão generalista entre *Direito Público e Direito Privado.* Dentro do Direito Público e Privado, agrupam-se, por sua vez, um vasto conjunto de Ramos do Direito, com base em determinados critérios que cumpre analisar.

Na doutrina são debatidos inúmeros *critérios de distinção entre o Direito Público e Privado.* No entanto, os mais comuns são três:

1 – *Critério da natureza dos interesses.* Segundo este critério, o Direito Público seria aquele cujas normas prosseguiriam a prossecução e satisfação de interesses de natureza pública (v.g segurança nacional, justiça, saúde, proteção social) ao passo que o Direito Privado regularia os interesses privados (v.g propriedade privada, família, contratos e atividade comercial). Este critério é criticável na medida em que todas as normas jurídicas são criadas com vista à satisfação do interesse público, por um lado, e, por outro, existem normas de Direito Público que visam realizar interesses de natureza privada tais como normas de Direito Processual;

2 – *Critério da qualidade dos sujeitos.* O Direito Público seria aquele cujas normas regulassem as relações nas quais interviria o Estado ou

outro ente público ou entidade privada dotada de poderes públicos (v.g sociedades concessionárias de serviços ou obras públicas) e o Direito Privado aquele que regularia as relações em que interviriam apenas particulares (pessoas singulares, sociedades, associações e fundações previstas no CC).

Este critério é igualmente criticável na medida em que o Estado ou outro ente público podem atuar como sujeitos de Direito Privado (v.g celebrando contratos de compra e venda, arrendamento, prestação de serviços, que são contratos tendencialmente regulados pelo Direito Privado).

Por outro lado, quanto à competência, a diferença entre o princípio da limitação da capacidade para as pessoas coletivas públicas e liberdade de atuação para os particulares, não é determinada pelo facto de estarmos perante uma pessoa de Direito público ou privado, mas, desde logo, pelo facto de estarmos perante uma pessoa coletiva (v.g Estado, autarquia local, associação, fundação, sociedade comercial) ou singular (pessoa física), somente à última assistindo o princípio da liberdade de atuação, uma vez que, quanto às primeiras a sua atuação se deve conter em limites mais apertados previstos pela lei ou regulamento ao abrigo dos quais se constituem.

3 – *Critério da posição ou hierarquia na situação jurídica.* Direito Público será o conjunto de normas que regulam as relações em que intervém o Estado ou ente público dotado de *ius imperii*, isto é, com o seu poder de decisão unilateral, de autoridade e supremacia (v.g prevendo e sancionando crimes e contraordenações, expropriando bens a particulares, regulando a economia e o sistema financeiro e monetário, decidindo por via jurisdicional conflitos de interesses). O Direito Privado será o conjunto de normas que regula as relações em que os sujeitos se encontram em situação de igualdade, de paridade, não existindo domínio de um deles sobre o outro (v.g na celebração de contratos, nos direitos e deveres conjugais). As primeiras normas prosseguirão, tendencialmente, interesses públicos e as segundas interesses privados.

Este é o critério de distinção adotado.

5.2. Direito interno, da União Europeia e Direito internacional

Costuma fazer-se uma distinção no que concerne ao Direito Objetivo no plano internacional e no plano interno. Desta forma, o *Direito Inter-*

nacional é o conjunto de normas e princípios que regulam as relações entre diferentes Estados ou Organizações Internacionais e o *Direito Interno* o conjunto de normas e princípios que regulam as relações jurídicas dentro de um determinado Estado.

No que concerne ao Direito Internacional, pode, tal como em relação ao Direito Interno, estabelecer-se uma distinção entre o *Público e o Privado.*

Desta forma, o *Direito Internacional Público* regula as relações entre Estados ou entre estes e Organizações Internacionais (por ex. normas constantes de Tratados, Pactos ou Convenções – ver artº 8º da CRP) ao passo que o *Direito Internacional Privado* regula as relações entre particulares de natureza internacional sempre que existam normas pertencentes a diferentes ordenamentos jurídicos aplicáveis a uma determinada situação, estabelecendo qual o Direito aplicável (ver o direito dos conflitos a que se referem os artigos 16º a 65º do CC). Por exemplo, se um cidadão alemão casa com uma cidadã croata na Áustria é necessário definir a lei aplicável saber quais as normas que regulam o casamento.

Dentro do Direito Internacional há ainda que distinguir o *Direito Interacional Geral* (os costumes internacionais, mesmo que transpostos para textos internacionalmente aceites pelos Estados – v.g princípio de que os contratos devem ser cumpridos, os princípios da boa-fé, legítima defesa, proibição do abuso de direito) do *Direito Internacional convencional* (tratados, convenções internacionais livremente celebradas entre Estados).

Quanto ao *Direito Comunitário ou Direito da União Europeia,* pode definir-se como o conjunto de normas que regulam a organização e funcionamento da União Europeia com o objetivo de promover a integração política, económica e monetária dos Estados Membros. O Direito Comunitário *pode ser originário,* formado pelo conjunto de normas que integram os Tratados Constitutivos da EU, bem como os que procedem à sua revisão ou ao alargamento da mesma, *ou derivado,* traduzido no conjunto de atos normativos emanados dos órgãos com competência legislativa da UE com vista à execução dos Tratados, tais como Diretivas e Regulamentos.

Segundo o disposto no artigo 288º do TFUE:

> "Para exercerem as competências da União, as instituições adoptam regulamentos, directivas, decisões, recomendações e pareceres.

O regulamento tem carácter geral. É obrigatório em todos os seus elementos e directamente aplicável em todos os Estados-Membros.

A directiva vincula o Estado-Membro destinatário quanto ao resultado a alcançar, deixando, no entanto, às instâncias nacionais a competência quanto à forma e aos meios.

A decisão é obrigatória em todos os seus elementos. Quando designa destinatários, só é obrigatória para estes.

As recomendações e os pareceres não são vinculativos."

Nesta conformidade, as *diretivas* têm como destinatários os Estados membros da EU, entrando em vigor nestes mediante a respetiva transposição para o Direito interno, no caso de Portugal, por lei, decreto-lei ou decreto legislativo regional (artigo 112º nº 8 da CRP), enquanto que os *regulamentos* vinculam Estados e todas as pessoas diretamente, logo que entrem em vigor após a publicação no jornal oficial da EU.

Os restantes atos previstos no normativo citado do TFUE não contêm normas gerais e abstratas, não integrando, assim, o Direito objetivo, muito embora sejam importantes para a concretização daquelas.

No que diz respeito ao *Direito Interno*, deparamo-nos com a já aludida separação entre *Direito Público e Direito Privado*. Quer o Direito Público quer o Privado podem ainda distinguir-se em *Direito Privado ou Público Comum ou Especial* (apesar de que no Direito Público esta distinção não ser tão usual) consoante, respetivamente, se estabeleçam regimes gerais ou regimes que apresentem determinadas especificidades. Em tudo o que não for regulado pelas normas do regime especial aplicam-se, subsidiariamente, as normas do regime geral.

Não sendo nosso propósito proceder a uma enunciação e caracterização exaustiva de todos os Ramos do Direito, passaremos a descrever os mais emblemáticos.

5.3. Direito Público Interno

5.3.1. Direito Constitucional

Conjunto de normas que consagram os Direitos Fundamentais (Direitos, Liberdades e Garantias) dos Cidadãos, a definição, organização e funcionamento do Estado, do poder político e órgãos de soberania, a respetiva repartição de poderes, assegurando a constitucionalidade das Leis e a revisão da constituição.

Exs: direitos, liberdades e garantias do cidadão, princípios, enumeração, competência e relacionamento dos órgãos de soberania (PR, AR. GOV, Tribunais) enunciados na CRP.

5.3.2. Direito Penal

Conjunto de normas que estabelecem a *tipificação de crimes e penas, medidas de segurança e sanções acessórias* associadas à sua prática.

O *crime consiste na infração mais grave aos valores fundamentais da vida em sociedade*, sejam de carater pessoal (v.g vida, integridade física, honra, liberdade, intimidade da vida privada), de natureza patrimonial (v.g propriedade, pública ou privada) ou de natureza diversa (v.g proteção de menores, família, liberdade religiosa, Estado, bens culturais, economia e saúde pública), a que corresponde a *aplicação de uma pena, com a tripla finalidade de punição, prevenção da prática de futuras infrações e reinserção social do condenado.*

Exs: crimes de homicídio, ofensas corporais, violência doméstica, injúria, difamação, ameaça, coação, sequestro, rapto, escravidão, tráfico de pessoas, as várias modalidades de violação da autodeterminação sexual, devassa da vida privada, furto, roubo, abuso de confiança, dano, burla, administração danosa, genocídio, tortura, falsificação, atentado a monumentos nacionais, terrorismo, associação criminosa, traição à pátria, violação de segredo de Estado, sabotagem, espionagem, branqueamento, peculato e corrupção, os crimes tributários previstos no RGIT (regime geral das infrações tributárias aprovado pela Lei nº 15/2001 de 5 de junho, com alterações posteriores), o branqueamento de capitais.

5.3.3. Direito Fiscal

Conjunto de normas que regulam a *incidência e a cobrança de impostos* assegurando a proteção dos cidadãos perante a Administração Tributária e vice-versa.

O imposto é fonte da obrigação jurídica do contribuinte efetuar uma prestação pecuniária a favor do Estado, com vista a financiar o seu funcionamento, *sem que à mesma corresponda qualquer contrapartida específica, direta e imediata* (*contrariamente* à *noção de taxa*, que constitui uma receita do ente público correspondente a um serviço prestado por solicitação do pagador).

Alguns autores entendem que constitui um subramo do Direito Financeiro (cfr. infra, 5.3.6).

Exs: Código do Imposto sobre o Rendimento das Pessoas singulares (CIRS), o Código do Imposto de Rendimento das Pessoas Coletivas (CIRC), o Código do Imposto Sobre o Valor Acrescentado (CIVA)

5.3.4. Direito Administrativo

Regula a *organização e funcionamento da Administração Pública bem como o seu relacionamento com outros sujeitos no exercício do poder jurídico-administrativo*, através da atividade administrativa[32]. Neste último aspeto, se bem que, por um lado, se pretende regular a forma como as pessoas e órgãos da Administração Pública atuam, na prossecução do interesse público e para satisfação das necessidades coletivas, através da prática de *atos, regulamentos e contratos* definidores de situações jurídicas concretas, compreende-se, por outro lado, as *operações materiais* exigidas pela satisfação do interesse coletivo. O Direito Administrativo assegura ainda a *salvaguarda dos direitos e legítimos interesses dos administrados* perante a AP (por ex., impugnando a validade e eficácia da atuação desta última, e/ou requerendo indemnização pelos danos sofridos).

Dentro do Direito Administrativo é especialmente relevante o *Direito das contraordenações sociais*, constituído por um conjunto de normas reguladoras de infrações puníveis com *coimas* (sanções pecuniárias), e, eventualmente, outras de natureza diversa (v.g interdições ou limitações para o exercício de atividades, encerramento de estabelecimentos, proibição de concorrer a determinados procedimentos públicos), mas, nunca sanções privativas de liberdade. Os valores protegidos não deixam de ser importantes ao funcionamento da vida social e económica, mas, menos relevantes para a vida em sociedade quando comparados com os protegidos pela lei penal.

Exs: Código de Procedimento Administrativo, regime geral das contraordenações aprovado pelo Decreto-Lei nº 433/82 de 27 de outubro, com alterações posteriores, o RGIT (cfr. supra).

5.3.5. Direito da Segurança Social

Conjunto de normas reguladoras do sistema da Segurança Social que visam a proteção dos cidadãos no desemprego, em situações de carência

[32] Ver infra 6.2.4 e 6.2.5.3.

económica, na velhice ou invalidez, na parentalidade ou em casos de incapacidade para o trabalho.

Exs: Bases Gerais da Segurança Social aprovadas pela Lei nº 4/2007, de 16 de janeiro, com alterações posteriores, Código dos Regimes Contributivos do Sistema Previdencial de Segurança Social aprovado pela Lei nº 110/2009 de 16 de setembro, com posteriores alterações.

5.3.6. Direito Financeiro

Regula a atividade financeira do Estado e dos demais Entes Públicos (administração dos dinheiros públicos), designadamente, a captação de receitas e realização de gastos (*receita e despesa pública*). Não deve confundir-se com o Direito Económico uma vez que este é um Ramo do Direito misto, que disciplina a organização da atividade económica dos entes públicos, mas, também dos privados, de forma a torna-la mais justa e eficaz.

Exs: Leis de enquadramento orçamental, de execução dos orçamentos de Estado, lei de compromissos e pagamentos em atraso, legislação sobre contabilidade pública, reposição de dinheiros públicos indevidamente recebidos, Direito fiscal (para certos autores).

5.3.7. Direito dos Registos e Notariado

Regula a organização e funcionamento de serviços públicos (Conservatórias e Notários) aos quais compete arquivar documentação comprovativa da formalização de determinados atos jurídicos, assegurando a sua publicidade e, no caso dos Notários, a forma legal, autenticidade e fé pública de atos extrajudiciais.

Exs: códigos de registo predial, comercial, automóvel, código de notariado

5.3.8. Direito Processual

Conjunto de normas que regulam a propositura e tramitação dos processos judiciais nos tribunais com vista ao reconhecimento de direitos, resolução de conflitos de interesses públicos e privados e reprimir a violação da legalidade.

Se o conflito que se visa dirimir for de natureza civil o Ramo do Direito será o Direito *Processual Civil* (Tribunais Cíveis), se for de natureza criminal, o *Direito Processual Penal* (Tribunais Criminais), se for de cariz administrativo, o *Direito Processual Administrativo* (Tribunais Administrativos) e, se for de natureza laboral, o *Direito Processual Laboral* ou do Trabalho (Tribunais de Trabalho).

Para além destes subramos do Direito processual ainda é possível considerar o *direito processual relativo ao Tribunal Constitucional*, com vista, designadamente, à apreciação de constitucionalidade de normas, o direito processual fiscal, relativo a questões presentes aos Tribunais Tributários e o Direito de *processo no Tribunal de Contas*, relativo a questões de Direito financeiro.

Exs: códigos de processo civil, penal, do trabalho, administrativo, tributário, lei de organização e processo do Tribunal de Contas

5.4. Direito Privado Comum:

O Direito Privado Comum (disciplinado pelo Código Civil) *regula a generalidade das relações que se estabelecem entre sujeitos de direito privado*, ou seja, entre particulares, *ou relações em que intervêm pessoas de natureza pública desprovidas de poderes de autoridade*, subdividindo-se em quatro sub-ramos:

5.4.1. Direito das Obrigações

Conjunto de normas que regula as obrigações que emergem de relações jurídicas, isto é, o(s) vínculo(s) pelos quais uma pessoa fica adstrita à realização de uma prestação (comportamento no interesse de outra pessoa).

Ver artigos 397º a 1250º do CC

5.4.2. Direitos Reais ou das Coisas

Conjunto de normas que regulam os direitos de uma pessoa sobre uma coisa (posse, propriedade, usufruto, uso e habitação, servidões).

Ver artigos 1251º a 1575º do CC

5.4.3. Direito da Família

Regula as relações jurídicas familiares que têm como fonte o parentesco, adoção, casamento e afinidade.

Ver artigos 1576º a 2020º do CC

5.4.4. Direito das Sucessões

Conjunto de normas que regulam a transmissão de direitos e obrigações em virtude de morte da pessoa singular para os seus sucessores (herdeiros e legatários).

Ver artigos 2024º a 2334º do CC

5.5. Direito Privado Especial

5.5.1. Direito Comercial

Conjunto de normas que regulam os atos, atividades e relações jurídicas comerciais, o estatuto dos comerciantes, designadamente, as sociedades comerciais e outras estruturas jurídicas da empresa

Exs: código comercial, código das sociedades comerciais, legislação relativa aos títulos de crédito e valores mobiliários

5.5.2. Direito do Trabalho ou Laboral

Conjunto de normas e princípios que regulam as relações individuais e coletivas de trabalho, tendo por objeto o contrato de trabalho, Instrumentos de Regulamentação Coletiva de Trabalho, Estruturas de Representação Coletiva dos trabalhadores, resolução extrajudicial de conflitos laborais.

Ex: Código de trabalho e respetiva regulamentação

5.5.3. Direito da Propriedade Intelectual

Este ramo do Direito subdivide-se em *Direito de Autor* e *Direito da Propriedade Industrial*. Quanto ao primeiro, regula os direitos dos criadores de obras sobre as últimas, nomeadamente, obras literárias, artísticas ou científicas. No que concerne ao segundo, assegura, por um lado, a proteção da afirmação económica das empresas através da atribuição de direitos privativos e exclusivos decorrentes, por exemplo, de invenções (patente de invenção), marcas e logótipos, através do seu registo e, por outro, a lealdade da concorrência.

Ver Código do Direito de Autor e dos Direitos Conexos e Código da Propriedade Industrial

5.5.4. Ramos Híbridos

Existem alguns Ramos do Direito híbridos pois as suas normas são simultaneamente de Direito Público mas pertencentes a ramos diversos, ou de Direito Público e Privado. Para além do Direito Económico que regula a intervenção do Estado na economia, aglutinando normas de Direito Constitucional (v.g artigos 80º a 92º da CRP) e de Direito infraconstitucional, como sejam, a lei de delimitação de setores público e privado, lei quadro sobre privatizações e entidades reguladoras, podem identificar-se o Direito do Consumo e o Direito Bancário. Quanto ao Direito do Consumo é o conjunto de normas de Direito Público e Privado que visam a tutela dos consumidores nas relações de consumo. O Direito Bancário, por sua vez, regula a organização e operações das instituições de crédito e financeiras bem como a sua fiscalização por parte do Estado, fazendo apelo a normas de direito público, no que respeita à relação institucional daquelas com entidades de supervisão (v.g Banco de Portugal) e a normas de direito privado na sua atividade mercantil.

6. Sistema jurídico e sistema político

6.1. Sistemas jurídicos Romano-Germânico e Anglo-Saxónico

Os sistemas de Direito, variam consoante as culturas, civilizações, tempo e espaço. Apesar das diferenças, têm-se desenvolvido progressivamente fontes de Direito com um universo de aplicação geral, sobretudo no que respeita a direitos e liberdades fundamentais, relacionamento entre Estados e Organizações internacionais e funcionamento da economia de mercado.

Não sendo possível abordar todos os sistemas jurídicos, dir-se-á algo sobre o romano-germânico (SRG) e o anglo-saxónico (SAS).

Portugal faz parte da União Europeia e nesta, são estas duas grandes famílias de Direito que dominam (sistema romano-germânico na europa continental, sistema anglo-saxónico em grande parte do Reino Unido e Irlanda).

Pela extensão territorial também são estes os sistemas jurídicos mais relevantes nos Estados subsequentes à influência colonizadora da Europa, sejam os EUA e Canadá, América Central e do Sul, grande parte de África e boa parte da Ásia e Oceânia.

O SRG, em que Portugal se insere, sucede ao Direito romano[33].

Reconhecendo o Estado como principal criador de Direito, considera-se o Direito escrito produzido pelos órgãos estaduais competen-

[33] Daí ser habitual denominar o sistema como da "civil law" (lei civil herdada dos romanos), por contraposição ao sistema anglo-saxónico da "common law".

tes[34] (a "lei" - cfr. infra 7.3.1) como principal fonte normativa, limitando-se a intervenção de julgadores e outros aplicadores do Direito, quase exclusivamente, à sua interpretação sistemática.

O costume (cfr. infra 7.3.1) como fonte de Direito não escrita, tem um carater secundário e residual.

O Direito escrito, que manifesta grande desenvolvimento e extensão, atento o princípio a plenitude da ordem jurídica[35] é objeto de sistematização científica, traduzida na histórica elaboração de códigos (ou compilações legislativas), relativos aos vários ramos em que se divide (cfr. supra 5).

A ideia central de que tudo se encontra regulamentado pelo Direito escrito, pretende introduzir segurança e clareza na aplicação do mesmo.

Assim, sendo o CC depositário, nos seus primeiros artigos, de princípios gerais de Direito, assume, desde logo, a preocupação de definir como fontes de Direito as leis e as normas corporativas (direito escrito).

Por sua vez, os Tribunais no exercício da função jurisdicional (artº 202º da CRP) apenas estão sujeitos à lei (artº 203º CRP), devendo fundamentar as suas decisões na mesma (artº 205º CRP).

O aplicador do Direito deverá integrar as situações da vida na previsão da lei (subsunção normativa), que é, por natureza, abstrata e genérica, interpretando-a exaustivamente, tendo em conta o elemento literal, mas, também o histórico, sistemático e teleológico (cfr. infra, artigo 9º do CC sobre aplicação da lei)[36].

O Juiz de cada processo judicial interpreta livremente a lei, não estando vinculado a decisões judiciais proferidas em diferentes processos judiciais, sem prejuízo de, em cada procedimento, o Tribunal inferior dever respeitar a decisão dos Tribunais superiores. Se bem que, nas suas decisões, o Juiz deva ter em conta "todos os casos que mereçam tratamento análogo, a fim de obter uma interpretação e aplicação uniformes do direito" (artº 8º nº 3 do CC), tal não se traduz na obrigatoriedade de decidir de acordo com a interpretação judicial da lei feita em procedimentos diversos daquele que por si é julgado.

[34] Em certos casos, infraestaduais, como é o caso de Regiões e autarquias.

[35] A preocupação de a lei escrita tudo regular é, no entanto, temperada pelo dever de o Tribunal julgar, mesmo na falta ou obscuridade da lei, preenchendo as respetivas lacunas (artigos 8º nº 1 e 10º do CC).

[36] Cfr. Infra 8.3.

Nesta conformidade, a jurisprudência não possui valor normativo, mas, apenas, o de influenciar, de persuadir, futuros intérpretes e aplicadores do Direito.

Se bem que a jurisprudência constante dos Tribunais possa ter relevância na definição do Direito a aplicar a casos concretos, não é invocável a regra do precedente jurisdicional para determinar o sentido da decisão de cada caso concreto em apreciação (o Juiz está apenas vinculado à Lei e não a decisões anteriores de outros Tribunais).

No Direito Português, as partes em litígio, os Juízes, representantes do Ministério Público e o Presidente do Supremo Tribunal de Justiça, podem, dentro de certos limites, requerer a prolação de um acórdão que venha uniformizar a interpretação da Lei. Porém, cada Juiz pode, na apreciação de futuros casos, divergir do acórdão uniformizador, desde que justifique a sua decisão, dando expressão ao princípio constitucional (artigo 203º da CRP) que lhe confere inteira liberdade para interpretar a lei.

Os acórdãos uniformizadores de jurisprudência proferidos pelos nossos Tribunais superiores[37] não constituem, assim, precedente para julgamentos futuros de casos semelhantes, porque não são fonte de normas jurídicas gerais e abstratas que devam ser respeitadas, apesar de serem tornados públicos através do jornal oficial (Diário da República)[38].

Por outro lado, a jurisprudência constante e uniforme dos Tribunais superiores não vale como costume, tendo apenas um valor persuasivo sobre decisões futuras, para além de contribuir para algum desenvolvimento criativo do Direito.

Neste sistema, não existe, em rigor, "costume jurisprudencial".

A visão de que a Jurisprudência não assume qualquer função normativa, admite, em Portugal a exceção decorrente da competência atribuída ao Tribunal Constitucional em sede de declaração de inconstitucionalidade de normas com força obrigatória geral (artigos 223º nº 1, 277º, 281º nº 1 e 282º da CRP). Porém, neste caso, mais uma vez, se confirma que o Tribunal não cria novas normas jurídicas, limitando-se a julgar a invalidade das já existentes.

[37] Sobre a matéria pode ver-se o disposto nos artigos 672º nº 1 alínea *c*), 686º, 687º nºs 1, 2 e 5, 688º do CPC e artigos 437º, 444º a 447º nºs 1 e 2 do CPP.

[38] Ver artigo 3º nº 2 *i*) da Lei 74/98, de 11 de novembro, alterada e republicada pela Lei nº 42/2007, de 24 de agosto.

Apesar de a jurisprudência não constituir, como regra, uma fonte de Direito, é cada vez mais importante para o saber interpretar e aplicar.

Pode tomar-se como exemplo disso, a nível do Direito Comunitário (UE), as decisões do Tribunal de Justiça, cuja fundamentação constitui um elemento importantíssimo para a interpretação do primeiro, e as decisões judiciais concretas sempre que a lei recorre a conceitos indeterminados.

Assim, por exemplo, considere-se a previsão do artigo 334º do CC sobre *abuso de direito*, ou a referência dos artigos 280º e 281º do CC à *ordem pública* e aos *bons costumes*, ou a proibição ou concretização de despedimentos de trabalhadores em função da existência de *justa causa*.

Na aplicação destas normas o intérprete perguntará, designadamente, em que consistem a "boa fé", "os bons costumes", a "ordem pública", a "justa causa". Naturalmente, não os definindo a lei com suficiente precisão, o recurso à jurisprudência que se tem debruçado sobre tais preceitos é fundamental para esclarecer o seu sentido.

O domínio do Direito escrito no SRG não pode, no entanto, fazer esquecer a vigência e importância do costume internacional, recebido pelo artigo 8º nº 1 da CRP, sendo certo que, por outro lado, a própria lei admite também a vigência do costume local e nacional cuja existência venha a ser provada pelas partes interessadas ou oficiosamente apurada pelo Tribunal (artigo 348º do CC). Mas este Direito não escrito, costume local e nacional, assume uma relevância diminuta perante o Direito escrito, sendo que, nem toda a doutrina admite a sua prevalência sobre a lei escrita (costume "contra legem").

Note-se que, diferentemente dos costumes, os meros usos (práticas reiteradas não acompanhadas da convicção de obrigatoriedade), apenas possuem valor jurídico quando a lei o determina (artigo 3º CC), não sendo fonte autónoma de Direito.

Quando nos referimos ao sistema anglo-saxónico, reportamo-nos, ao vigente em Inglaterra, Gales e Irlanda do Norte, que marcou influência nas antigas colónias britânicas e países que lhes sucederam.

Esta referência justifica-se, como escolha de um modelo paradigmaticamente diferente do sistema romano-germânico[39].

No sistema anglo-saxónico (common law), até a meados do século XIX, as principais fontes de Direito consistiam nas decisões tomadas pela autoridade competente sobre os concretos litígios que lhe eram submetidos para apreciação.

Recebida a solicitação de intervenção do Chancellor, através de uma "forms of action", seguia-se a atribuição do "writ". O conjunto de "writs "retratava os tipos de processos a que correspondiam decisões de casos concretos, em nome do Rei. Estas decisões recorriam ao *common law*, expressão que representava o direito comum, de origem costumeira, canónica ou romana, e, numa fase posterior *e*, como complemento, *à equity* (equidade).

A distinção entre Tribunais de "Common law" e da "equity" terminou com os Judicature Acts de 1873-75, sendo criado como Tribunal superior o "Appelate Comitee" na Câmara dos Lordes (House of Lords).

Tradicionalmente, este *Direito assenta na jurisprudência dos Tribunais*, e não propriamente em normas escritas, dotadas de abstração e generalidade, *respeitando-se* no julgamento de casos futuros e semelhantes *a regra do precedente*.

Significa esta regra que os Tribunais inferiores de primeira instância ("County Courts" e "Magistrate Courts") devem aplicar a razão de decidir ("stare decisis"), a regra de direito que foi expressa por Tribunais superiores ("Appelate Comitee" da "House of Lords", posteriormente substituído pelo "Supreme Court of the United Kingdom", "Court of Appeal", "High Court of Justice", "Crown Court") no julgamento de casos semelhantes. Neste sistema, basta uma decisão dos Tribunais superiores para constituir precedente, sendo a mesma invocável se a sentença de que emana tiver sido publicada (não existindo, porém, publicações oficiais).

[39] Por exemplo o sistema jurídico dos EUA, se bem que seja considerado anglo-saxónico, não é exatamente idêntico em todos os Estados federados ao praticado em Inglaterra (nalguns vigoram sistemas de origem romano-germânica e existe uma organização legislativa e judiciária diferente, o que se compreende também atendendo à natureza do Estado federal que comporta 50 Estados federados, pressupondo a vigência em paralelo de direito federal e direito de cada Estado federado, podendo este divergir).

Na decisão judicial, *o precedente é constituído apenas pela regra de Direito que é explicitada ou pressuposta como fundamento da razão de decidir pelo Tribunal superior*, só podendo ser transposta para casos semelhantes.

Tradicionalmente, o Direito tem por base, em primeira linha, as decisões dos Tribunais (jurisprudência) sobre casos concretos, assentes na "common law" e na "equity", que sejam publicitadas.

Paralelamente, vigoram os costumes e a lei escrita, não esquecendo o facto importante de não existir constituição escrita.

Porém, desde o século XX, o Parlamento incrementou sucessivamente a produção legislativa, ou seja, o surgimento de fontes normativas com as características que são próprias do sistema romano-germânico (*"Statute Laws"/ Statutory Laws" / "Acts of Parliament"*), sendo certo que o *Direito Internacional e o da União Europeia* (escritos) *também vigoram* na ordem jurídica interna.

Apesar de, na hierarquia de normas, a *lei prevalecer* sobre a jurisprudência, a importância desta e sobretudo o facto de ser fonte de Direito ao gerar precedentes ao nível dos Tribunais Superiores, continuam a ser uma característica fundamental do sistema jurídico.

A "common law", traduz-se num acumular de precedentes gerados pelas decisões dos Tribunais superiores ("case laws") que, como regra, vinculam, não apenas os inferiores, mas também o próprio Tribunal que proferiu a decisão ("judge made law"), só cedendo na hierarquia das fontes de Direito, perante a lei escrita.

Esta regra sofreu exceções, na medida em que a House of Lords considerou não estar vinculada aos precedentes resultantes de decisões anteriores, um precedente poder ser alterado por uma decisão de Tribunal superior ao que o tenha constituído ("overrruling") e, por outro lado, quando se apreciam conceitos indeterminados é possível alguma flexibilidade no julgamento por parte do Tribunal.

O jurista, perante o Direito, *terá*, assim, um *posicionamento diverso no SRG e no SAS*: *no primeiro*, buscará a solução do caso concreto, fundamentalmente, pela interpretação e aplicação do *Direito escrito* de origem supraestadual, estadual ou infraestadual; *no segundo, procurará os "case laws* "de Tribunais superiores, que possam constituir precedentes, *no que não resultar de lei escrita*.

Por outro lado, por contraposição ao que ocorre no SRG, *no SAS a interpretação da lei deve, em princípio, ater-se à sua letra* ("literal rule"), a menos que conduza a resultados totalmente inapropriados, podendo integrar a regra do precedente na medida em que se traduza na razão de decidir que tenha constituído fundamento de decisão de Tribunal Superior.

Finalmente, *no SAS* o jurista deve ter em conta que, contrariamente ao que ocorre no SRG (cfr. infra 8.4), *não existem regras legais para preenchimento de lacunas, a não ser através de decisões judiciais inovadoras.*

6.2. Sistema político-jurídico

6.2.1. Considerações gerais

No estado atual, *o Direito*, como realidade imperativa e coerciva, *pressupõe uma sociedade politicamente organizada*.

Sem prejuízo da sua descentralização em comunidades infra-estaduais (em Portugal, as regiões autónomas, regiões administrativas[40], autarquias locais) e das atribuições de organizações supraestaduais (vg. UE), o poder político compete, principalmente, ao Estado, encarregado de tomar as grandes opções para a vida em sociedade (a política significa isso mesmo), de obter os meios para as prosseguir, e exercer o poder de injunção, impondo condutas e punindo materialmente os infratores, em caso de inobservância do Direito por si produzido.

Ao referir o sistema jurídico-político realça-se o facto de, sendo a sociedade dotada de uma organização política, esta interagir no Sistema Jurídico como principal fonte de Direito, e este último interagir na primeira, que se encontra regulada e vinculada pelo último.

Assim se compreende que o Estado se subordine à Constituição, fundando-se na legalidade democrática, sendo a validade dos atos do Estado dependente da sua conformidade com a CRP (artigo 3º nºs 2 e 3 da CRP), contendo esta a regulamentação da organização do poder político (artigos 108º e seguintes).

6.2.2. Noção de Estado

Numa *primeira e principal aceção*, o Estado pode ser definido como um *povo fixo num determinado território, por si dominado, e que, dentro do mesmo, instituiu, por autoridade própria, um poder político autónomo, exercido por*

[40] Ainda não constituídas.

órgãos que produzem o Direito necessário à vida coletiva e impõe a respetiva observância[41].

O artigo 1º da CRP ao referir que "Portugal é uma República soberana" faz apelo à noção de comunidade politicamente organizada[42].

Concentrando-nos nesta primeira noção, *o Estado é um agregado de três elementos: povo, território e poder político.*

O *povo* é constituído pelo conjunto de cidadãos ligados ao Estado pelo vínculo jurídico-político da nacionalidade, atribuída por lei ou convenção internacional (artº 4º da CRP).

O *território* constitui o espaço de atuação do Estado dotado de poder político absoluto (interfronteiras), podendo subdividir-se em terrestre, marítimo e aéreo.

O *terrestre* é inalienável, compondo-se pelo *historicamente definido no continente europeu*, os *arquipélagos dos Açores e da Madeira* (solo e subsolo), pertencendo ao domínio público, entre outros bens, os jazigos minerais, as nascentes de águas mineromedicinais, as cavidades naturais subterrâneas existentes no subsolo, com exceção das rochas, terras comuns e outros materiais habitualmente usados na construção, as estradas, as linhas férreas nacionais (artº 84 nº 1 *c*), *d*) e *e*) da CRP).

O *marítimo* compreende o mar territorial (12 milhas marítimas), zona contígua (até 24 milhas marítimas) e zona económica exclusiva (até 200 milhas marítimas)[43] (artº 5º da CRP), pertencendo ao domínio público as águas territoriais com seus leitos e os fundos marinhos contíguos (até 200 milhas náuticas), bem como os lagos, lagoas e cursos de água navegáveis ou flutuáveis, com os respetivos leitos (artigo 84 nº 1 *a*) da CRP).

O *aéreo* compreende o domínio público (artigo 84º nº 1 b) da CRP) composto pelas camadas aéreas superiores ao território terrestre e mar territorial acima do limite reconhecido ao proprietário ou superficiário (aquele que não tem utilidade para estes).

Consideram-se *ainda* parte do território nacional, por força do Direito internacional, os *navios, aeronaves e veículos sob bandeira portuguesa*, ainda que estejam em território estrangeiro e os *consulados e embaixadas* de Portugal no estrangeiro.

[41] Segundo a Convenção de Montevideu (26/12/1933), o Estado deverá, como pessoa internacional, possuir os seguintes elementos: *a*) uma população permanente; *b*) um território definido; *c*) um governo; e *d*) capacidade para estabelecer relações com outros Estados.

[42] A mesma noção também é utilizada quando a CRP comete ao PR a função de representar a República Portuguesa, garantir a independência nacional e a unidade do Estado (artigo 120º).

[43] Convenção de Montego Bay – Convenção das Nações Unidas de direito do mar de 1982, Lei nº 34/2006 de 28 de julho, Lei nº 33/77.

O *poder político* (cfr. supra 6.2.1) assenta na vontade popular, livremente manifestada pelo sufrágio universal[44], sendo, por um lado, descentralizado quanto às regiões autónomas dos Açores e Madeira, autarquias locais e, regiões administrativas[45], inserindo-se, por outro lado, na construção da União Europeia (artigos 1º, 2º, 3º nº 1, 6º, 7º, 10º, 108º, 225º, 235º, 236º, 255º da CRP).

O poder político, tem implícito o poder administrativo, que, não se traduzindo já em definir as grandes opções para a sociedade, é indispensável para a implementação das que forem tomadas, satisfazendo as necessidades coletivas.

No caso português o Estado corresponde a uma só Nação, ou seja, a uma mesma comunidade unida por laços históricos, culturais e referências territoriais[46].

Exemplos de laços/índices de nacionalidade são os símbolos nacionais e a língua oficial previstos no artigo 11º da CRP.

A estes elementos acresce a de independência da nação e do Estado – artigo 9º al *a*) da CRP – e a soberania internacional, perante outros Estados, organizações e comunidade internacionais. Todavia, sendo a soberania internacional exclusiva do Estado, a sua participação em organizações supraestaduais pode exigir a perda parcial da mesma ou o seu exercício partilhado, como sucede no caso da UE (cfr. artigo 7º nº 6 da CRP).

Numa segunda perspetiva, o *Estado* é visto como uma *pessoa coletiva pública*, de carater territorial, que atua através de órgãos próprios[47] [48]. Nesta perspetiva, nos referimos ao Estado quando o vemos atuar prosseguindo determinados objetivos, relacionando-se com outras pessoas.

[44] Por ser democrático, pode, assim, ser definido como a possibilidade do povo de, por si próprio, instituir órgãos que exerçam o poder de, num determinado território, criar normas jurídicas e impor a sua execução.

[45] Não implementadas ainda no território nacional.

[46] Note-se que a noção de povo (crf. supra), como conjunto de titulares do vínculo de cidadania portuguesa, pode não coincidir em absoluto com a de Nação, por ter natureza meramente jurídico-política e não necessariamente histórico-cultural.

[47] Os órgãos constituem centros institucionalizados de poderes e deveres através dos quais se forma e manifesta a vontade das pessoas coletivas, pela atuação dos respetivos titulares, estes forçosamente, pessoas singulares (físicas). Ex.: órgão Presidente da República; titular o Sr. A.

[48] Denominados órgãos de soberania (PR, GOV, AR, T).

6.2.3. Forma do Estado

Portugal é uma *República*[49] (artigos 1º e 288º al *b*) da CRP), e, como tal, a soberania e o *poder político pertencem ao povo* (artigos 3º nº 1 e 108º da CRP), *o PR é eleito democraticamente* (artigos 120º a 122º da CRP), *o Estado subordina-se à Constituição e legalidade democrática*, dependendo a validade dos seus atos normativos da conformidade com aquela (artigo 3º nº 2 da RP), *os titulares de cargos políticos* são responsáveis pelas suas atuações e *não exercem funções a título vitalício*, podendo a lei limitar o número dos respetivos mandatos (artigos 117º, 118º, 123º da CRP), vigorando o princípio do *sufrágio universal* e da *manifestação da vontade popular através de partidos políticos* (artigo 10º da CRP), da *igualdade perante a lei* (artigo 13º da CRP) e da *separação entre Estado e igrejas* (artº 44º nº 4 da CRP).

Para além disso, Portugal é um *Estado unitário descentralizado e desconcentrado* (artigos 6º, 225º e segs., 235º e segs. e 267º da CRP): *unitário* porque a soberania não se encontra repartida e se rege por *uma única constituição*, verificando-se concentração dos principais poderes políticos e legislativos em órgãos de soberania nacionais; *descentralizado a nível político, legislativo, administrativo, financeiro: descentralizado politicamente*, porque a constituição da república permite a atribuição de competências nestes níveis às regiões autónomas dos Açores e Madeira, segundo os respetivos estatutos político-administrativos[50], dispondo de órgãos de governo próprios, sendo os seus titulares eleitos por sufrágio popular, sem prejuízo da unidade nacional (artigos 225º, 227º, 228º, 229º nº 3, 231º, 232º da CRP); *descentralizado a nível administrativo*, porque são atribuídos poderes autónomos a pessoas coletivas diferentes do Estado, para prossecução do interesse público e satisfação das necessidades coletivas (regiões autónomas, regiões administrativas – por ora, inexistentes –, autarquias locais, institutos, fundações, serviços personalizados, associações, universidades, outras), que integram a denominada *administração indireta do Estado e a sua administração autónoma; desconcentrado*, também *a nível administrativo*, porque as competências que permanecem na Administração Central do Estado se repartem por outras entidades públicas, sujeitas a um poder hierárquico da administração central, distribuídas pelo território nacional e pelo estrangeiro, os deno-

[49] Por oposição a monarquia.

[50] Aprovados pela AR, não se reconhecendo qualquer poder constituinte às Regiões.

minados *serviços periféricos* (v.g a nível interno, Direções Regionais de Ministérios, CCDRC – Comissões de Coordenação e Desenvolvimento Regional – a nível externo, consulados e embaixadas). Estes serviços desconcentrados prosseguem, a nível local, regional, e fora do território nacional, consoante os casos, atribuições do poder central. A *desconcentração opera ao nível da denominada administração direta do Estado* que integra todos os seus órgãos, serviços e agentes que, de modo direto e imediato e sob dependência hierárquica do Governo, desenvolvem uma atividade tendente à satisfação das necessidades coletivas. Para além disso, na articulação entre o Estado e outras pessoas coletivas de base territorial, vigora o *princípio da subsidiariedade*, competindo à administração autónoma regional e autárquica a satisfação dos interesses próprios das populações (artigos 225º nº 2 e 235º nº 2 da CRP).

6.2.4. Funções do Estado

Para além da função constituinte, o Estado prossegue diversas funções, dentro do quadro geral de valores já enunciados (cfr. supra 3), distinguindo-se três principais:

- *Função Política*, que se traduz na definição dos interesses essenciais da coletividade (interesse público), seja ou não conducente à produção de normas, de que é exemplo o previsto nos artigos 9º (tarefas fundamentais do Estado) e 81º (incumbências prioritárias do Estado) da CRP;
- *Função Legislativa*, consubstanciada na aprovação de atos legislativos (Leis da AR, Decretos-Leis do GOV, Decretos-Legislativos Regionais das regiões autónomas dos Açores e Madeira), que darão satisfação concreta a grandes opções tomadas no âmbito da função política, a que se refere o artigo 112º da CRP nos seus números 1, 2, 3 e 4, o artigo 161º alíneas *a*) a *g*) e o artigo 198º da CRP.
- *Função Administrativa*, traduzida na satisfação das necessidades coletivas através de regulamentação e execução de atos legislativos, e de atuação material, a que se refere os artigos 112º números 6 e 7, 199º e 266º e seguintes da CRP.
- *Função Jurisdicional*, consistente na resolução de litígios, definindo a lei aplicável aos casos concretos controvertidos e aplicando coerciva a lei (em sentido amplo), sancionando as infrações, a cargo

dos Tribunais, a que se referem os artigos 202º e seguintes da CRP, destacando-se, pela sua importância os artigos 202º, 203º, 205º, 216º da CRP.

6.2.5. A Constituição da República Portuguesa

6.2.5.1. Considerações gerais

A Constituição da República Portuguesa (CRP), que foi aprovada por Decreto de 10 de abril de 1976, tendo sido alvo de várias revisões [51]e entrando em vigor em 25/04/1976, representa a fonte de Direito hierarquicamente superior no plano do Direito interno português (artigos 3º nºs 2 e 3, 204º, 223 nº 1, 277º a 283º da CRP), traçando o quadro de princípios estruturantes do Estado, do regime politico, da produção normativa e hierarquia das fontes de Direito[52].

O seu objeto revela-se pelo índice sistemático: Preâmbulo;

Princípios – Fundamentais (artigos 1º a 11º)

Parte I – Direitos e deveres fundamentais (artigos 12º a 79º)

Parte II – Organização económica (artigos 80º a 107º)

Parte III – Organização do poder político (artigos 108º a 276º)

Parte IV – Garantia e revisão da Constituição (artigos 277º a 289º)

Disposições finais e transitórias (artigos 290º a 296º)

As matérias enunciadas integram a noção de *Constituição em sentido formal*, objeto de leis constitucionais. Por contraposição a esta, a *Constituição em sentido material*, *engloba*, para além da definição do Estado, suas funções e fins, organização do poder político, e do poder constituinte (incluindo o de revisão constitucional), *várias leis importantes ao funcionamento do sistema político* (v.g nacionalidade, leis eleitorais, lei dos partidos políticos, regimentos de órgãos de soberania).

Pela leitura dos princípios fundamentais do Estado e das partes I e II da CRP conclui-se que é seu objetivo instituir um Estado interventivo,

[51] Lei Constitucional nº 1/82, de 30 de setembro; Lei Constitucional nº 1/89, de 8 de julho; Lei Constitucional nº 1/92, de 25 de novembro; Lei Constitucional nº 1/97, de 20 setembro; Lei Constitucional nº 1/2001, de 12 de dezembro; Lei Constitucional nº 1/2004, de 24 de julho, e Lei Constitucional nº 1/2005, de 12 de agosto.

[52] Cfr. artigos 8º, 3º, 204º e 112º da CRP.

do ponto de vista social e económico, não pretendendo apenas traçar os limites da sua atuação face aos direitos fundamentais dos cidadãos[53].

6.2.5.2. Noção de Estado de Direito Democrático

Conforme dispõe o artigo 2º da CRP a "República Portuguesa é um Estado de direito democrático, baseado na soberania popular, no pluralismo de expressão e organização política democráticas, no respeito e na garantia de efetivação dos direitos e liberdades fundamentais e na separação e interdependência de poderes, visando a realização da democracia económica, social e cultural e o aprofundamento da democracia participativa.".

O Estado português é um *Estado de Direito* na medida em que, por um lado, *a atuação do poder politico se encontra subordinada a regras jurídicas*, e, por outro lado, o *Estado se encontra vinculado ao Direito em geral* e, em particular, àquele que produz (artº 3º números 2 e 3 da CRP)[54].

O *Estado de Direito respeita e garante os direitos, liberdades dos cidadãos e trabalhadores*, protegendo-os do arbítrio, respondendo pelos danos causados, assegurando a todos o acesso à justiça como forma de resolução pacífica de conflitos, bem como todas as garantias de defesa (artigos 1º, 2º, 9º *b*), 18º, 20º a 57º da CRP)[55].

Os direitos fundamentais são salvaguardados por forma a corresponderem, por um lado, ao dever de abstenção de atitudes lesivas por parte do Estado e entes públicos, e, por outro lado, no sentido de exigência de atuação por parte do Estado para a sua salvaguarda e efetivação.

Para que este princípio vigore na sua plenitude, os órgãos de soberania respeitam o *principio da separação de poderes* legislativo, executivo e judicial (embora com interdependências), previsto no artigo 111º da CRP.

A independência dos Tribunais relativamente aos demais órgãos de soberania (artigo 203º da CRP), e o princípio constitucional de que as suas decisões são obrigatórias para todas as entidades públicas e privadas, prevalecendo sobre as de quaisquer outras autoridades (artigo 205º

[53] Contrariando, assim, a visão histórica de Estado liberal.

[54] Também na AP os órgãos e agentes administrativos estão subordinados à Constituição e à lei (artigo 266º nº 2 da CRP).

[55] Muito embora sem caráter vinculativo para o Estado, também contribui para a defesa dos direitos, liberdades e garantias do cidadão, o direito de queixa ao Provedor de Justiça (artigo 23º da CRP).

nº 2 da CRP) torna exequível o princípio de que também o Estado, e não apenas os cidadãos, deve respeitar o Direito, sendo a atuação do primeiro controlada por órgãos eximidos ao seu controlo e influência, como são os Tribunais.

Não por acaso, a separação de poderes bem como a independência dos Tribunais, não podem ser objeto de revisão constitucional (artigo 288º alíneas *j*) e *m*) da CRP).

Por fim, o *Estado de Direito garante a todos a segurança jurídica*, na sua múltipla perspetiva de certeza, clareza, previsibilidade e estabilidade do Direito e de proteção da confiança, não sendo os direitos liberdade e garantias suscetíveis de serem objeto de revisão constitucional, (artigo 288º alíneas *d*) e *e*) da CRP).

O *Estado de Direito é democrático*, desde logo, porque, para além de exigir a garantia e respeito pelos direitos e liberdades fundamentais dos cidadãos, propugna também a implementação da *democracia económica, social e cultural.*

A democracia económica exprime-se nos preceitos constitucionais relativos à organização económica (artigos 80º a 107º da CRP), garantindo-se a coexistência de três setores de produção: público, privado e social e cooperativo.

Por outro lado, a democracia económica, social e cultural, têm por base satisfazer o objetivo constitucional de construção de uma sociedade livre, justa e solidária, para o que a CRP consagra direitos e deveres económicos, sociais e culturais (artigos 58º a 79º da CRP), pressupondo, em geral, uma atividade positiva do Estado com vista à sua implementação (artigos 1º, 9º alíneas *a*), *d*), *e*), *f*) da CRP), beneficiando alguns desses direitos de proteção idêntica à consagrada para os direitos liberdades e garantias, por terem natureza análoga (artigos 17º e 18º da CRP)[56].

Assim sucede aos casos previstos nos artigos 59º nº 1 *a*) e nº 2 *a*), 60º nº 1, 62º, 64º nº 2 *a*), 69º nº 3 da CRP. Nestes casos o cidadão tem um direito subjetivo, um

[56] Por exemplo, os casos previstos nos artigos 59º nº 1 *a*) e nº 2 *a*), 60º nº 1, 62º, 64º nº 2 *a*), 69º nº 3 da CRP. Nestes casos o cidadão tem um direito subjetivo, um poder de atuar no sentido de ver garantida a observância dos preceitos da CRP. Apesar destes casos não se encontrarem previstos como direitos liberdades e garantias, mas no título dos deveres e direitos económicos, sociais e culturais, podem ser considerados análogos aos direitos, liberdades e garantias, aplicando-se o respetivo regime por força do disposto no artigo 17º da CRP.

poder de atuar no sentido de ver garantida a observância dos preceitos da CRP. Apesar destes casos não se encontrarem previstos como direitos liberdades e garantias, mas, como deveres e direitos económicos, sociais e culturais, podem ser considerados análogos aos direitos, liberdades e garantias, aplicando-se o respetivo regime por força do disposto no artigo 17º da CRP.

No entanto, há que reconhecer que *grande parte dos artigos da CRP em sede de Direitos económicos, sociais e culturais, tem natureza meramente programática*, ou seja, destinam-se a indicar os fins a atingir, ficando a satisfação dos mesmos dependente de meios a definir pelo poder político. Assim sendo, quando se prevê, por exemplo, o direito ao emprego, à habitação, ao sistema de ensino, não pode considerar-se consagrado o direito de cada cidadão exigir do Estado um emprego, uma habitação, a gratuitidade total de ensino, no que exceda o ensino básico, expressamente previsto no artigo 74º nº 2 *a*) da CRP. Trata-se de definir objetivos a atingir, que vinculam políticas, não sendo protegidos pela CRP mediante a atribuição aos cidadãos de direitos subjetivos, como sucede relativamente aos direitos liberdades e garantias, através dos seus artigos 18º e 21º.

Por outro lado, o mesmo *Estado é democrático* na medida em que *assenta na soberania popular, no pluralismo de expressão e organização política*, exercendo o povo o poder político através do sufrágio universal, igual, direto, secreto e periódico para eleição de órgãos de soberania (PR e deputados da AR), constituindo livremente partidos políticos por forma a garantir a sua representação parlamentar (artigos 2º, 9º *c*), 10º, 49º, 51º, 108º, 113º, 114º, 121º, 147º a 149º, 152º da CRP), para além da previsão constitucional de outras manifestações de vontade popular (v.g referendo – artigos 115º, 232º nº 2, 240º, 295º da CRP).

Para a democraticidade do Estado, como sociedade politicamente organizada, contribui largamente a liberdade de expressão e informação, o direito de reunião e manifestação, a liberdade de associação, o direito de antena, resposta e réplica política dos partidos e outras organizações representativas, o direito de oposição democrática reconhecido às minorias, o direito de petição e ação popular (artigos 10º, 37º, 40º, 45º, 46º 51º, 52º, 114º da CRP).

A *democraticidade refere-se, não apenas ao Estado, mas, também a outras pessoas coletivas territoriais*, que correspondem a *comunidades infra-estaduais*, concretamente, às *regiões autónomas dos Açores e Madeira* (artigos 225º e 226º da CRP) *e autarquias locais* (artigos 235º, 236º, 239º da CRP), manifestando-se, assim, também pela descentralização de poderes.

Esta democraticidade é reforçada, na medida em que o sufrágio universal, direto, secreto e periódico na designação dos titulares de órgãos de soberania, das regiões autónomas e do poder local, bem como o pluralismo de expressão e organização política não podem ser objeto de revisão constitucional (artigo 288º alíneas *h*) e *i*) da CRP).

6.2.5.3. Organização do poder político

Princípios

Os *órgãos de soberania do Estado são apenas os enunciados no artigo 110º da CRP*[57]*: o Presidente da República, a Assembleia da República, o Governo e os Tribunais.* Entre eles, vigora o *princípio da separação de poderes, com a interdependência* prevista na constituição (artigo 111º da CRP), não podendo cada um deles renunciar ou delegar à sua competência constitucional (artigo 111º nº 2 da CRP), a não ser a delegação prevista em situações pontuais previstas na CRP[58].

Este último preceito incorpora o princípio da *separação de poderes legislativo, executivo e judicial,* herdados da revolução francesa, mediante a repartição do poder político por vários órgãos do Estado, com atribuição de competências próprias a cada um[59], sendo a *competência judicial do Estado independente do poder político*. Como se verá, esta repartição do poder político não corresponde exatamente às competências atribuídas à AR e ao GOV, supostamente legislativas e executivas, uma vez que o último (tal como as assembleias legislativas das regiões autónomas) também possui competência legislativa. Por sua vez, a função de direção do Estado e definição das suas opções políticas também assiste à AR e ao PR, embora, neste caso, pela negativa (artigos 161º, 134º al *b*) e 136º da CRP, respetivamente).

A função jurisdicional, exercida pelos Tribunais, é totalmente independente das competências atribuídas aos restantes órgãos de soberania.

[57] *Princípio da tipicidade.* Não são, assim, órgãos de soberania os órgãos das regiões autónomas e das autarquias locais.

[58] *Princípio da indisponibilidade de competências.* São exemplos de delegação os previstos nos artigos 165º nº 2 da CRP (competência atribuída ao GOV pela AR para legislar em certas matérias), 227º nº 1 al *b*) e 232º nº 1 da CRP (competência atribuída pela AR às Assembleias Legislativas das regiões autónomas para legislar em certas matérias).

[59] Competências significam poderes conferidos aos órgãos, enquanto atribuições significam fins a prosseguir pelos mesmos.

Atento o exposto, é clara a distinção de funções: a *AR exerce funções políticas de fiscalização e legislativa*, o *GOV exerce funções políticas, legislativas e administrativas*, o *PR exerce funções políticas e de fiscalização*, enquanto os *Tribunais exercem funções jurisdicionais*, totalmente distintas das restantes enunciadas.

Apesar de vigorar o princípio da separação de poderes, *existe interdependência* entre os órgãos de soberania.

Assim, por exemplo: a AR tem competência legislativa (artigos 161º, 164º, 165º da CRP), mas, a existência jurídica como leis dos decretos por si aprovados, depende de promulgação pelo PR e referenda do Governo (artigos 134º *b*), 136º, 137º e 140º da CRP). O mesmo se passa com os decretos aprovados pelo Governo para valerem como Decretos-Leis (artigos citados da CRP); a AR ou o GOV têm iniciativa no que respeita ao referendo (artigo 115º da CRP), mas é necessária ainda a intervenção do PR (artigo 134º al *c*) da CRP); a declaração de estado de sítio exige a intervenção da AR, GOV e PR (19º, 134º al *d*), 138º e 161º al *l*) da CRP).

Por sua vez, relativamente aos Tribunais, estes são independentes, mas, o seu órgão de gestão (Conselho Superior da Magistratura) é composto parcialmente por membros eleitos pela AR ou designados pelo PR (artigo 218º nº 1 *a*) e *b*) da CRP).

Fora da organização de poder político e legislativo do Estado, mas, não menos importante, *está o exercício partilhado de poderes soberanos ao abrigo do disposto no artigo 7º número 6 da CRP, no âmbito da UE*[60], com intervenção prevista para a AR, se a matéria em apreciação for da sua competência reservada (artigo 161º al *n*) da CRP), ou objeto de fiscalização pela mesma (artigo 163º al *f*) da CRP), sendo da sua competência exclusiva legislar sobre a designação dos membros de órgãos da União Europeia, com exceção da Comissão (artigo 164º al *p*) da CRP).

Sistema de governo

O sistema de governo previsto na CRP representa um equilíbrio de poderes entre dois órgãos de soberania, cujos titulares são eleitos por sufrágio direto e universal: Parlamento (AR) e PR.

[60] Sobre o Direito comunitário e a sua relação com o Direito interno português ver supra 5.2 e infra 7.1.3.

Não se trata de um sistema parlamentar, em que o Chefe de Estado tem um papel secundário, como sucede em monarquias europeias (v.g Reino Unido), nem de um sistema presidencial em que este último é também chefe de governo e pode inviabilizar a ação do parlamento (ex: República Francesa). Será, antes, um sistema semipresidencial ou semiparlamentar, consoante as perspetivas.

Exemplos de compromisso entre os dois sistemas (parlamentar e presidencialista):

- PR e deputados são eleitos por sufrágio direto e universal, tendo, assim, ambos legitimidade direta (artigos 10º e 121º para o PR e artigos, 10º, 114º, 149º, 151º CRP)
- Contrariamente ao regime presidencialista, o PR não é chefe do GOV, nem tem a seu cargo funções governativas. Todavia, é ao PR que cabe nomear o Primeiro Ministro, dando posse aos membros do GOV (artº 186º CRP)
- O GOV não é eleito, mas a sua formação tem em consideração os resultados de eleições para a AR (artº 187º CRP)
- O GOV responde perante o PR e a AR (artº 190º CRP), embora, politicamente, responda apenas perante a AR (artigo 191º nº 1 CRP)
- Se bem que o GOV não possua plenos poderes sem a apresentação do respetivo programa na AR (artigo 186º nº 5 da CRP), possa cair pela aprovação pela AR de moção de rejeição do seu programa (artigos 192º nº 4 e 195º nº 1 *d*) CRP), ou de uma moção de censura (artigos 195º nº 1 *f*) CRP), ou a não aprovação de uma moção de confiança (artigo 195 nº 1 *e*) CRP), esteja sujeito a inquéritos parlamentares e a interpelações (artigos 178º e 180º nº 2 da CRP), necessitando da atuação da AR em matéria legislativa (artigos 161º al *g*), *h*), 164º, 165º da CRP), o que denota dependência política da AR, também pode ser demitido pelo PR (artigo 195º nº 2 CRP), sendo este que dá posse ao Primeiro-Ministro e membros do Governo (artigo 186º nºs 1 a 3 da CRP)
- O PR dispõe de veto político e por inconstitucionalidade em relação aos decretos aprovados pela AR e pelo GOV, podendo recusar a respetiva promulgação (arts. 134º, als. *b*) e *g*), e 135º, nºs 1 e 5 da CRP); mas, se, numa segunda apreciação a AR voltar a aprovar o

decreto vetado pelo PR, este é obrigado a promulga-lo (artº 136º nºs 2 e 3 da CRP)

- Todavia, o PR pode dissolver a AR[61] (arts. 133º, al. *e*), e 172º)
- O PR depende da AR na medida em que toma posse perante ela (artigo 127º e 163º al *a*) da CRP), necessita de autorização desta para se ausentar do País (artigos 129º e 163º al *b*) da CRP) e para decretar o estado de sítio (artº 134º, 19º, 138º da CRP), podendo ser alvo de processo de responsabilidade criminal por iniciativa da AR (artigo 130º da CRP).

Para além destes equilíbrios de poderes entre os vários órgãos de soberania, cabe referir que o bom funcionamento do sistema pressupõe verdadeira "cumplicidade institucional", na medida da interdependência entre os mesmos (cfr. supra 6.2.4).

Assim, por exemplo, a nível de produção normativa, é necessária a intervenção do PR e do PM, respetivamente, na promulgação e referenda de atos legislativos aprovados pela AR, sob pena da sua inexistência jurídica (artigos 136º, 137º e 140º da CRP), a promulgação pelo PR de decretos aprovados em Conselho de Ministros, a ratificação pelo PR de tratados aprovados pela AR, exigências suficientemente esclarecedoras da necessidade de colaboração recíproca entre estes órgãos de soberania.

Presidente da República

Para além de outras funções[62], o PR exerce funções de representação da República, garantindo a sua unidade, a independência nacional, o cumprimento da CRP, bem como o regular funcionamento das instituições democráticas (artº 120º e 127º da CRP), sendo eleito para um mandato com a duração de cinco anos (artigo 128º da CRP), assumindo *competências*:

[61] Sem ser obrigado a apresentar justificação (muito embora, historicamente, o tenha feito).

[62] Das quais se destaca a função de ser, por inerência, o Comandante Supremo das Forças Armadas (artigos 120º e 134º da CRP), nomeando e exonerando, sob proposta do Governo, o Chefe do Estado-Maior-General das Forças Armadas, o Vice-Chefe do Estado-Maior-General das Forças Armadas, quando exista, e os Chefes de Estado-Maior dos três ramos das Forças Armadas, ouvido, nestes dois últimos casos, o Chefe do Estado-Maior-General das Forças Armadas (artigo 133º *p*) da CRP).

- *relacionadas com o funcionamento de outros órgãos de soberania e das regiões autónomas*: marcar, de harmonia com a lei eleitoral, o dia das eleições do Presidente da República, dos Deputados à Assembleia da República, dos Deputados ao Parlamento Europeu e dos deputados às Assembleias Legislativas das regiões autónomas, convocar extraordinariamente a Assembleia da República, dirigir mensagens à AR e às Assembleias Legislativas das regiões autónomas, dissolver a AR, observado o disposto no artigo 172º da CRP, nomear o Primeiro-Ministro, demitir o Governo se for necessário ao regular funcionamento das instituições democráticas (artigo 195º nº 2 da CRP), exonerar o Primeiro-Ministro, nomear e exonerar os membros do Governo sob proposta do Primeiro-Ministro, dissolver as Assembleias Legislativas das regiões autónomas, nomear e exonerar, ouvido o Governo, os Representantes da República para as regiões autónomas (artigo 133º, alíneas *b*) a *h*), *j*) e *l*) da CRP);
- *para a prática de atos próprios*: promulgar e mandar publicar as leis[63], os decretos-leis e os decretos regulamentares, assinar as resoluções da AR que aprovem acordos internacionais e os restantes decretos do Governo[64], submeter a referendo questões de relevante interesse nacional, nos termos do artigo 115º, e as referidas no nº 2 do artigo 232º e no nº 3 do artigo 256º; declarar o estado de sítio ou o estado de emergência, observado o disposto nos artigos 19º e 138º, pronunciar-se sobre todas as emergências graves para a vida da República, requerer ao Tribunal Constitucional a apreciação preventiva e sucessiva da constitucionalidade de normas constantes de leis, decretos-leis e convenções internacionais e a declaração de inconstitucionalidade de normas jurídicas, bem como a verificação de inconstitucionalidade por omissão (artigos 134º, 136º e 137º da CRP)[65];
- *nas relações internacionais*: ratificação de tratados e assinatura das resoluções da AR ou decretos do GOV que aprovem acordos internacionais e os restantes decretos do GOV, vinculando o Estado

[63] Não podendo recusar a promulgação apenas no caso das leis de revisão constitucional (artigo 286º nº 3 da CRP).

[64] O artigo 136º estabelece o prazo de 20 dias ou 40 dias para o PR exercer o direito de veto relativamente a diplomas da AR e GOV, respetivamente.

[65] Sobre a intervenção na apreciação de inconstitucionalidades veja-se o disposto nos artigos 278º, 279º e 281º nº 2 alínea *a*) da CRP.

português a cumpri-los, nomeação de embaixadores e acreditação dos representantes diplomáticos estrangeiros, e a declaração de guerra em caso de agressão efetiva ou iminente e a feitura da paz (sob proposta do Governo, ouvido o Conselho de Estado e mediante autorização da AR), segundo o artigo 135º da CRP.

Assembleia da República

A AR, representa todos os cidadãos (artigo 147º da CRP), tendo o mínimo de cento e oitenta e o máximo de duzentos e trinta deputados (artº 148º da CRP), eleitos por círculos eleitorais geograficamente definidos na lei (artº 149º nº 1 da CRP), em listas organizadas pelos partidos políticos[66], representando todo o país e não apenas os círculos pelos quais são eleitos (artigos 10º, 51º, 114º, 151º, 152º nº 2, 180º da CRP). Os deputados gozam das imunidades previstas no artigo 157º da CRP, constituindo-se em grupos parlamentares nos termos do artigo 180º da CRP.

A AR assume *competência*:

- *política e legislativa*: aprovação de *alterações à Constituição, estatutos político-administrativos das regiões autónomas, leis eleitorais, leis sobre todas as matérias, salvo as reservadas pela Constituição ao Governo, autorizações legislativas* ao Governo e às Assembleias Legislativas das regiões autónomas, leis sobre as *grandes opções dos planos* nacionais e o *Orçamento do Estado* (artigos 90º, 91º, 105º e 106º da CRP) e ainda a *aprovação de tratados* que versem sobre matérias da sua competência, designadamente os tratados de participação de Portugal em organizações internacionais, os tratados de amizade, de paz, de defesa, de retificação de fronteiras e os respeitantes a assuntos militares, bem como dos *acordos internacionais* que versem matérias da sua competência reservada ou que o Governo entenda submeter à sua apreciação, a aprovação de propostas de referendo (alíneas *a*) a *g*) e *i*) e *j*) do artº 161º da CRP), a *apreciação do programa do Governo*, a votação de *moções de confiança e de censura* ao Governo, acompanhamento e apreciação da *participação de Portugal no processo de construção da união europeia* (alíneas *d*), *e*) e *f*) do artº 163º da CRP), pronunciando-se, nos termos da lei, sobre as matérias pen-

[66] Não é, assim, possível eleger deputados em listas não organizadas por partidos políticos.

dentes de decisão em órgãos no âmbito da União Europeia que incidam na esfera da sua competência legislativa reservada (alínea *n*) do artº 161º da CRP). Em matéria de *competência legislativa* deve ter-se em atenção a *reserva de competência absoluta e relativa* resultantes, respetivamente, dos artigos 164º e 165º, conjugados com o disposto no artigo 161º da CRP. *Assim, para além da competência legislativa genérica resultante do artigo 161º da CRP, conjugado com o disposto no artigo 198º nº 2 da CRP* (orgânica e composição do GOV, única matéria de competência exclusiva deste), *sobre as matérias indicadas no artigo 164º só a AR tem competência legislativa, podendo, nas referidas no seu artigo 165º, conferir autorizações legislativas ao GOV, mas, apenas nas condições referidas nos números 2 e 3 deste último preceito*;

- *fiscalizadora*, vigiando o cumprimento da Constituição e das leis e *apreciando os atos do Governo* e da Administração, *para efeito de cessação de vigência ou de alteração, dos decretos-leis* nos termos do artigo 169º da CRP, salvo os feitos no exercício da competência legislativa exclusiva do Governo (artº 198º nº 2 da CRP), e os decretos legislativos regionais previstos na alínea *b*) do nº 1 do artigo 227º, *aprovando as contas do Estado* apresentadas até 31 de dezembro do ano subsequente, com o parecer do Tribunal de Contas, apreciando os *relatórios de execução dos planos* nacionais (alíneas *a*), *b*), *c*), *d*) e *e*) do artº 162º da CRP);
- *autorizadora e de confirmação* da *declaração de guerra e paz* pelo PR e do *estado de sítio e do estado de emergência* (alíneas *l*) e *m*) do artº 161º da CRP).

A estas competências *acrescem* as previstas no artigo 163º relativas ao PR, e à designação de membros para outros órgãos, destacando-se, pela sua importância, a relativa à eleição de dez, dos treze, juízes do Tribunal Constitucional, do Provedor de Justiça, do Presidente do Conselho Económico e Social, e de sete vogais do Conselho Superior da Magistratura, bem como os membros da entidade de regulação da comunicação social.

Governo

O Governo é o *órgão de condução da política geral do país e o órgão superior da administração pública* (artigo 182º da CRP), *sendo composto pelo Primeiro-Ministro, pelos Ministros e pelos Secretários e Subsecretários de Estado podendo incluir um ou mais Vice-Primeiros-Ministros* (artigo 183º da CRP)[67].

O número, a designação e as atribuições dos ministérios e secretarias de Estado, bem como as formas de coordenação entre eles, serão determinados pelos decretos de nomeação dos respetivos titulares ou por decreto-lei que determina a *orgânica do Governo*, matéria que é da sua *competência exclusiva* (artigos 183º nº 3 e 198º nº 2 da CRP).

O Primeiro-Ministro é nomeado pelo Presidente da República, ouvidos os partidos representados na Assembleia da República e tendo em conta os resultados eleitorais e os restantes membros do GOV são nomeados pelo Presidente da República, sob proposta do Primeiro-Ministro (artigo 187º da CRP).

O GOV tem *competência*:

- *Política*, cabendo-lhe a *condução autónoma da política geral interna e externa do Estado* (definida pelos vários órgãos de soberania (PR, GOV e AR), sem prejuízo da competência do PR e prestando as necessárias informações ao último (artigo 201º nº 1 al *c*) da CRP), e ainda a *referenda dos atos do PR*, nos termos do artigo 140º da CRP, a *negociação de convenções internacionais, aprovação dos acordos* internacionais cuja aprovação não seja da competência da AR ou que a esta não tenham sido submetidos, apresentação de *propostas de lei e de resolução à AR, proposta ao PR de sujeição a referendo* de questões de relevante interesse nacional, nos termos do artigo 115º, *pronunciar-se sobre a declaração do estado de sítio ou do estado de emergência, propondo* ao PR a declaração da *guerra ou* a feitura da *paz*, apresentar à AR as contas do Estado, apresentar à AR informação referente ao processo de construção da união europeia (artº 197º da CRP).
- *Legislativa*, conforme o disposto no artigo 198º da CRP, distinguindo-se a *competência exclusiva* (nº 2), a *delegada* pela AR (nº 1 *b*)), a competência *própria para desenvolver bases gerais ou leis* (nº 1 *c*) e a competência *em concorrência com a da AR* (nº 1 *a*)).

[67] Dentro do GOV existe, assim, um órgão colegial – Conselho de Ministros – e tantos órgãos singulares quanto o numero de membros que o compõem.

- *administrativa,* uma vez que o GOV *é o órgão superior da AP* (cfr. supra, artigo 182º da CRP). Daí caber-lhe uma importantíssima função administrativa (cfr. supra, 6.2.4) – prevista no artigo 199º da CRP: elaborar os *planos*, com base nas leis das respetivas grandes opções, e *fazê-los executar*; fazer *executar o Orçamento* do Estado; *fazer os regulamentos* necessários à boa execução das leis; *dirigir os serviços e a atividade* da administração direta do Estado, civil e militar, superintender na administração indireta e exercer a tutela sobre esta e sobre a administração autónoma; *praticar todos os atos* exigidos pela lei respeitantes aos funcionários e agentes do Estado e de outras pessoas coletivas públicas, *praticar todos os atos e tomar todas as providências* necessárias à promoção do desenvolvimento económico-social e à satisfação das necessidades coletivas.

A Administração Pública

A Administração Pública visa a *prossecução do interesse público,* no respeito pelos direitos e interesses legalmente protegidos dos cidadãos, atuando os seus órgãos e agentes com respeito pelos *princípios da igualdade, da proporcionalidade, da justiça, da imparcialidade e da boa-fé* (artigo 266º da CRP), *estruturando-se por forma descentralizada e desconcentrada*[68] (artigo 267º da CRP).

Como se disse, desconcentração significa repartição de competências públicas do estado por serviços regionais e locais mais próximos dos cidadãos e das empresas. *Descentralização* significa a atribuição de competências públicas do Estado a pessoas diversas deste.

Na *Administração Pública distingue-se, em primeiro lugar,* a *Administração Direta do Estado*[69], composta pelos órgãos e serviços da própria pessoa coletiva pública Estado – GOV, PM, Secretários de Estado, Sub-Secretários de Estado, Serviços Centrais do Estado, tais como direções-gerais, inspeções-gerais no âmbito dos vários ministérios, e Serviços Periféricos do Estado, pelos quais se concretiza a *desconcentração de competências,* tais

[68] Ver supra 6.2.4, sobre a função administrativa do Estado.

[69] Para a Administração direta do Estado pode consultar-se a Lei nº 4/2004 de 15 de janeiro, com alterações posteriores, em http://www.pgdlisboa.pt/leis/lei_mostra_articulado.php?nid=1561&tabela=leis.

como, direções regionais, os extintos governos civis[70], tendo os primeiros competência em todo o território nacional, e os segundos uma competência territorialmente limitada. *Nesta Administração o Estado assume poderes de direção*, através de instruções e diretivas vinculativas.

Em *segundo lugar, surge a Administração indireta do Estado, constituída por pessoas coletivas distintas do Estado*, mas, que prosseguem funções próprias do mesmo, por este criadas *sem fins lucrativos – institutos públicos*[71] (serviços personalizados e fundos públicos[72]) e *entidades administrativas independentes*[73] *e o sector público empresarial*[74] *composto por sociedades* de responsabilidade limitada – por quotas ou anónimas –, que prosseguem fins lucrativos em que o Estado ou outras entidades públicas participam com ou sem influência dominante[75], e entidades públicas empresariais[76], com ou sem fins lucrativos, sujeitas às orientações gerais, diretivas especiais, objetivos, autorizações, auditorias e inspeções daquele(s) ministério(s), perante os quais prestam contas, mas, *gozando de autonomia de gestão, administrativa, financeira e patrimonial.*

[70] O Decreto-Lei nº 114/2011, de 30 de Novembro transferiu competências dos governos civis e dos governadores civis para outras entidades da Administração Pública, liquidando o respetivo património.

[71] Para os institutos Públicos pode consultar-se a Lei nº 3/2004 de 15 de janeiro, com alterações posteriores, in http://www.pgdlisboa.pt/leis/lei_mostra_articulado.php?nid=1472&tabela=leis.

[72] Exs. Instituto Nacional de Estatística, I.P., do Instituto de Emprego e Formação Profissional, I.P., as Administração Regionais de Saúde IP, Serviços Sociais de Forças de Segurança, Agência Portuguesa do Ambiente, Agência para a Modernização Administrativa, Instituto de Turismo de Portugal IP.

[73] Sobre o regime e indicação de entidades administrativas independentes relacionadas com a regulação de vários setores privado, público e cooperativo veja-se a Lei nº 67/2013 de 28 de agosto, na redação atual, em http://www.pgdlisboa.pt/leis/lei_mostra_articulado.php?artigo_id=selected&nid=1983&tabela=leis&pagina=1&ficha =1&nversao=. Sobre o banco de Portugal, pode consultar-se a respetiva lei orgânica em https://www.bportugal.pt/page/lei-organica-do-banco-de-portugal.

[74] Sobre o assunto pode consultar-se a lei nº 133/2013 de 3 de Outubro, na redação atual, em http://www.pgdlisboa.pt/leis/lei_mostra_articulado.php?nid=1992&tabela=leis.

[75] São consideradas empresas públicas se existe domínio ou participadas se o mesmo não se verifica.

[76] *Há, no entanto, quem considere as empresas públicas e o setor público empresarial dentro da Administração Indireta do Estado.* A lista das sociedades comerciais e entidades públicas empresariais que integram o setor público empresarial pode ser consultada em http://www.dgtf.pt/sector-empresarial-do-estado-see/informacao-sobre-as- empresas.

A prática tem revelado que o relacionamento do Estado com as empresas inseridas nesta Administração indireta e no setor público empresarial é mais limitador do que se poderia, à partida, supor, não correspondendo muitas vezes a uma relação de mera *superintendência* do Estado, ou seja, de o último se limitar a fixar orientações gerais de atuação.

A Administração indireta é, assim, composta por entidades públicas, distintas da pessoa coletiva Estado, dotadas de personalidade jurídica, autonomia administrativa e financeira, que desenvolvem uma atividade de interesse coletivo, *ficando a expressão "administração indireta" a dever-se ao facto de este último ser prosseguido por pessoas coletivas distintas do Estado.*

Em terceiro lugar deve considerar-se a *Administração autónoma* – composta por todas as *entidades distintas do Estado, sujeitas apenas aos seus poderes de tutela* (fiscalização ou controlo), *que prosseguem interesses próprios de populações regionais e locais ou das pessoas que as constituem,* que definem autonomamente e com independência a sua orientação e atividade. É o caso das *regiões autónomas da Madeira e dos Açores, das autarquias locais (municípios e freguesias),* que, por um lado, possuem competência limitada por referência às respetivas populações residentes, não confiada por lei à administração estadual, e, por outro lado, exercem a sua competência exclusivamente sobre o território constitutivo da região, município ou freguesia, ao abrigo de estatutos político-administrativos aprovados pela AR – cfr. artigos 225º e segs CRP – ou, no caso das autarquias locais, ao abrigo do disposto nos artigos 235º e seguintes da CRP e de legislação aprovada pela AR (cfr. artigos 164º *n*) e 165º nº 1 *q*) da CRP).

No âmbito das regiões e autarquias locais, a administração pública estrutura-se por forma análoga à do Estado (AP direta ou indireta), existindo também setor empresarial local[77].

Dentro da Administração autónoma ainda se devem considerar as *associações públicas* que regulamentam o acesso e exercício de certas profissões (denominadas, geralmente, como Ordens profissionais[78]) e as *Universidades.*

[77] Sobre o assunto, pode consultar-se a lei nº 50/2012 de 31 de Agosto, na atual redação, em http://www.pgdlisboa.pt/leis/lei_mostra_articulado.php?nid=1792&tabela=leis.

[78] Exs: Ordem dos Economistas, dos Arquitetos, dos Engenheiros, dos Médicos, dos Advogados.

Relativamente à Administração autónoma, o Governo da República ou das regiões autónomas apenas intervém para controlo da legalidade do seu funcionamento (intervenção tutelar)[79].

A *administração indireta e a autónoma representam, assim, a descentralização de competências.*

O setor público empresarial e o setor empresarial local representam, por sua vez, *a satisfação* pelo Estado, regiões autónomas e autarquias, *de interesses coletivos, através de organizações empresariais de direito privado* (sociedades comerciais), *ou de pessoas coletivas públicas* (v.g, EPE, ou serviços municipalizados), *com instrumentos de gestão e critérios de racionalidade económica próprias das pessoas coletivas de direito privado.*

Finalmente, devemos considerar a Administração independente do Estado – estruturas administrativas relativamente às quais o GOV não exerce qualquer poder[80].

Se bem que caiba à Administração Pública (direta, indireta, independente e autónoma) velar pela aplicação do Direito e evitar a sua violação, *a sua atuação processa-se de forma interessada*, atenta a definição que faça do interesse coletivo, sendo sempre escrutinada pela intervenção judicial no caso de os interessados assim o requererem.

Por isso, contrariamente aos titulares da função judicial, *os trabalhadores da AP são responsáveis pelos atos praticados.*

> Assim, o determina o artigo 271 da CRP: "1. Os funcionários e agentes do Estado e das demais entidades públicas são responsáveis civil, criminal e disciplinarmente pelas ações ou omissões praticadas no exercício das suas funções e por causa desse exercício de que resulte violação dos direitos ou interesses legalmente protegidos dos cidadãos, não dependendo a ação ou procedimento, em qualquer fase, de autorização hierárquica."

[79] Para as autarquias locais pode ver-se a Lei nº 27/96 de 1 de Agosto com alterações posteriores, in http://www.pgdlisboa.pt/leis/lei_mostra_articulado.php?nid=282&tabela=leis; para as Associações Públicas de profissionais pode ver-se a Lei nº 2/2013 de 10 de janeiro, in http://www.pgdlisboa.pt/leis/lei_mostra_articulado.php?nid=1873&tabela=leis.

[80] Exs: Comissão Nacional de Eleições (Lei 71/78 de 29 de Dezembro), Provedor de Justiça (art. 23º CRP), a CNPD – Comissão Nacional de Proteção de Dados, que funciona como Autoridade de Proteção de Dados (artigo 35º nº 2 da CRP), CADA – Comissão de Acesso aos Documentos Administrativos (Lei nº 26/2016 de 22 de Agosto), Entidade Reguladora da Comunicação Social (artigo 39ºda CRP).

Na sua atuação, *a AP deve respeitar os princípios definidos nos artigos 266º nº 2 da CRP e 3º a 19º do CPA*[81]: legalidade, prossecução do interesse público e da proteção dos direitos e interesses dos cidadãos, boa administração, igualdade, proporcionalidade, justiça e razoabilidade, imparcialidade, boa-fé, colaboração com os particulares, participação, decisão, gratuitidade, responsabilidade, administração aberta, proteção dos dados pessoais, cooperação leal com a União Europeia, para além dos inerentes à utilização progressiva dos meios eletrónicos por forma a promover a eficiência e a transparência administrativas e a proximidade com os interessados, garantindo a disponibilidade, o acesso, a integridade, a autenticidade, a confidencialidade, a conservação e a segurança da informação.

No exercício das suas funções *a AP pratica atos, contratos, operações materiais e regulamentos.*

Constituem *atos administrativos* "...as decisões que, no exercício de poderes jurídico-administrativos, visem produzir efeitos jurídicos externos numa situação individual e concreta" (artigo 148º do CPA). Os atos administrativos *definem situações jurídicas concretas por via unilateral* (manifestação de vontade da AP).

Por sua vez, os *contratos administrativos regulam situações concretas por via plurilateral*, ou seja, colocando outras pessoas em colaboração com a AP.

Para além de atos e contratos, *a AP pratica ainda os atos materiais de produção de bens e serviços* indispensáveis à satisfação de necessidades coletivas, *bem como exerce a atividade regulamentar.*

Os regulamentos contêm regras gerais e abstratas indispensáveis à exequibilidade das leis que expressamente invocam (regulamentos subordinados) ou *criam regras gerais e abstratas ao abrigo de uma competência atribuída por lei à entidade de que emanam (regulamentos independentes)*, adotando, designadamente, a forma de Decretos-Regulamentares, Resoluções do Conselho de Ministros, Portarias, despachos normativos.

A definição, com poderes de autoridade, de situações jurídicas concretas, a elaboração dos regulamentos necessários à boa execução das leis (artº 199º al c) da CRP) *a AP contribui decisivamente para a definição da vida jurídica e económica, bem como para a aplicação coerciva da lei*, evitando dúvidas e omissões.

[81] Aprovado e publicado em anexo ao Decreto-Lei nº 4/2015 de 7 de janeiro.

Pense-se, por exemplo, e reportando-nos apenas ao mercado, em todas as entidades administrativas que se relacionam com o controlo do acesso e exercício da atividade económica, sejam da administração direta (v.g as entidades com poderes de inspeção previstas nas leis orgânicas dos vários Ministérios) ou indireta (v.g institutos públicos) ou entidades administrativas independentes com poderes de supervisão como sejam a Autoridade de Supervisão de Seguros e Fundos de Pensões (ASF), a Comissão do Mercado de Valores Mobiliários (CMVM), a Autoridade Nacional de Comunicações (ANACOM), a Autoridade da Mobilidade e Transportes (AMT), a Autoridade Nacional da Aviação Civil (ANAC) o Instituto dos Mercados Públicos, do Imobiliário e da Construção, I. P. (IMPIC), a Entidade Reguladora dos Serviços de Águas e dos Resíduos (ERSAR), a Entidade Reguladora dos Serviços Energéticos (ERSE), a Entidade Reguladora da Saúde (ERS), a que acresce o Banco de Portugal.

6.2.5.4. Tribunais

6.2.5.4.1. Função jurisdicional

Como se referiu (supra, 6.2.4), a função jurisdicional do Estado está expressamente definida no artigo 202º da CRP.

Cada Tribunal é um órgão de soberania que impõe coercivamente a legalidade democrática, assegura a defesa dos direitos e interesses legalmente protegidos, e decide conflitos de interesses.

O *princípio da proibição da autodefesa ou autotutela de direitos* mencionado no artigo 1º do CPC (cfr. infra, 9.2.5), impede o recurso à força com o fim de realizar ou assegurar o próprio direito, salvo em casos excecionais previstos na lei.

Os Tribunais têm, assim, a seu cargo assegurar a tutela repressiva do Estado. Para isso contam com o dever de colaboração e de obediência por parte de todas as entidades públicas e privadas (artigos 202º nº 3 e 205º nº 2 da CRP).

Nesta conformidade, acompanhando o que se encontra previsto no Direito Internacional (v.g a CEDH), a CRP consagra, nos seus princípios gerais, *o direito de acesso aos Tribunais e a uma Justiça célere e adequada (artº 20º CRP).*

Ao titular do direito lesado ou não reconhecido é atribuído um outro direito, o direito de acionar o Tribunal competente, a fim de ver reparada a lesão ou definido, em concreto, o direito.

Se bem que os Tribunais exerçam também outras funções[82], a sua atuação consiste, principalmente, no julgamento dos casos controvertidos que lhes são submetidos, ao abrigo do referido direito de ação, mediante uma intervenção imparcial, isenta e independente.

A imparcialidade deriva do facto de o Tribunal se situar num plano superior aos interesses das partes em confronto e da sua sujeição apenas à lei (artº 203º da CRP).

A isenção implica o dever do Juiz não julgar em causa própria, eximindo-se de apreciar questões em que possa estar direta ou indiretamente interessado.

A independência significa que o Tribunal não deve obediência a outros órgãos de soberania, sendo os Juízes livres para interpretarem e aplicarem o Direito (artº 203º da CRP), bem como formarem a sua convicção quanto à prova dos factos.

Assim, o Estatuto dos Magistrados Judiciais dispõe[83]*:*

Artigo 3º

1 – É função da magistratura judicial administrar a justiça de acordo com as fontes a que, segundo a lei, deva recorrer e fazer executar as suas decisões.

2 – Os magistrados judiciais não podem abster-se de julgar com fundamento na falta, obscuridade ou ambiguidade da lei, ou em dúvida insanável sobre o caso em litígio, desde que este deva ser juridicamente regulado.[84]

Artigo 4º

1 – Os magistrados judiciais julgam apenas segundo a Constituição e a lei e não estão sujeitos a ordens ou instruções, salvo o dever de acatamento pelos tribunais inferiores das decisões proferidas, em via de recurso, pelos tribunais superiores.

2 – O dever de obediência à lei compreende o de respeitar os juízos de valor legais, mesmo quando se trate de resolver hipóteses não especialmente previstas.

[82] Veja-se, por exemplo, as funções cometidas ao Tribunal Constitucional pelo artigo 223º nº 2 alíneas *a*), *b*), *d*), *e*), *f*) da CRP e nos artigos 5º, 36º e seguintes da LOFTC (Tribunal de Contas), consultável em http://www.tcontas.pt/pt/apresenta/legislacao.shtm.

[83] Aprovado pela Lei nº 21/85, de 30 de Julho, com a última redação resultante da Lei nº 9/2011, de 12 de Abril (cfr.http://www.pgdlisboa.pt/leis/lei_mostra_articulado.php?nid=5&tabela=leis&ficha=1&pagina=1&so_miolo=.)

[84] Sobre esta matéria cfr. tb. o artigo 8º do CC.

Artigo 5º

1 – Os magistrados judiciais não podem ser responsabilizados pelas suas decisões.

2 – Só nos casos especialmente previstos na lei os magistrados judiciais podem ser sujeitos, em razão do exercício das suas funções, a responsabilidade civil, criminal ou disciplinar.

....

O artigo 216º da CRP prevê também a irresponsabilidade e a inamovibilidade dos Juízes, sendo a sua nomeação, colocação, transferência, promoção e ação disciplinar da competência do Conselho Superior da Magistratura, órgão autónomo e independente relativamente às entidades que procedem à nomeação dos seus membros (artigos 217º e 218º da CRP).

Para além da aplicação coerciva da lei criminal ou contraordenacional, reprimindo a às infrações mais graves ocorridas na vida social, os Tribunais julgam conflitos de interesses entre particulares, entre particulares e entidades públicas, Estado incluído, e entre entidades públicas, por exemplo, nas relações inter-administrativas.

No âmbito da regulação de conflitos o Tribunal pode intervir:

- para *certificar ou constituir um direito* ou interesse legalmente protegido, *ou reparar a sua lesão*
- *para prevenir a lesão de direitos*

Quanto às *primeiras situações*, veja-se o disposto nos artigos 2º e 10º do CPC[85]

Artigo 10º

1 – As ações são declarativas ou executivas.

2 – As ações declarativas podem ser de simples apreciação, de condenação ou constitutivas.

3 – As ações referidas no número anterior têm por fim:

a) As de simples apreciação, obter unicamente a declaração da existência ou inexistência de um direito ou de um facto;

b) As de condenação, exigir a prestação de uma coisa ou de um facto, pressupondo ou prevendo a violação de um direito;

c) As constitutivas, autorizar uma mudança na ordem jurídica existente.

[85] Aplicável, com as necessárias adaptações, a outras formas processuais, designadamente em processo laboral, administrativo ou tributário.

4 – Dizem-se «ações executivas» aquelas em que o credor requer as providências adequadas à realização coativa de uma obrigação que lhe é devida.

....

6 – O fim da execução, para o efeito do processo aplicável, pode consistir no pagamento de quantia certa, na entrega de coisa certa ou na prestação de um facto, quer positivo quer negativo.

Ação de simples apreciação

A – A para pôr fim a dúvidas de B sobre se o contrato de empreitada celebrado com o primeiro para construção de um imóvel foi resolvido por declaração comunicada pelo primeiro ao último, com fundamento no incumprimento da sua parte, requer ao Tribunal que declare a validade e eficácia da sua resolução, cessando a produção de efeitos

B – E requer ao Tribunal que declare que o prédio X lhe pertence, pondo fim a dúvidas suscitadas por F e G

C – H requer ao Tribunal do Trabalho que declare a sua antiguidade na categoria profissional X, posta em causa pela entidade patronal que adquiriu a empresa onde labora há vinte anos

D – A sociedade I requer ao Tribunal Administrativo que considere cumprido o contrato de empreitada celebrado com o Instituto Público J para efeitos de ser libertada a caução prestada para garantia de execução do mesmo

Ação de condenação

A – J foi vítima de acidente de viação de que resultou uma incapacidade temporária para o trabalho e danos no seu veículo X, pede ao Tribunal que condene a seguradora do veiculo que causou o sinistro no pagamento de uma indemnização para reparação dos danos sofridos

B – L pede ao Tribunal que M seja condenado a entregar o equipamento Y que lhe comprou e cujo preço já se encontra pago

C – N pede ao Tribunal que condene O a abster-se de utilizar uma marca que se confunde com a marca NNNN do produto XX que se encontra registada a seu favor

Ação constitutiva

A – P requer ao Tribunal o divórcio sem consentimento do seu cônjuge, alterando o seu estado civil de casado para divorciado

B – Q requer ao Tribunal que o declare proprietário do prédio Y por usucapião, uma vez que o possui ininterruptamente, como proprietário, há mais de vinte anos

Ação executiva

A – P, executando sentença de condenação ou outro documento com força executiva[86], requer ao Tribunal a apreensão (penhora) de bens do devedor Q a fim de, pela respetiva venda forçada, se fazer pagar de uma dívida

B – R, executando sentença de condenação, ou documento com força executiva, requer ao Tribunal que o executado S complete a construção do prédio X, ou que esta seja efetuada por outrem à sua custa

C – T requer ao Tribunal que proceda à apreensão seu equipamento Y, que se encontra indevidamente em poder de U

No que se refere *às segundas situações*, exemplificativamente, sempre como *dependentes da propositura de uma ação judicial que aprecie definitivamente a situação*, dispõem os seguintes artigos do CPC, sobre *procedimentos cautelares*[87]:

Artigo 362º

1 – Sempre que alguém mostre fundado receio de que outrem cause lesão grave e dificilmente reparável ao seu direito, pode requerer a providência conservatória ou antecipatória concretamente adequada a assegurar a efetividade do direito ameaçado.............................

Procedimento cautelar comum

A proprietário do prédio X, onde habita com o seu agregado familiar, receia que o prédio contíguo se desmorone, por se encontrar em ruína, causando danos irreparáveis aos habitantes de X, pede ao Tribunal que o proprietário do último, B, proceda à consolidação do imóvel por forma a evitara ocorrência eminente destes danos

Artigo 377º

No caso de esbulho violento, pode o possuidor pedir que seja restituído provisoriamente à sua posse, alegando os factos que constituem a posse, o esbulho e a violência.................

Violação violenta da posse e restituição provisória

B, concessionária da autoestrada X, encarregada pelo Estado de proceder a obras de ampliação da mesma procede à remoção de terrenos de prédio confinante pertencente a C, ocupando parcialmente o mesmo sem a necessária autorização. C requer a restituição provisória de posse

[86] Artigo 703º do CPC.

[87] Artigos 362º e seguintes do CPC.

Artigo 380º

1 – Se alguma associação ou sociedade, seja qual for a sua espécie, tomar deliberações contrárias à lei, aos estatutos ou ao contrato, qualquer sócio pode requerer, no prazo de 10 dias, que a execução dessas deliberações seja suspensa, justificando a qualidade de sócio e mostrando que essa execução pode causar dano apreciável..................

Suspensão de deliberação de sociedade

C, que vive exclusivamente da retribuição que aufere como administrador da sociedade Y, requer a suspensão da deliberação dos sócios desta que o destituiu desse cargo sem o pagamento de qualquer indemnização, por ser manifesto que o motivo invocado para o efeito pela sociedade não constitui justa causa para a sua destituição.

Artigo 391º

1 – O credor que tenha justificado receio de perder a garantia patrimonial do seu crédito pode requerer o arresto de bens do devedor........................

Apreensão provisória de bens

A, credor de B, verificando que o património deste está na eminência de desaparecer por virtude de doações dos seus bens a familiares, requer ao Tribunal a apreensão preventiva dos bens suficientes para se fazer pagar do que lhe é devido

Artigo 403º

1 – Havendo justo receio de extravio, ocultação ou dissipação de bens, móveis ou imóveis, ou de documentos, pode requerer-se o arrolamento deles................

Arrolamento de bens para evitar a sua dissipação

1 – A, casado com B, antes de requerer o divórcio de B, requer ao Tribunal que proceda à descrição, avaliação e depósito dos bens.[88]

2 – C tendo receio de dissipação de dinheiro e outros valores depositados em contas bancárias que o falecido D teve em vida, movimentáveis também por E, requer o arrolamento de todos os valores, como preliminar de processo de partilhas a intentar por óbito de D, de que C e E são os únicos herdeiros.

Estes *procedimentos cautelares* são *também* consagrados, no *processo nos Tribunais Administrativos* (artigos 112º e seguintes da LPTA), *no Código de Processo de Trabalho* (artigos 32º e seguintes), e *no Código de Processo Penal* (artigo 228º).

[88] Neste caso, a lei (artº 40º do CPC) dispensa até a prova do justo receio de extravio, ocultação ou dissipação de bens.

Assim, *a título exemplificativo*:

Suspensão de procedimento administrativo

A, concorrente num procedimento para adjudicação de bens e serviços pela empresa pública B, requerer a suspensão do procedimento e celebração de contrato de aquisição de bens e serviços com o concorrente C, para evitar prejuízos irreparáveis, fave às várias ilegalidades do procedimento em que foi preterido.

Suspensão de despedimento

D requer a suspensão do despedimento da empresa E, por inexistência de procedimento disciplinar ou, apesar deste ter sido instaurado, por manifesta inexistência de justa causa para o despedimento;

Apreensão de bens para garantir pagamento de indemnização em processo penal

O Ministério Público requere ao Juiz de Instrução Criminal, havendo fundado receio de que faltem ou diminuam substancialmente as garantias de pagamento da indemnização ou de outras obrigações civis derivadas do crime, e não tendo o arguido prestado caução para garantir o seu pagamento, que sejam arrestados (apreendidos) bens do seu património.

6.2.5.4.2. Organização

Os Tribunais organizam-se numa estrutura hierárquica sendo a respetiva competência definida em função da hierarquia, âmbito territorial, da matéria em apreciação e do valor processual.

A CRP prevê várias categorias de Tribunais[89], tendo em vista a diversidade de matérias sujeitas a apreciação:

- *Tribunal Constitucional* a quem compete, para além do mais, administrar a justiça em matérias de natureza jurídico-constitucional (artigo 221º, 223º, nº 1 e 277º e seguintes da CRP).
- *Outros Tribunais*:
  - *os Tribunais Judiciais* (de *primeira instância*, de competência genérica ou especializada – *Tribunais de Comarca* – e *segunda instância* – *Tribunais da Relação* – e o *superior na hierarquia, Supremo Tribunal de Justiça*), *os Tribunais marítimos, arbitrais e julgados de paz* (todos de *primeira instância*)

[89] A distribuição geográfica dos Tribunais judiciais e Julgados de Paz pode consultar-se em http://www.sig.dgpj.mj.pt/SIG_MapaEquip/Default.aspx?estatisticas=true. A orgânica judiciária pode ser consultada em https://justica.gov.pt/Tribunais.

- *os Tribunais Administrativos e Fiscais* (com *primeira instância* – Tribunais administrativos de círculo e Tributários, ou agregando ambas as funções – Tribunais administrativos e fiscais – *segunda instância – Tribunais Centrais* –, e *o superior na hierarquia Supremo Tribunal Administrativo*)
- *o Tribunal de Contas* e *o Tribunal dos Conflitos* (artigos 209º e 210º da CRP), a que se atribuem as competências previstas nos artigos 211º, 212º, 214º da CRP.

No que se refere ao *Tribunal Constitucional*, segundo a LOFTC[90], exerce a sua jurisdição no âmbito de toda a ordem jurídica portuguesa e tem sede em Lisboa (artº 1). No que toca aos *Tribunais Judiciais*, nos termos da LOSJ[91] têm a sua competência repartida, (artº 37º), encontrando-se hierarquizados em três instâncias, para efeito de recurso das suas decisões. O *Supremo Tribunal de Justiça conhece, em recurso*, das causas cujo valor exceda a alçada dos *Tribunais da Relação*[92] (Lisboa, Porto, Coimbra, Évora e Guimarães) e *estes, em recurso*, das causas cujo valor exceda a alçada dos *tribunais judiciais de primeira instância*[93]. Em matéria criminal, funcionam as mesmas instâncias de recurso, mas, por critérios diferentes do valor dos processos (artº 43º).

Os Tribunais de Relação e o STJ funcionam por seções repartidas consoante as matérias (*cíveis, criminais, trabalho, família e menores, comércio, de propriedade intelectual e concorrência, regulação e supervisão* – artigos 47º, 67º).

Na base, compete aos *tribunais de comarca* preparar e julgar os processos relativos a causas não abrangidas pela competência de outros tribunais, tendo competência genérica ou competência especializada (artº 80º). Efetivamente, o artº 81º da LOSL prevê o *desdobramento dos Tribunais de Comarca consoante a competência territorial e por matéria*, de acordo como já exposto, assim como o artº 83º do mesmo diploma, prevê Tri-

[90] Lei nº 28/82, de 15 de novembro, com posteriores alterações.

[91] Lei nº 62/2013, de 26 de agosto com alteração e republicação operada pela Lei nº 40-A//2016 de 22 de dezembro, seguida de regulamentação objeto do Decreto-Lei nº 86/2016 de 27 de dezembro, consultável em http://www.pgdlisboa.pt/leis/lei_mostra_articulado.php?nid=1974&tabela=leis.

[92] Presentemente fixada no valor de € 30.000,00 euros.

[93] Presentemente, fixada no valor de € 5.000,00 euros.

bunais de *competência especializada e territorial alargada*, como é o caso do *Tribunal da Propriedade Intelectual, Tribunal da Concorrência, Regulação e Supervisão, Tribunal Marítimo, Tribunal de Execução das Penas e Tribunal Central de Instrução Criminal*, que se referem a *todo o território nacional.*

Os *Tribunais Judiciais* são *governados* pelo *Conselho Superior da Magistratura* (cfr. supra 6.2.5.2.2.3.1). Apesar da composição deste Conselho refletir a influência de outros órgãos de soberania (PR, AR), que designam a maioria dos seus membros (artº 218º da CRP), o funcionamento do mesmo é independente, garantindo, por sua vez, a independência do corpo de Juízes que integram a magistratura judicial relativamente aos restantes órgãos de soberania.

Os *Tribunais Administrativos e Fiscais* são organizados segundo o ETAF[94]: em primeira instância, são constituídos pelos *tribunais administrativos de círculo e tribunais tributários*, que podem funcionar de modo agregado para matérias administrativas e fiscais (TAF – Tribunais administrativos e fiscais), ou desdobrados, designadamente se a lei previr Tribunais de competência especializada tributária (Juízos de pequena, média ou grande instância tributária), em segunda instância, estão os *Tribunais Centrais Administrativos* (Sul e Norte) *e, no topo da hierarquia, encontra-se o Supremo Tribunal Administrativo*, que é único e de âmbito nacional, com sede em Lisboa (artigos 8º, 9º, 9º-A, e 11º). Na base, compete aos tribunais administrativos de círculo e tributários conhecer, em 1ª instância (artº 44º) de todos os processos do âmbito da jurisdição administrativa, cabendo recurso (consoante o valor dos processos) para os Tribunais Centrais e, em casos limitados, para o STA.

Como garantia da independência destes Tribunais, a colocação, a transferência e a promoção dos seus juízes compete ao respetivo *Conselho Superior* (artº 217º nº 2 da CRP).

O *Tribunal de Contas* rege-se pela LOPTC[95], tendo a sua sede em Lisboa, funcionando nas Regiões Autónomas dos Açores e da Madeira secções regionais, sendo, assim, a sua competência repartida (artº4º), podendo ser desconcentrada a competência no continente (artº 3º),

[94] Lei nº 13/2002, de 19 de fevereiro, com a última alteração dada pelo Decreto-Lei nº 214-G/ /2015 de 2 de outubro, que procedeu à sua republicação, consultável em http://www.pgdlisboa.pt/leis/lei_mostra_articulado.php?nid=418&tabela=leis.

[95] Lei nº 98/97, de 26 de agosto, com alterações posteriores, consultável em http://www.pgdlisboa.pt/leis/lei_mostra_articulado.php?nid=432&tabela=leis.

abarcando na mesma jurisdição e *poderes o controlo financeiro* no âmbito da ordem jurídica portuguesa, tanto no território nacional como no estrangeiro (artº 1º).

No que respeita à *repartição de competência em função da hierarquia*, se a lei admitir que o objeto da ação judicial seja analisado por Tribunais hierarquicamente diversos, através do exercício do direito de recurso de instâncias inferiores para instâncias superiores, a decisão tornar-se-á definitiva, gerando-se o *caso julgado*, apenas quando seja insuscetível de recurso ordinário ou de reclamação[96].

6.2.5.4.3. O Ministério Público

A CRP prevê ainda no seu Título V (Tribunais) o Ministério Público, a quem compete representar o Estado e defender os interesses que a lei determinar, bem como, participar na execução da política criminal definida pelos órgãos de soberania, exercer a ação penal orientada pelo princípio da legalidade e defender a legalidade democrática (artº 219º).

Nem todos os sistemas jurídicos têm Ministério Público[97].

Em Portugal o MP corresponde a uma magistratura independente da judicial, com funções próprias (supra e infra enunciadas), diversas das confiadas aos magistrados judiciais (Juízes).

Na realidade, contrariamente aos magistrados judiciais, não compete ao MP a administração da Justiça, designadamente, a resolução de conflitos de interesses.

O MP tem uma competência específica, diversa da função jurisdicional, que vem desenvolvida no artigo 3º da EMP[98], cabendo-lhe:

> "*a*) Representar o Estado, as Regiões Autónomas, as autarquias locais, os incapazes, os incertos e os ausentes em parte incerta; *b*) Participar na execução da política criminal definida pelos órgãos de soberania; *c*) Exercer a ação penal orientada pelo princípio da legalidade; *d*) Exercer o patrocínio oficioso dos trabalhadores e suas famílias na defesa dos seus direitos de caráter social; *e*) Assumir, nos casos previstos na lei, a defesa de interesses coletivos e difusos; *f*) Defender a independência dos tribunais, na área das suas atribuições, e velar para que a função jurisdicional se

[96] O artigo 628º do CPC, que contem a noção referida no texto, aplica-se, subsidiariamente a outros ramos de Direito processual.

[97] Em Inglaterra não existe.

[98] Aprovado pela Lei nº 47/86, de 15 de Outubro, com alterações posteriores, consultável em http://www.pgdlisboa.pt/leis/lei_mostra_articulado.php?nid=6&tabela=leis.

exerça em conformidade com a Constituição e as leis; *g*) Promover a execução das decisões dos tribunais para que tenha legitimidade; *h*) Dirigir a investigação criminal, ainda quando realizada por outras entidades; *i*) Promover e realizar ações de prevenção criminal; *j*) Fiscalizar a constitucionalidade dos atos normativos; *l*) Intervir nos processos de falência e de insolvência e em todos os que envolvam interesse público; *m*) Exercer funções consultivas, nos termos desta lei; *n*) Fiscalizar a atividade processual dos órgãos de polícia criminal; *o*) Recorrer sempre que a decisão seja efeito de conluio das partes no sentido de fraudar a lei ou tenha sido proferida com violação de lei expressa; *p*) Exercer as demais funções conferidas por lei..... 3 – No exercício das suas funções, o Ministério Público é coadjuvado por funcionários de justiça e por órgãos de polícia criminal e dispõe de serviços de assessoria e de consultadoria.

Para além das funções ligadas a processos judiciais (v.g exercício da ação penal, direção e fiscalização da atuação dos órgãos de polícia criminal, representação de incapazes, incertos, trabalhadores, respetivos familiares, e interesses coletivos e difusos[99]), são também especialmente relevantes as referidas na alínea *m*), destacando-se nestas a competência do Conselho Consultivo da Procuradoria-Geral da República, verdadeiro assessor jurídico do Estado (artigo 37º do EMP)[100].

Segundo o último normativo:

"Compete ao Conselho Consultivo da Procuradoria-Geral da República:

a) Emitir parecer restrito a matéria de legalidade nos casos de consulta previstos na lei ou a solicitação do Presidente da Assembleia da República ou do Governo; *b*) Pronunciar-se, a pedido do Governo, acerca da formulação e conteúdo jurídico de projetos de diplomas legislativos; *c*) Pronunciar-se sobre a legalidade dos contratos em que o Estado seja interessado, quando o seu parecer for exigido por lei ou solicitado pelo Governo; *d*) Informar o Governo, por intermédio do Ministro da Justiça, acerca de quaisquer obscuridades, deficiências ou contradições dos textos legais e propor as devidas alterações; *e*) Pronunciar-se sobre as questões que o Procurador-Geral da República, no exercício das suas funções, submeta à sua apreciação; ....

[99] Vg. em questões ambientais, de saúde pública, de cláusulas contratuais gerais proibidas, de proteção dos consumidores.

[100] Por sua vez, junto da Assembleia da República, de cada ministério e dos Ministros da Repúlica para as Regiões Autónomas pode haver um procurador-geral-adjunto com a categoria de auditor jurídico com funções de consultadoria.

Também o estatuto dos magistrados do MP é diverso do aplicável aos magistrados judiciais[101], uma vez que os primeiros se encontram subordinados a uma hierarquia que tem no seu topo o Procurador-Geral da República – artº 220º da CRP – que representa ou faz representar o MP no STJ, no TC, no STA, no STM, coadjuvado ou substituído pelo Vice-Procurador-Geral da República, seguindo-se, por ordem decrescente, os procuradores-gerais-adjuntos, que representam o MP nos Tribunais da Relação e nos Tribunais Centrais Administrativos, os procuradores da República e os procuradores-adjuntos, que representam o MP nos tribunais de primeira instância.

Assim, enquanto os magistrados judiciais atuam de uma forma totalmente independente, sendo livres, mas não, arbitrários, na interpretação da lei, não estando sujeitos a ordens ou instruções, salvo o dever de acatamento pelos tribunais inferiores das decisões proferidas, em via de recurso, pelos tribunais superiores, os magistrados do Ministério Público estão sujeitos às instruções definidas pelos respetivos superiores hierárquicos.

6.2.5.4.4. Patrocínio forense

Na administração da justiça, para além das magistraturas já referidas representadas por Juízes e representantes do Ministério Público, *intervêm ainda os advogados* (artigo 208 da CRP), *como representantes constituídos de interesses em apreciação* (*partes* nos processos cíveis, laborais, administrativos e fiscais, defensores de *arguidos* ou procuradores voluntários de *assistentes*, ofendidos, em processo penal).

Nos termos da lei, o *mandato judicial, a representação e assistência por advogado são sempre admissíveis e não podendo este ser impedido de exercer as funções que lhe são confiadas perante qualquer jurisdição, autoridade ou entidade pública ou privada,* nomeadamente para defesa de direitos, patrocínio de interesses em relações jurídicas controvertidas, composição de interesses ou em processos de mera averiguação, ainda que administrativa, oficiosa ou de qualquer outra natureza (artigo 66º nº 3 do Estatuto da OA[102]).

[101] Confrontar artigos 216º a 218º da CRP e artigos 3º a 7º do EMJ, com os artigos 219º nº 4 da CRP e artigos 2º nº 2 do EMP (cfr. supra nota 104).

[102] Aprovado pela Lei nº 145/2015 de 9 de Setembro.

Nos termos do mesmo estatuto da OA (artigo 67º), considera-se *mandato forense aquele que é conferido para ser exercido em qualquer tribunal*, incluindo os tribunais ou comissões arbitrais e os julgados de paz, o exercício do mandato com representação, com poderes para negociar a constituição, alteração ou extinção de relações jurídicas, exercício de qualquer mandato com representação em procedimentos administrativos, incluindo tributários, perante quaisquer pessoas coletivas públicas ou respetivos órgãos ou serviços, ainda que se suscitem ou discutam apenas questões de facto, *não podendo o mesmo ser objeto, por qualquer forma, de medida ou acordo que impeça ou limite a escolha pessoal e livre do mandatário pelo mandante.*

Os *advogados não podem ser impedidos, por qualquer autoridade pública ou privada, de praticar atos próprios da advocacia* (artigo 69º do referido estatuto).

7. Fontes de Direito

7.1. Noção e enumeração, hierarquia.

Numa aceção técnico-jurídica, fontes de direito são os modos de formação e revelação de normas jurídicas. Neste sentido, são fontes do direito a Lei (e as normas corporativas), o costume, a doutrina, a jurisprudência e a equidade.

Há que distinguir *fontes imediatas* ou diretas *e mediatas* ou indiretas. Quanto às primeiras, previstas no artigo 1º do CC, têm força vinculativa própria.

A Lei, em sentido muito amplo[103], *constitui fonte imediata de Direito*, pois é fonte, por si, de normas jurídicas, independentemente da forma concreta do ato legislativo do órgão estadual ou regional ou do regulamento autárquico (lei da AR, Decreto-Lei do GOV, regulamentos do GOV, decretos legislativos e regulamentares regionais, regulamentos de autarquias locais).

Também o *costume é fonte imediata de Direito*, ao conter normas jurídicas criadas autonomamente pela população, traduzidas em práticas repetidas ao longo do tempo (é corrente falar-se de "costumes desde tempos imemoriais"), acompanhadas de convicção de obrigatoriedade, expressamente referida, por exemplo, no artigo 348º do CC, sob a designação de direito consuetudinário.

[103] Por contraposição a lei em sentidos mais restritos, seja como ato legislativo, abrangendo o DL do GOV, L da AR e DLR das Regiões Autónomas, seja ainda noutros sentido mais restritos, apenas como lei da AR ou "leis da República", abrangendo a L da AR e DL do GOV.

Diferente é a natureza dos usos, que só possuem valor normativo se não forem contrários à boa fé e forem reconhecidos normativamente por lei que para eles remeta (artº 3º do CC).

No que diz respeito às *fontes mediatas de Direito*, não contendo verdadeiras normas jurídicas, ou seja, não tendo força vinculativa própria, contribuem para a sua revelação e aplicação a casos concretos. Estão neste caso a *doutrina, a jurisprudência e a equidade.*

Segue a enumeração das principais Fontes de Direito.

7.1.1. Lei e Normas Corporativas

Do artigo 1º nº 2 do CC resulta que *Lei* é toda a disposição genérica provinda dos órgãos estaduais a quem a CRP atribui competência legislativa e *normas corporativas* são as regras ditadas por organismos representativos das diferentes categorias morais, culturais, económicas ou profissionais, no domínio das suas atribuições, bem como os respetivos estatutos e regulamentos internos[104]. A referência do artigo 1º do CC às *normas corporativas* deve, assim, ser entendida como regulação interna das pessoas coletivas que integrem a AP[105].

Pode definir-se *Lei em sentido formal* como *todo o ato normativo que emana de um órgão com competência legislativa*, contenha ou não normas jurídicas (tais como as Leis da AR, os DL do Governo e os Decretos Legislativos Regionais das Assembleias Legislativas Regionais das Regiões Autónomas dos Açores e Madeira). Por outro lado, *Lei em sentido material será todo o ato normativo* que emane de um órgão estadual, regional ou local, mesmo que não produzido ao abrigo de competência legislativa, desde *que contenha normas jurídicas gerais e abstratas* (por ex. Leis da AR, os Decretos-leis do Governo, os Decretos Legislativos Regionais das Assembleias Legislativas Regionais das Regiões Autónomas dos Açores e Madeira, Decretos Regulamentares e outros regulamentos do Governo, Regiões Autónomas, autarquias locais, outras pessoas coletivas da administração pública indireta ou autónoma).

O *artigo 112º da CRP estabelece que são atos legislativos* as leis, os decretos-leis e os decretos legislativos regionais (nº 1). *Para além das leis,*

[104] Por ex. Estatutos de Ordens Profissionais.

[105] E, para alguns, também a regulação de entidades privadas (por exemplo, os regulamentos de empresa).

existem regulamentos (nºs 6 e 7 da CRP), *os regimentos* da AR, as *resoluções* do GOV sobre o funcionamento do CM e as *convenções coletivas de trabalho*[106].

Se bem que não constituam fontes normativas, são juridicamente importantes os acórdãos do TC que declaram a inconstitucionalidade de normas com força obrigatória geral (artigo 282º da CRP),

Entre todas as fontes de Direito existe uma *hierarquia* (cfr. infra 7.1.3).

7.1.2. Regulamentos

Segundo o disposto no artigo 135º do CPA, consideram-se regulamentos administrativos as normas jurídicas gerais e abstratas que, no exercício de poderes jurídico-administrativos, visem produzir efeitos jurídicos externos.

Enquanto aos atos legislativos está reservada a criação das normas que traduzem as grandes opções políticas, aos regulamentos está reservada a criação de normas que as visam aplicar ou desenvolver, mas, sem contrariar as primeiras (artº 112º nº 5 da CRP)[107].

Os regulamentos podem ser *subordinados*, quando desenvolvem e tornam praticável o conteúdo do ato legislativo que habilita a sua produção, e que neles deve ser expressamente mencionado, *ou independentes*, se o ato legislativo habilitante se limita a atribuir à entidade administrativa competência para a sua produção (artº 122º número 7 da CRP e 136º nº 2 do CPA)[108], devendo, neste último caso, revestir sempre a forma de Decreto Regulamentar (artigo 112º nº 6 da CRP).

Dentro dos regulamentos, podemos, em primeiro lugar, distinguir os *Decretos-Regulamentares do Governo, as Resoluções do Conselho de Ministros, as Portarias e Despachos dos Ministros*, diplomas produzidos pelo GOV no exercício da função administrativa (artigo 199º al. *c*) da CRP).

[106] Artigos 1º, 2º, 3º e 485º e seguintes do CT.

[107] Muitas vezes, porém, a distinção entre lei e regulamento é mais formal do que material, reservando-se o termo lei para o ato que provenha de um órgão com competência legislativa AR, GOV ALR), mesmo que contenha a regulamentação de outros diplomas, e regulamento para o ato proveniente de órgão com competência regulamentar e revista a forma de regulamento.

[108] Estes *regulamentos independentes estão sujeitos a promulgação do PR e referenda do PM* por força dos artigos 112º nº 6, 134º *b*), 136º e 140º da CRP.

No que se refere aos *regulamentos subordinados*, ainda se devem considerar as comunicações dos órgãos da Administração Pública que enunciam de modo orientador padrões de conduta, com as denominações, entre outras, de *«diretiva», «recomendação», «instruções», «código de conduta» ou «manual de boas práticas»* (artº 136º nº 4 do CPA).

Alguns destes regulamentos (despachos, instruções, circulares) traduzem ordens do Governo (Ministros ou, por delegação de competência, Secretários de Estado), ou de órgãos superiores da Administração Pública, tendo como destinatários apenas os seus subordinados e por função regular o funcionamento e a orgânica da AP, apenas produzindo efeitos internos na última, enquanto que, por outro lado, outros regulamentos produzem efeitos externos, dirigindo-se a todas as pessoas (v.g Decretos Regulamentares, Portarias).

No que respeita aos *regulamentos independentes merecem destaque os produzidos pelas entidades reguladoras de certos setores da atividade económica, com a natureza de entidades administrativas independentes* (cfr. supra 6.2.5.2.2.2.2.3.2), limitados, porém, a matérias que extravasem as da competência relativa ou absoluta da AR.

Os regulamentos são produzidos no âmbito da *função administrativa do Estado* (artº 199º *c*) da CRP), *sendo distintos dos Decretos-Lei que desenvolvem o regime de outros atos legislativos* precedentes (artº 198º nº 1 *c*) da CRP), constituindo uma fonte de normas *inferiores na hierarquia* a todos os diplomas que o Governo produz no exercício da sua competência legislativa (artigo 198º da CRP).

No âmbito das *Regiões Autónomas dos Açores e Madeira*, os regulamentos assumem a forma de *Decretos Regulamentares Regionais*, aprovados pelas Assembleias Legislativas ou Governos das Regiões, que visam regulamentar os Decretos Legislativos Regionais aprovados pelas referidas Assembleias (artº 227º nº 1 alínea *d*) da CRP).

No âmbito das *autarquias locais* o poder regulamentar vem previsto no artigo 241º da CRP, sendo exercido pelas *Câmaras Municipais, Assembleias Municipais ou Assembleias de Freguesia*[109].

[109] Por ex. Regulamentos Municipais de Urbanização e Edificação, Horários de Funcionamento dos Estabelecimentos Locais, e de serviços públicos, regulamentação do trânsito de pessoas e veículos.

7.1.3. Hierarquia

No que diz respeito à *hierarquia das Fontes de Direito*, segundo uma ordem de *importância decrescente*, devemos considerar:

1- *Direito Internacional Geral ou Comum*[110] (artº 8º nº 1 da CRP, que procede à sua receção plena e automática), e, como tal, o costume internacional;
2- *Direito Comunitário*: *os Tratados* instituidores das várias Comunidades (CECA, EURATOM, CEE, comunidades, posteriormente, unificadas, correspondendo à atual UE – União Europeia), *em primeiro lugar, as Diretivas e Regulamentos Comunitários em segundo lugar* (artº 7º nº 6 e 8º nº 4 da CRP), vigorando o *princípio do primado do Direito comunitário sobre o Direito interno português*, com salvaguarda dos princípios fundamentais do Estado de Direito Democrático (existência de um Estado de Direito, assente na soberania popular e pluralismo de expressão e organização política e direitos fundamentais dos cidadãos);
3- *Leis Constitucionais* – são aquelas que contêm normas constitucionais (CRP) ou as que aprovam alterações à CRP (artigos 166º nº 1 e 161º al. *a*) da CRP);
4- *Direito Internacional Convencional* (o artº 8º nº 2 da CRP opera a receção automática dos tratados e convenções internacionais regularmente aprovados pela AR ou GOV e ratificados pelo PR, após a publicação no DRE);
5- *Leis e Decretos-Lei* – As Leis (ordinárias) emanam da AR no exercício da sua competência legislativa (artigo 166º nº 3 da CRP) e os Decretos-Lei emanam do Governo no exercício de idêntica função (artigo 198º CRP); dentro das Leis da AR, ainda pode estabelecer-se hierarquia, prevalecendo as previstas no artigo 112º nº 3 da CRP sobre as restantes leis[111]; o *costume nacional ou local* pode considerar-se em paridade com a lei;
6- *Decretos Legislativos Regionais* – Diplomas que emanam das Assembleias Legislativas Regionais (artigo 232º da CRP);

[110] Cfr. supra 5.2. Segundo o disposto nos artigos 53º e 64º da Convenção sobre o Direito dos Tratados assinada em Viena (23/05/1969), o Direito Internacional Geral (jus cogens) prevalece sobre o Direito resultante dos tratados.

[111] Cfr.os seguintes artigos da CRP relacionados com o seu artigo 112º nº 3: 286, 166º nº 2, 168º nºs 5 e 6.

7- *Decretos Regulamentares do Governo, Resoluções do Conselho de Ministros, Portarias e despachos dos Ministros e outros regulamentos.*
8- Dentro dos *regulamentos produzidos pelo Governo, Regiões Autónomas e Autarquias* o artigo 138º do CPA, estabelece o seguinte *quadro de prevalência*:

> "1 – Os regulamentos governamentais, no domínio das atribuições concorrentes do Estado, das regiões autónomas e das autarquias locais, prevalecem sobre os regulamentos regionais e autárquicos e das demais entidades dotadas de autonomia regulamentar, salvo se estes configurarem normas especiais.
>
> 2 – Os regulamentos municipais prevalecem sobre os regulamentos das freguesias, salvo se estes configurarem normas especiais.
>
> 3 – Entre os regulamentos governamentais estabelece-se a seguinte ordem de prevalência:
>
> *a)* Decretos regulamentares;
>
> *b)* Resoluções de Conselho de Ministros com conteúdo normativo;
>
> *c)* Portarias;
>
> *d)* Despachos."

O *Governo não detém o exclusivo da competência regulamentar*, uma vez que deve respeitar os regulamentos emanados das Regiões Autónomas, Autarquias locais, e outras formas de administração autónoma (Universidades públicas, Ordens profissionais), dentro das competências próprias de cada instituição definidas por lei.

Atendendo a este último aspeto, *os regulamentos regionais e locais não se encontram forçosamente no grau inferior na hierarquia das fontes*, uma vez que, *o Governo deve respeitar as competências constitucionalmente definidas, em sede regulamentar, para as Regiões* (artigo 227º nº 1 *d*) da CRP) *e para as autarquias locais* (artº 241º da CRP).

A *relação entre os regulamentos do Governo e dos órgãos de Administração Autónoma* (regiões, autarquias) *deve respeitar o principio da descentralização* (artº 6º da CRP, *política e administrativa, no caso das Regiões, e administrativa, no caso das autarquias*, pelo que, os regulamentos das últimas *podem prevalecer se incidentes sobre matéria especial*, relativamente à versada pelos regulamentos do Governo, *o que sucede normalmente com os regulamentos das Regiões Autónomas e das autarquias locais* (estas sem prejuízo dos regulamentos da Tutela ministerial (artº 242º da CRP).

7.2. Processo de formação das Leis e regulamentos

7.2.1. Assembleia da República

Iniciativa

Segundo o artigo 167º nº 1 da CRP a iniciativa da lei compete aos *Deputados* (sob a forma de projeto de Lei – artigo 156º al. *b*) da CRP), aos *grupos parlamentares* (sob a forma de projeto de Lei – artigo 180º nº 1 al. *g*) da CRP), ao *Governo* (sob a forma de proposta de Lei – artigo 197º nº 1 al. *d*) da CRP), a *grupos de cidadãos eleitores* (sob a forma de projeto de Lei – Lei nº 17/2003 de 4 de junho, na redação dada pela Lei nº 52/2017 de 13 de Julho, que procedeu à sua republicação[112 113]), competindo a iniciativa da lei, no respeitante às regiões autónomas, às respetivas *Assembleias Legislativas* (sob a forma de proposta de Lei – artigos 227º nº 1 al. *f*) e 232º nº 1 da CRP).

Discussão e Aprovação

Em conformidade com o artigo 168º nºs 1 e 2 da CRP, a discussão e aprovação dos projetos e propostas de lei compreende um *debate e uma votação na generalidade e na especialidade*. A discussão e votação na generalidade cabe ao plenário ao passo que a discussão e votação na especialidade cabe a comissões especializadas em razão da matéria.

O artigo 168º nº 2 da CRP exige ainda uma *votação final* na generalidade atendendo aos resultados da votação da especialidade.

Se o projeto ou a proposta forem aprovadas são enviados ao PR para a fase de controlo revestindo ainda a forma de *Decreto*.

Controlo

A fase de controlo tem o propósito de *avaliar o mérito, a autenticidade, e a constitucionalidade de um ato legislativo, ordenando a sua publicação e entrada*

[112] Objeto de declaração de retificação nº 24/2017 publicada no DR, 1ª Série, nº 171, de 5 de Setembro de 2017.

[113] *Diferente da iniciativa legislativa é o direito de petição dirigida aos órgãos de soberania ou quaisquer autoridades públicas, com exceção dos Tribunais,* para defesa dos direitos dos cidadãos, da constituição, das leis e do interesse geral, regulado pela Lei nº 43/90 de 10 de Agosto, alterada e republicada pela Lei nº 50/2017 de 13 de Julho, com retificação nº 23/2017, publicada no DR 1ª série nº 171 de 5 de Setembro, *muito embora, na sequência da petição, o órgão a quem é dirigido possa tomar medidas legislativas* (artigo 19º).

em vigor, com o inerente dever de cumprimento pelos seus destinatários. Ou seja, é uma fase de *intervenção principalmente do PR* em que este aprecia a conveniência e oportunidade de um ato normativo, bem como a sua legalidade e conformidade com a CRP, exercendo, assim, o seu poder político e a função de garante do cumprimento da CRP.

Nesta fase o PR *ou promulga* o ato Legislativo *ou veta*, por forma expressa, (artigos 134º al. *b*) e 136º da CRP) no prazo de 20 ou 40 dias previsto neste último normativo[114], consoante o decreto tenha sido remetido ao PR, respetivamente, pela AR ou pelo GOV. O veto significa a discordância por parte do PR acerca do ato legislativo, ou por razões de falta de conveniência ou de demérito daquele ato (veto político – artigo 136º da CRP), ou pelo facto de ser ilegal ou inconstitucional (136º nº 5). A promulgação é obrigatória, podendo não se verificar apenas pelo exercício do direito de veto, não podendo, tal como o veto, ser revogada por decisão posterior do PR. *O veto é obrigatório em caso de inconstitucionalidade, sendo facultativo quando fundado em motivos políticos.*

Se o direito de veto for exercido, o PR solicita nova apreciação do diploma em mensagem fundamentada dirigida à AR, mas, *se a AR confirmar o voto* por maioria absoluta dos Deputados em efetividade de funções (artigo 136º nº 2 da CRP), ou, nos casos previstos no artigo 136º nº 3 da CRP, pela maioria de dois terços, desde que superior à maioria absoluta dos deputados em efetividade de funções, *o PR deverá promulgar o diploma* no prazo de oito dias a contar da sua receção (artigo 136º nºs 1 e 2 da CRP).

Nos termos do artigo 137º da CRP a consequência da *falta de promulgação e assinatura* é a *inexistência jurídica* do DL. DR do GOV ou L da AR.

Ainda na fase de controlo, o *PM apõe a sua assinatura junto da assinatura do PR num ato chamado Referenda ministerial* (artigo 140º nº 1), sendo que a *sua falta determina a inexistência jurídica da promulgação e assinatura do PR* (artigo 140º nº 2).

Publicação

Para que um ato legislativo inicie a produção de efeitos tem de ser obrigatoriamente publicado em *Diário da República*. Só após a publicação

[114] Sendo assim desconforme à CRP o "veto de bolso", consistente em, nos prazos referidos, o PR não promulgar nem vetar.

os cidadãos estão em condições de conhecer a Lei. A Lei só se torna obrigatória após a sua publicação no DR (artigo 5º do CC e 119º nº 1 al. *c*) da CRP). A *falta de publicação acarreta a ineficácia* da Lei, nos termos do artigo 119º nº 2 da CRP[115].

7.2.2. Governo

O Projeto de DL ou DR é elaborado pelo Governo e submetido à apreciação, discussão e votação do *Conselho de Ministros* (artigo 200º nº 1 al. *d*) da CRP), devendo ser assinado pelo PM e pelo Ministro ou Ministros competentes em razão da matéria sobre a qual o Projeto versa (artigo 201º nº 3 da CRP), sendo, em caso de aprovação, enviado para promulgação e assinatura do PR ou exercício pelo mesmo do direito de veto (artigo 136º nº 4). Se o ato legislativo for promulgado e assinado seguem-se os mesmos trâmites descritos para as Leis da AR. Assim, a *consequência da falta de promulgação e assinatura é a inexistência jurídica* do DL ou DR e a *falta da referenda a inexistência jurídica da promulgação.*

A elaboração de *regulamentos é abordada seguidamente.*

7.2.3. Os Regulamentos

No que respeita aos regulamentos, os *Decretos Regulamentares* (indispensáveis para os regulamentos independentes) são *aprovados em Conselho de Ministros*, sujeitando-se a *promulgação ou veto pelo PR e referenda pelo PM* (artigos 134º, *b*) 136º e 140 da CRP e 112º nº 7 da CRP).

Os *restantes diplomas* regulamentares *não estão sujeitos e promulgação e referenda*, bastando-se com a assinatura do PM (Resoluções do Conselho de Ministros), ou do Ministro ou Ministros de onde emanam (Portarias, despachos normativos).

Os regulamentos do Governo obedecem ao seguinte procedimento:

Iniciativa

Os regulamentos são, em geral, propostos oficiosamente pelos órgãos com poder regulamentar, muito embora tal possa ocorrer na sequência de petição dos interessados (artº 97º do CPA). A iniciativa é publicitada na Internet, no sítio institucional da entidade pública, com a indicação do órgão que decidiu desencadear o procedimento, da data em que o

[115] Sobre a vigência ver infra 8.1.1.

mesmo se iniciou, do seu objeto e da forma como se pode processar a constituição como interessados e a apresentação de contributos para a elaboração do regulamento (artº 98º nº 1 do CPA).

Audiência prévia dos interessados / consulta pública

Em regra, tratando-se de regulamento que contenha disposições que afetem de modo direto e imediato direitos ou interesses legalmente protegidos dos cidadãos, o responsável pela direção do procedimento submete o projeto de regulamento por prazo razoável, mas não inferior a 30 dias, a audiência dos interessados que, como tal, se tenham constituído no procedimento (artº 100º do CPA).

Quando o número de interessados seja de tal forma elevado que a audiência se torne incompatível, deve proceder-se a consulta pública, para recolha de sugestões, procedendo-se, para o efeito, à publicação na 2ª série do Diário da República ou na publicação oficial da entidade pública, e na Internet, no sítio institucional da entidade em causa (artº 101º do CPA).

Aprovação

Os regulamentos são aprovados com base no respetivo projeto, acompanhado de uma nota justificativa fundamentada, que deve incluir uma ponderação dos custos e benefícios das medidas projetadas (artº 99º do CPA).

Quando a lei seja omissa, e careça de regulamentação, entende-se que o regulamento deve ser emitido no prazo de 90 dias (artº 137º do CPA), após o que qualquer interessado pode requerer a sua emissão ou a condenação judicial do órgão responsável pela sua elaboração em proceder à última (artº 137º do CPA).

Publicação

Os regulamentos são publicados no Diário da República, na 1ª ou 2ª série, consoante se trate, respetivamente, de Decretos-Regulamentares, Resoluções de Conselho de Ministros e Portarias, ou de outros regulamentos (v.g despachos normativos), sem prejuízo de tal publicação poder ser feita também na publicação oficial da entidade pública, e na Internet, no sítio institucional da entidade em causa (artº 139º do CPA).

7.2.4. Direito Infraestadual: regiões autónomas e autarquias locais

Neste âmbito, dado o facto de não terem sido implementadas as Regiões Administrativas a que se referem os artigos 255º a 262º da CRP, cabe referir o Direito produzido nas *Regiões Autónomas da Madeira e Açores e nas autarquias locais.*

No que se refere ao processo de formação dos *Decretos Legislativos Regionais* nas Assembleias Legislativas das Regiões Autónomas da Madeira e Açores, o projeto de DLR é elaborado e submetido à discussão e votação da ALR, nos termos do artigo 227º nº 1 als *a*), *b*) e *c*) da CRP. Posteriormente, é enviado para assinatura ou exercício do direito de veto (artigo 233º da CRP) pelo *Representante da República,* que representa o Presidente da República nas Regiões Autónomas (artigo 230º da CRP). Se assinado pelo RR, o DLR *é publicado e entra em vigor nos mesmos termos das Leis da AR.* No caso de ser exercido o *direito de veto pelo RR, o mesmo apenas será obrigado a assinar o diploma se o DLR for aprovado pela ALR com os votos da maioria dos seus membros em efetividade de funções* (artigo 233º nº 3 da CRP).

Os *regulamentos regionais* assumem a *forma de decreto-legislativo regional ou decreto regulamentar regional, conforme emanem da Assembleia Legislativa Regional ou Governo Regional,* sendo a primeira imperativa para os regulamentos independentes.

Quanto às *autarquias locais,* possuem poder regulamentar (artº 241º da CRP) ao nível das *Assembleias Municipais e de Freguesia* (artigos 251º e 245º da CRFP), que se traduz na aprovação de *posturas e outros diplomas de âmbito local* aprovados sob proposta dos respetivos membros ou dos órgãos executivos (Câmaras Municipais e Juntas de Freguesia, respetivamente, para o caso dos Municípios e Freguesias).

7.3. Outras fontes

7.3.1. Costume

O Costume é uma *prática social reiterada com convicção de obrigatoriedade,* isto é, consiste na adoção de uma conduta, repetida por um conjunto de indivíduos, encarada pelos mesmos como necessária e obrigatória. O costume é fonte de normas jurídicas (Direito consuetudinário, admitido pelo artigo 348º do CC).

O costume pode ser classificado como:

Secundum Legem – O conteúdo da norma costumeira coincide com o da norma jurídica escrita

Praecter Legem – O conteúdo da norma costumeira não é contrário ao da norma jurídica escrita, mas, vai mais além

Contra Legem – O conteúdo da norma costumeira colide com o da norma jurídica escrita.

7.3.2. Usos

Os usos são fontes mediatas de direito, em conformidade com o *artigo 3º do CC*. São *práticas sociais reiteradas, sem convicção de obrigatoriedade*. Só são atendíveis se a Lei assim o determinar e sempre que não contrariem os princípios de boa-fé (artigo 3º do CC). Os usos não podem, assim, contrariar a Lei.

Constituem exemplos de usos no CC os admitidos pelos artigos 234º, 560º nº 3, 885º nº 2, 919º e 920º, 1128º.

7.3.3. Doutrina

A doutrina consiste na *atividade dos jurisconsultos* (como por ex. professores de Direito) respeitante ao estudo do Direito, fundamentalmente através da produção científica (artigos, livros, comunicações, etc).

A doutrina não sendo fonte imediata de Direito, porque não cria normas jurídicas, influencia a elaboração destas, pois, normalmente, o Legislador é influenciado por algumas posições doutrinárias que visam estudar e aperfeiçoar o Direito, bem como, ao proceder à sua interpretação, auxilia a revelação das normas.

Por estas razões, a doutrina constitui apenas fonte mediata de Direito, como forma de o mesmo se revelar.

7.3.4. Jurisprudência

A jurisprudência é o *conjunto de decisões judiciais* dos Tribunais, que podem ser sentenças, quando resultem de um tribunal singular, ou acórdãos, quando resultem de um tribunal coletivo, exprimindo as orientações seguidas no julgamento de casos submetido a Juízo. A jurisprudência, sendo fonte mediata de Direito, na medida em que revela o sentido das normas em vigor, influencia, muitas vezes, a elaboração de Leis uma vez que, em princípio, o Legislador deverá ter em conta o sentido da jurisprudência dominante.

Mas, *não de pode dizer que os Tribunais criem normas jurídicas.*

Se bem que na decisão de casos concretos o juiz deva ter em consideração todos os casos que mereçam tratamento análogo, procurando uma interpretação uniforme do Direito (artigo 8º nº 3 do CC), o mesmo não se encontra vinculado a observar uma interpretação das normas jurídicas idêntica à que foi efetuada pelos seus pares noutros casos submetidos a julgamento, salvaguardado que está o respeito dos Tribunais inferiores pelas decisões dos Tribunais Superiores proferidas em recurso no mesmo processo.

Mesmo nos casos em o Supremo Tribunal de Justiça ou o Supremo Tribunal Administrativo uniformizam a jurisprudência, em futuras decisões *cada Juiz pode interpretar a lei em sentido diverso do perfilado no acórdão de uniformização, desde que o justifique.*

Por outro lado, *não existe, como fonte de Direito, um "costume jurisprudencial".*

As *decisões judiciais* limitam-se a aplicar o Direito, *sendo constitutivas de direito apenas para o caso concreto*, mesmo em caso de lacuna legislativa (artº 10º do CC)[116], o que serve para dizer que *não geram normas gerais e abstratas*, muito embora, no caso do Tribunal Constitucional (artº 282º da CRP) possam declarar a invalidade das mesmas.

7.3.5. Equidade

Equidade significa justiça no caso concreto. O juiz, ao julgar determinado caso dará a solução que lhe parecer mais justa e adequada, atendendo apenas à especificidade desse mesmo caso, prescindindo de normas jurídicas (artigo 4º do CC). Só é possível julgar segundo critérios de equidade se estiverem preenchidos os requisitos enunciados pelo artigo 4º do CC.

Exemplos no CC: artigo 72º nº 2, 437º nº 1, 489º nº 1, 496 nº 4.

[116] Sobre a função judicial e Tribunais cfr. supra 6.2.4 e 6.2.5.2.2.3.

7.4. Inconstitucionalidade e Ilegalidade

7.4.1. Inconstitucionalidade de normas

A inconstitucionalidade consiste na violação *por ação* (artigo 277º da CRP) *ou omissão* (artigo 283º da CRP) das regras e princípios previstos na CRP.

A inconstitucionalidade pode ser *orgânica*, se a norma for produzida por órgão incompetente, *material*, se o conteúdo da norma for ofensivo do estabelecido em preceito constitucional, ou *formal*, se no procedimento legislativo não for observada a forma ou tramitação previstos na constituição.

Apesar de o artigo 3º nº 3 da CRP exigir a conformidade com a CRP de leis e atos, *a fiscalização de constitucionalidade prevista na CRP apenas abrange, em princípio, normas*[117] *e atos públicos normativos, já não atos ou contratos administrativos* que se referem à definição de situações jurídicas individuais e concretas, *ou atuações concretas de pessoas coletivas públicas ou privadas* ao abrigo de Direito privado[118].

Exemplificando:

– Atos normativos passiveis de fiscalização de constitucionalidade pelo TC: Decreto do PR que declara o estado de sítio ou de emergência, Lei da AR que aprova a delimitação de setores de produção, ou disciplina a concorrência, ou aprova o Código de Trabalho, Decreto-Lei do GOV que aprova o CPA, Resolução do Conselho de Ministros que aprova o seu regimento de funcionamento, estatutos do partido político X

– Atos não passiveis de fiscalização de constitucionalidade pelo TC: deliberação da Câmara Municipal que aprova o loteamento do prédio X proposto pela proprietária Y; autorização da manifestação a realizar no dia Y promovida pelo partido D

A fiscalização da constitucionalidade das normas pode ser *preventiva* ou *sucessiva*.

A *preventiva* (artigos 278º e 279º da CRP), é levada a cabo antes da publicação da(s) norma(s), no momento em que o decreto que as

[117] Incluindo o caso, discutido, das geradas por convenções coletivas de trabalho, conforme previsto no artigo 56º nº 4 da CRP.

[118] Para estas atuações, se forem desconformes à CRP, fica o juízo de ilegalidade, a ser apreciado pelos Tribunais, em geral, com exceção do TC.

enuncia chega ao PR para promulgação (ou ao Representante da República para assinatura) e este, tendo dúvidas sobre a constitucionalidade da(s) norma (s) solicita ao TC que a(s) aprecie.

A *sucessiva* consiste na apreciação da constitucionalidade da(s) norma(s) após a sua publicação (artigos 280º e 281º da CRP).

Por sua vez *a sucessiva pode ser concreta (difusa)*, realizada por todos os Tribunais em processos judiciais (artigo 280º da CRP), valendo apenas para os processos em apreciação nos mesmos, *ou abstrata*, se apreciada pelo TC independentemente de processos judiciais em curso (artigos 281º e 282º da CRP).

O Tribunal Constitucional aprecia e declara, *com força obrigatória geral*, a inconstitucionalidade de normas a pedido das entidades referidas no artigo 281º nº 2 da CRP e ainda quando tenham sido por ele julgadas inconstitucionais em três processos concretos (artº 281º nº 3 da CRP).

7.4.2. Ilegalidade de normas

O *Tribunal Constitucional pode ainda apreciar a legalidade das Leis*, para além da sua Constitucionalidade, em conformidade com o artigo 281º nº 1 alíneas *b*), *c*) e *d*), *não porque a Lei viole a CRP, mas por violar outras normas jurídicas*, nos seguintes casos:

- ilegalidade de quaisquer normas constantes de ato legislativo com fundamento em violação de lei com valor reforçado (leis orgânicas e aquelas que careçam de aprovação de 2/3 dos deputados – artigos 112º nº 3 e 168º nº 6 da CRP);
- ilegalidade de quaisquer normas constantes de diploma regional, com fundamento em violação do estatuto da respetiva região autónoma;
- ilegalidade de quaisquer normas constantes de diploma emanado dos órgãos de soberania com fundamento em violação dos direitos de uma região consagrados no seu estatuto.

O Tribunal Constitucional *aprecia e declara, com força obrigatória geral, a ilegalidade de normas* a pedido das entidades referidas no artigo 281º nº 2 da CRP e ainda quando tenha sido por ele julgada ilegal em três processos concretos (artº 281º nº 3 da CRP).

7.4.3. Efeitos da declaração de inconstitucionalidade e ilegalidade pelo TC

A declaração de inconstitucionalidade ou a ilegalidade, segundo o artigo 282º da CRP *produz efeitos desde a entrada em vigor da norma declarada inconstitucional ou ilegal e determina a repristinação* (isto é o renascimento) *das normas que ela*, eventualmente, *haja revogado*. Ficam, no entanto, *ressalvados os casos julgados, salvo decisão em contrário* do Tribunal Constitucional, quando a norma respeitar a *matéria penal, disciplinar ou de ilícito de mera ordenação social e for de conteúdo menos favorável ao arguido*, cabendo ao TC um amplo poder de configuração dos efeitos da sua decisão (cfr. artº 282º nº 4 da CRP).

Repristinação de lei revogada

Em 02/02/do ano **n** a lei **A** foi revogada pela Lei **B.** Em 02/010/do ano **n**+2 o TC declarou a inconstitucionalidade com força obrigatório geral da lei **B.** A lei **A** é repristinada (reentra em vigor) (artigo 282º nº 1 da CRP)

Respeito pelo caso julgado ou aplicação da lei mais favorável em matéria penal

Em 02/10/do ano **n** F praticou um crime punível ao abrigo da Lei **A**, tendo sido punido com pena de 1 ano de prisão, por decisão judicial irrecorrível. A lei **A** foi declarada inconstitucional com força obrigatória geral pelo TC em 02/01/do ano n + 3. A decisão judicial referida será respeitada, mas, não o será **se no TC o decidir por esse ser o regime mais favorável** para F (por exemplo, porque a lei anterior à lei **A**, que reentra em vigor, por virtude da declaração de inconstitucionalidade desta, punia o crime apenas com pena de prisão até 180 dias) porque se trata de aplicação de lei penal (artigo 282º nº 3 da CRP)

Limitação pelo TC dos efeitos da declaração de inconstitucionalidade

Em 02/10/do ano **n,** na sequência de concurso público aberto pelo Instituto **H**, ao abrigo da lei **A**, **G** progrediu na sua carreira da função pública para uma categoria superior, passando a sua retribuição a ter um acréscimo de 20%, relativamente à que auferia até essa data. O TC declara em 02/10/ do ano **n**+6 a inconstitucionalidade com força obrigatória geral da lei **A.** Por razões de equidade, **o TC pode limitar os efeitos da declaração de inconstitucionalidade** por forma a ficarem salvaguardados os direitos adquiridos por G, não devendo restituir quaisquer retribuições e mantendo o retribuição que aufere nessa data.

7.4.4. Ilegalidade de normas regulamentares

No que respeita aos regulamentos administrativos, os mesmos *serão inválidos se estiverem desconformes com a CRP, as normas de direito internacional e da União Europeia, a lei e os princípios gerais de direito administrativo e ainda se desrespeitarem regulamentos emanados de órgãos hierarquicamente superiores* (v.g despacho de Diretor-Geral que contrarie Portaria do respetivo Ministério) *ou dotados de poder de superintendência* (v.g regulamento interno de Centro Hospitalar EPE que contrarie os objetivos e estratégia definidos pelo Ministro da Saúde) *ou delegantes* (v.g despacho de Secretário de Estado que contraria determinação do Ministro que delegou no mesmo competência) *ou estatutos que contemplem a autonomia normativa* (v.g regulamento da autoridade da concorrência ou da Comissão de Mercado de Valores Mobiliários que contraria o Decreto-Lei que lhes concedeu poderes para o efeito) – artº 143º do CPA.

A declaração de invalidade *pode ser declarada pelo órgão administrativo* competente *ou pelos Tribunais Administrativos,* oficiosamente ou a requerimento dos interessados (artigos 144º e 147º do CPA).

Os Tribunais Administrativos têm competência para apreciar a ilegalidade de normas emanadas ao abrigo do disposições de Direito Administrativo (artigos 72º e seguintes do CPTA[119]), prevendo também este diploma a possibilidade de, nos casos previstos no artigo 281º da CRP, os interessados e o Ministério Público pedirem nestes Tribunais a desaplicação, por ilegalidade, de normas, bem como a declaração pelo Tribunal, com força obrigatória geral, da ilegalidade de normas administrativas.

[119] Com a última redação dada pelo Decreto-Lei nº 214-G/2015 de 2 de outubro.

8. Aplicação da Lei

8.1.1. Questões prévias

Aplicar a lei ao caso concreto implica conhecer a sua *vigência, interpretação, delimitação temporal e espacial.*

Mas para além destas operações, é indispensável perceber que a aplicação da lei *não se reconduz a uma mera operação lógica ou matemática*, porque, muitas vezes *há que pesar os valores plasmados no sistema jurídico*[120], *bem como as circunstâncias de cada situação concreta.*

Aplicação da lei penal

O Juiz em processo criminal, aplica uma pena privativa de liberdade ao autor do crime de violência doméstica (artigo 152º do CP), dentro do parâmetro legal fixado entre um e cinco anos de prisão. Para a determinação concreta da pena aplicada, o Juiz deve explicitar, porque considera que o comportamento do arguido integra os conceitos de "maus tratos físicos ou psíquicos, incluindo castigos corporais, privações da liberdade e ofensas sexuais", expressões que comportam juízos valorativos e várias interpretações possíveis. Por outro lado, o mesmo Juiz deve ter em consideração o disposto no artigo 71º do CP que manda atender a graduações na culpa e ilicitude do arguido, aos seus sentimentos ao cometer a infração, à sua condição pessoal e situação económica, à sua conduta anterior e posterior à prática do crime, à deficiente e censurável formação de personalidade e à necessidade de prevenção da prática de futuros crimes, relativamente à sociedade (prevenção geral) e ao arguido (prevenção especial).

[120] Que podem ou não coincidir com os que resultem da opinião subjetiva do julgador.

Aplicação da lei civil

O Juiz que julga inválido um contrato por considerar que o seu objeto é contrário aos bons costumes (artigo 280º do CC), deve explicitar o conceito que adota do que seja a moral pública, uma vez que "bons costumes" constitui um conceito indeterminado coincidente, segundo é pacificamente aceite, com aquela noção.

Aplicação da lei laboral

O Juiz que aprecia se o comportamento do trabalhador assalariado integra a noção de justa causa para efeito de a sua entidade empregadora o ter licitamente despedido, pondo fim ao contrato de trabalho, no caso de aquele não se enquadrar expressamente numa das várias alíneas enunciadas no artigo 351º nº 2 do Código de Trabalho, terá que fazer aplicação dos números 1 e 3 do mesmo artigo que dispõem "Constitui justa causa de despedimento o comportamento culposo do trabalhador que, pela sua gravidade e consequências, torne imediata e praticamente impossível a subsistência da relação de trabalho "e "Na apreciação da justa causa, deve atender-se, no quadro de gestão da empresa, ao grau de lesão dos interesses do empregador, ao carácter das relações entre as partes ou entre o trabalhador e os seus companheiros e às demais circunstâncias que no caso sejam relevantes."

Numa sociedade onde a realidade não se reconduza a meros algoritmos, domináveis por mecanismos de inteligência artificial, como é ainda, em grande medida, a atual, é muito importante perceber que *a aplicação do Direito pressupõe*, não apenas, *conhecer as normas jurídicas*, como *saber ponderar valores e conceitos*, por vezes indeterminados, a ter em consideração em cada situação subjetiva. Por isso *é difícil aceitar*, por ora, *a aplicação, em geral e sem a mediação humana, da informática ao Direito*[121].

8.1.2. Vigência de Direito supraestadual

O Direito internacional geral ou comum entra em vigor simultaneamente na ordem jurídica internacional e interna portuguesa, como decorre do exposto no artigo 8º nº 1 da CRP, que procede à sua receção plena e automática.

O Direito internacional convencional entra em vigor em Portugal após a regular aprovação e ratificação, respetivamente, pela Assembleia da República ou Governo e Presidente da República, sendo objeto de publicação no Diário da República Eletrónico (artigo 8º nº 2, 134º b),

[121] Sendo certo que, *nalgumas áreas jurídicas, a informática se aplica com relativa facilidade, como é o caso da elaboração de registos e funcionamento processual.*

135º b), 161º i), 197º b) e c) da CRP e artigo 3º nº 2 b) , 8º nº 1 f) e g) e 10º nº 2 da Lei nº 74/98 de 11 de novembro – "lei formulário" – na sua atual redação).

O Direito originário da União Europeia (tratados) vigora em Portugal após a respetiva aprovação e ratificação, nos termos expostos, seguida de publicação no Diário da República Eletrónico (cfr. supra).

O Direito derivado da UE (Regulamentos e Diretivas) entra em vigor em Portugal no dia nos mesmos fixado, ou na falta de indicação, no vigésimo dia seguinte à respetiva publicação no Jornal oficial da UE (artigo 297º do TFUE).

8.1.3. Vigência de lei e atos legislativos internos

A *lei portuguesa entra em vigor após a publicação no Diário da República*, e, *salvo manifestação em contrário* por parte do legislador, tal ocorrerá no *quinto dia* após aquela publicação, não se contando o dia da própria publicação (artigo 119º da CRP, artigo 5º do CC e artigos 1 e 2º da Lei nº 74/98 de 11 de novembro, alterada e republicada pela Lei nº 43/2014, de 11 de julho).

Quando a lei publicada não entra imediatamente em vigor, por força do exposto ou de intenção do legislador, decorre o prazo da denominada *vacatio legis* (artigo 5º nº 2 do CC), designação que corresponde ao período que medeia entre a sua publicação e início de vigência.

O *Diário da República* é exclusivamente *editado por via eletrónica*, sendo disponibilizado em sítio da internet, de acesso universal e gratuito, gerido pela Imprensa Nacional-Casa da Moeda, SA, nos termos do Decreto-Lei nº 83/2016 de 16 de dezembro[122].

Os atos legislativos são publicados na 1ª série do DRE, sendo a respetiva identificação da responsabilidade da INCM, por ordem sequencial e ano de publicação (artigo 5º do DL nº 83/2016 de 16/12 e artigos 1º e 3º nº 2 da Lei nº 74/98 de 11/11).

Exemplo: o Decreto-Lei nº 83/2016 de 16 de dezembro corresponde ao 83º decreto enviado pelo Governo à INCM para publicação como Decreto-Lei no ano de 2016, tendo sido

[122] Salvo em circunstâncias excecionais, o DRE é publicado apenas nos dias úteis, nos quais se não compreendem sábados, domingos e feriados (artº 5º do despacho normativo nº 15/2016 publicado no Diário da República, 2ª Série, nº 243 de 21 de dezembro de 2016), no sítio https://www.dre.pt.

publicado no DRE do dia 16 de dezembro de 2016; compete à INCM proceder à atribuição desta identificação, assegurando a respetiva publicação no DRE no dia indicado.

A cessação da vigência da Lei é abordada pelo artigo 7º do CC. A lei pode *deixar de vigorar em virtude de revogação e caducidade.*

Caducidade

Consiste no termo de vigência da Lei em consequência da verificação de um facto previsto pela própria Lei, ou quando esta estabelece um prazo de duração (leis temporárias) (artigo 7º nº 1 do CC).

Revogação

Consiste no termo da vigência da lei em consequência da entrada em vigor de uma lei nova de valor hierárquico igual ou superior (artigo 7º nºs 2, 3 e 4 do CC).

A revogação pode ser:

Expressa

Quando a *lei nova declara* quais as normas que deixam de vigorar.

Exemplo: o DL 2500/2017 (número fictício) de 5 de Dezembro dispõe ficar revogado o Decreto-Lei nº 34/2016 de 28/06/2016

Tácita

A revogação é tácita quando *o conteúdo de uma Lei nova é incompatível* com o de uma Lei anterior, prevalecendo a Lei posterior. Caberá ao intérprete perceber essa incompatibilidade, *prevalecendo no que for incompatível o disposto na lei mais recente.*

Exemplo: posteriormente à Lei 500/2016 (número fictício) de 31/12/2016 que estabelece um prazo de 2 anos para interpor certa ação, é publicada outra Lei 300/2017 (número fictício) fixando para o mesmo efeito, o prazo de 5 anos.

Implícita ou de sistema

A revogação é implícita ou de sistema se a *lei nova contem toda a regulamentação* sobre uma determinada matéria, deixando a lei anterior de ter âmbito de aplicação.

Exemplo: a lei nova afirma ficar revogada toda a legislação existente sobre a matéria na mesma regulada, como é o caso do artigo 3º do Decreto-Lei nº 47344 de 25 de Novembro de 1966, que aprovou o CC, com entrada em vigor em 1 de Junho de 1967, tendo revogado a matéria no mesmo tratada que constava do CC de 1867. Assim, para definir o regime aplicável à formação de contratos, relações familiares ou direito de propriedade constituídos após a entrada em vigor do novo CC, deixou de ser possível recorrer ao CC de 1867, por estarmos perante matérias expressamente abordadas pelo novo CC.

O artigo 7º nº 4 do CC estabelece que a revogação da Lei revogatória não implica a *repristinação*, ou seja, o renascimento da lei que esta revogara.

Exemplo: a Lei X revoga a Lei Y que, por sua vez, tinha revogado a Lei Z; a revogação da Lei Y não implica o renascimento da lei Z.

Existem, no entanto, *duas exceções ao princípio da não repristinação*:
- A Lei revogatória ser declarada inconstitucional (artigo 282º da CRP)
- O legislador pretender repor em vigor a Lei que tenha sido revogada aprovando uma Lei repristinatória.

Situação diferente da revogação é a suspensão da vigência da Lei. A Lei suspensa continua a existir na ordem jurídica, só que não produz quaisquer efeitos.

O número 3 do citado artigo 7º contem ainda outra disposição no sentido de a lei geral não revogar a lei especial, exceto se outra for a intenção inequívoca do legislador. A relação lei geral – lei especial é diferente da que contrapõe a lei geral à lei excecional.

A lei excecional contradiz o conteúdo da lei geral. A lei especial não contradiz forçosamente o conteúdo da lei geral, mas aplica a mesma a situações particulares ou consagra um regime jurídico não previsto na lei geral. A propósito da relação entre o Ramo de Direito Civil, considerado Direito privado comum, e os Direitos especiais (vide supra 5.5.1, 5.5.2 e 5.5.3), v.g. Direito comercial, considerou-se esta última relação.

Exemplificando a relação entre o Direito Civil (Direito geral) e o Direito Comercial (Direito especial): os artigos 463º e seguintes do CCom definem o conceito de compra e venda comercial e estabelecem um regime particular para algumas modalidades, mas, não definem o que é uma compra e venda, nem o que sucede se o comprador não pagar o preço, porque são questões gerais sobre contratos e incumprimento de obrigações, abordadas pelo CC. Desta forma, não se pode partir do princípio que o Direito comercial é excecional relativamente ao Direito Civil, mas, sim, Direito especial, que regula determinadas situações para além do Direito Civil, só assim se compreendendo que o artigo 3º do Ccom considere aplicável às situações jurídicas comerciais o disposto no CC em tudo quanto não for regulamentado pela lei comercial.

Segundo a norma do artigo 7º nº 3 do CC, se o Direito geral for revogado, o Direito especial mantem-se, a não ser que o legislador se tenha manifestado em sentido diverso.

8.1.4. Vigência de regulamentos

Os regulamentos entram em vigor, *salvo disposição em contrário, no quinto dia após a respetiva publicação no Diário da República* (artigo 140º do CPA).

À exceção dos *despachos* governamentais, que são objeto de publicação na *2ª Série* do Diário da República[123] (artigo 3º nº 3 da Lei nº 74/98 de 11 de novembro, supra citada, e artigo 5º nº 3 do DL nº 83/2016 de 16 de dezembro) *os restantes diplomas* regulamentares já referidos (decretos regulamentares, Portarias) são objeto de publicação na *1ª série* do mesmo jornal oficial (artigo 119º da CRP).

Os *regulamentos autárquicos e da administração autónoma*, são objeto de publicação na *2ª Série* do Diário da República, para além de outras publicações.

Os regulamentos podem *cessar a sua vigência* por *caducidade ou revogação.*

Os regulamentos sujeitos a *termo ou condição* resolutiva caducam com a verificação destes (artigo 145º nº 1 do CPA).

Exemplo: o regulamento X da AC determina a cessação de produção de efeitos no dia Y (termo certo em que inicia a produção de efeitos) ou quando for substituído por novo regulamento (condição suspensiva – acontecimento futuro e incerto – que determina o início de produção de efeitos)

[123] A enumeração dos atos publicados na 2ª Série do Diário da República consta do artigo 3º nº 3 da Lei nº nº 74/98 de 11/11 e artigos 7º e 10º do despacho normativo nº 15/2016 publicado no Diário da República, 2ª Série, nº 243 de 21 de dezembro de 2016.

Os *regulamentos de execução* caducam com a revogação das leis que regulamentam, salvo na medida em que sejam compatíveis com a lei nova e enquanto não houver regulamentação desta (artigo 145º nº 2 do CPA).

Exemplo: a lei X estabelece o regime jurídico da AC, concedendo-lhe poderes para regulamentar o controlo de práticas restritivas da concorrência; se a Lei y revogar a Lei x, os regulamentos da AC ao abrigo da Lei X deixam de vigorar, exceto se a lei Y determinar o contrário ou se forem compatíveis com o seu conteúdo e não forem substituídos por novos regulamentos.

No que respeita à *revogação*, a lei prevê *duas particularidades*: por um lado, *a mesma deve ser expressa* (artigo 146º nº 4 do CPA), e, no que se refere a *regulamentos necessários à execução das leis em vigor ou de direito da União Europeia não podem ser objeto de revogação sem que a matéria seja simultaneamente objeto de nova regulamentação*, para evitar a existência de lacunas, mantendo-se em vigor a regulamentação até que nova a substitua (artigo 146º números 2 e 3 do CPA).

8.2. Aplicação da Lei no Tempo e no espaço

8.2.1. Aplicação no tempo

Os artigos 12º e 13º do CC contemplam os princípios gerais sobre a aplicação das Leis no tempo no ordenamento jurídico português.

A *aplicação das leis no tempo* consiste em determinar, em caso de sucessão de leis, qual a lei aplicável a uma determinada situação: se a lei antiga, vigente na data da constituição da situação, se a lei nova, posterior àquela data.

O critério geral é o da não retroatividade da Lei (ié, a Lei só dispõe para o futuro). No entanto o legislador pode atribuir eficácia retroativa a uma Lei, sendo que, nesse caso, se presume ficarem ressalvados os efeitos já produzidos pelos factos que a lei se destina a regular (artigo 12º nº 1 do CC).

Exemplo: se a lei nova estabelecer a invalidade de um contrato de arrendamento de um imóvel celebrado no passado, que era válido ao abrigo da lei anterior, o senhorio não deve restituir as rendas que tenha recebido ao abrigo do mesmo.

Por outro lado, o artigo 12º nº 2, 1ª parte estabelece que quando a lei dispõe sobre as condições de validade substancial ou formal de quaisquer factos ou sobre os seus efeitos, entende-se, em caso de dúvida, que só visa os factos novos.

Exemplo: a lei x não exige forma especial para a celebração de contrato; a lei y revoga a lei X passando a exigir documento escrito como condição de validade do mesmo; em caso de dúvida, a lei y apenas se aplica a contratos celebrados após a sua entrada em vigor.

Por sua vez, a 2ª parte do artigo 12º nº 2 estabelece que, se a Lei dispuser diretamente sobre o conteúdo de certas relações jurídicas, abstraindo dos factos que lhes deram origem, entender-se-á que a lei abrange as próprias relações já constituídas, que subsistam à data da sua entrada em vigor.

Exemplo: o DL nº 496/77 de 25 de novembro introduziu, pelo artigo 1672º do CC, os deveres conjugais de respeito e cooperação; a inovação é considerada aplicável a todas as relações conjugais, mesmo que constituídas anteriormente à entrada em vigor do diploma referido, pelo facto de o sentido da lei ser o de regulamentar a situação conjugal independentemente do contrato de casamento que a tenha originado.

O artigo 13º aborda ainda a questão das Leis interpretativas, que configuram casos de interpretação autêntica, ou seja de interpretação efetuada por Lei de idêntico ou superior grau hierárquico. A Lei interpretativa é retroativa, pois integra-se no conteúdo da interpretada. A retroatividade é excluída relativamente aos efeitos já produzidos pelo cumprimento de uma obrigação, por sentença passada em julgado ou por determinado acordo.

Como *legislação especial nesta matéria* indicam-se os seguintes casos:

– *a Lei Penal*, em que vigora o princípio da não retroatividade, salvo se a Lei nova estabelecer um regime mais favorável ao arguido (artigo 29º da CRP e 2º do CP), regime que se entende aplicável no domínio das contraordenações.

Exemplos: Em 20/02/do ano n **A** pratica facto suscetível de ser punido com pena de prisão até 3 anos; em 20/02/do ano n + 3 o facto passa a ser punido apenas como contraordenação; se, com a entrada em vigor da lei do ano n + 3, A ainda não tiver sido julgado por decisão judicial transitada em julgado, o processo é arquivado por o facto ter deixado de constituir crime, ou, se já tiver sido condenado ao abrigo da lei do ano n, cessam os efeitos da condenação, devendo **A** ser imediatamente libertado se se encontra a cumprir pena privativa de liberdade; se a lei do ano n + 3 punir o facto como crime, sendo aplicável a pena de prisão até 3 anos ou multa, deve ser aplicada a pena de multa, por ser, em concreto, mais favorável ao arguido, comparativamente com a pena de prisão.

- *o direito tributário*, prevendo o artº 103º nº 3 da CRP a proibição de criação de impostos com incidência retroativa.

Exemplo: a Lei que aprovou o Orçamento de Estado para o ano de 2017 nunca poderia tributar as indemnizações devidas em consequência de lesão corporal, doença ou morte, pagas pelo Estado no ano de 2016 e não resultantes de acidente ou doença profissional, ou as importâncias suportadas pelas entidades patronais com a aquisição de passes sociais ou seguros de saúde e doença em benefício dos trabalhadores, que não eram tributáveis no ano de 2016 por força do disposto no artigos 2º-A e 12º do CIRS.

Quanto aos *regulamentos*, a lei estabelece que *não pode ser atribuída eficácia retroativa aos que imponham deveres, encargos, ónus, sujeições ou sanções, que causem prejuízos ou restrinjam direitos ou interesses legalmente protegidos, ou afetem as condições do seu exercício, não podendo reportar os seus efeitos a data anterior à da vigência da lei que habilitou a entidade regulamentadora* com a competência para os produzir (artº 141º do CPA).

Exemplo: um Regulamento Municipal de Taxas e Outras Receitas, elaborado ao abrigo, entre outros, do artigo 241º da Constituição da República Portuguesa e do Decreto-Lei X, entrado em vigor de 03/01/2008, que prevê, entre outros casos, o pagamento de taxas pela realização, manutenção e reforço de infraestruturas urbanísticas primárias e secundárias, pela concessão de licenças, prática de atos administrativos e satisfação administrativa de outras pretensões de caráter particular, consoante discriminação em tabela anexa, não pode produzir efeitos em data anterior a 03/01/2008, data da entrada em vigor do Decreto-Lei X que habilitou a autarquia a regulamentar estas matérias.

Pelo *artigo 282º da CRP e artº 144º do CPA*, no caso de *declaração de invalidade com força obrigatória geral*, respetivamente de ato legislativo ou regulamento, facto que *determina a repristinação* de normas revogadas, *ficam salvaguardados os casos julgados* ao abrigo das últimas, *e*, no caso dos regulamentos, os *atos administrativos favoráveis* aos destinatários produzidos ao abrigo das normas declaradas inválidas.

Exemplo: em 02/03/ do ano n **A** progrediu na carreira profissional técnico superior por força de sentença transitada em julgado proferida pelo Tribunal Administrativo, passando a sua retribuição a corresponder ao nível remuneratório 70 da tabela única aplicável aos trabalhadores em funções públicas, ao abrigo do disposto no artigo x da lei Y, que revogara a lei X. Em 02/03/ do ano n + 3, o Tribunal Constitucional declarou a inconstitucionalidade com força obrigatória geral da lei Y. A não deve repor quaisquer retribuições auferidas até à declaração da inconstitucionalidade, muito embora a lei X reentre em vigor por repristinação. Solução idêntica se obtém se o nível remuneratório 70 tiver sido fixado por decisão administrativa e não por decisão judicial.

8.2.2. Aplicação no Espaço

No que se refere à *aplicação da Lei no Espaço*, segundo o Princípio da Territorialidade, a Lei de um determinado País só produz efeitos na ordem jurídica desse País.

Muitas vezes as relações jurídicas estão em conexão com várias ordens jurídicas, e, por vezes, é necessário determinar qual a Lei a aplicar no território nacional. Estamos aqui perante um problema de conflito de leis no espaço.

Muitas vezes os Estados não aplicam exclusivamente o seu Direito interno no seu espaço tendo, por vezes, que aplicar nos seus tribunais as Leis de outros Estados.

Exemplo: um português casa em Espanha com uma Alemã e vão viver para a Hungria, onde adquirem um automóvel a um Inglês, após o que falece na Suíça.

Levanta-se a questão de saber qual a Lei aplicável ao casamento, ao negócio celebrado na Hungria e à sucessão por morte do português

Estão em conexão 4 ordenamentos jurídicos:

- o português;
- o Alemão;
- o Húngaro;
- e o Inglês.

A regulação destas situações é prevista nos artigos 15º a 65º do CC através de normas de conflitos que estabelecem o Direito aplicável a cada situação e que constituem o denominado *Direito Internacional Privado.*

8.3. Interpretação da Lei

Interpretar uma Lei, consiste em *determinar o seu sentido* e alcance real com vista à sua aplicação ao caso concreto.

Quanto às espécies de interpretação, distinguem-se a *interpretação autêntica*, que é efetuada por lei ou regulamento de valor igual ou superior à lei ou regulamento interpretado, sendo vinculativa (artigo 13º do CC e 142º do CPA), a *oficial*, efetuada por lei de valor inferior à interpretada, apenas vinculando internamente a cadeia hierárquica da administração, como, por exemplo, os trabalhadores de um determinado Ministério, não tendo força vinculativa geral, a *judicial*, a cargo dos tribunais, e a *doutrinal ou particular*, efetuada por juristas ou por qualquer cidadão.

8.3.1. Elementos da Interpretação

O intérprete recorre a vários elementos para interpretar a Lei.

O artigo 9º do CC estabelece as regras sobre a realização da interpretação, enunciando os seus elementos pela forma seguinte:

– *Elemento literal ou gramatical* (artigo 9º nºs 1, 2 e 3 do CC)

É constituído pelo texto ou letra da lei, por meio do qual o intérprete inicia a interpretação, através da determinação do significado das palavras utilizadas pelo legislador, presumindo que este se exprimiu pela forma mais adequada.

– *Elementos lógicos ou extraliterais*

Por meio do elemento lógico o intérprete vai apurar a partir do texto qual o espírito da lei e *para isso recorre: ao elemento sistemático, ao elemento histórico e ao elemento teleológico:*

Elemento Sistemático (artigo 9º 1 do CC)

Uma lei não está isolada; por isso, a sua interpretação tem que ter em consideração as relações existentes entre a lei a interpretar e as outras leis, tendo em conta todo o sistema jurídico.

Elemento histórico

Este elemento compreende as circunstâncias sociais, económica e políticas, antecedentes legislativos, doutrinários ou jurisprudenciais ou acontecimentos históricos que conduziram à criação de uma Lei.

Elemento Teleológico ou Racional

Consiste em saber qual foi a finalidade do legislador ao elaborar a lei e a sua razão de ser, é dizer a *Ratio Legis*.

8.3.2. Processos Interpretativos

8.3.2.1. Interpretação Declarativa

O processo interpretativo leva a concluir que a *letra coincide com o espírito da Lei* (o "pensamento legislativo" coincide com a letra da Lei).

Esta coincidência leva-nos a uma interpretação declarativa, que pode ser restritiva (v.g "lei", para o artigo 18º nº 2 da CRP, deve entender-se como Lei da AR, e não como ato legislativo, que compreende também os Decretos-Leis do GOV e os Decretos Legislativos Regionais) ou lata (v.g homem e mulher na expressão "homem" a propósito de declaração de direitos do "Homem e cidadão" ou nos artigos 362º, 1326º, 1570º CC, ou todas as pessoas, singulares ou coletivas em "todos" no artigo 20º da CRP).

8.3.2.2. Interpretação Extensiva

O processo interpretativo leva a concluir que a letra da lei fica aquém do seu espírito. O legislador disse menos do que pretendia. O *sentido do preceito é mais amplo que a sua letra*. A aplicação da Lei deve ser ampliada de forma a abranger todas as situações abrangidas pelo seu espírito.

Exemplos: o artigo 230º do Código Comercial em vários dos seus números, é interpretado por forma a abranger, designadamente, certas prestações de serviços não expressamente previstas no nº 2 (vg. industria hoteleira), a construção civil em geral, que não resulta da letra do seu nº 6 (neste apenas se refere a construção de casas), a indústria fonográfica e videográfica (que o nº 5 não refere expressamente) o transporte aéreo (que o nº 7 não refere), por se entender que o sentido da lei abrange estas realidades; outro exemplo pode consistir na aplicação do artigo 877º nº 1 CC a venda de bisavós a bisnetos, situação que não consta da letra do preceito, mas, que se insere no sentido do mesmo.

8.3.2.3. Interpretação Restritiva

O processo interpretativo leva a concluir que a *letra da lei vai além do seu espírito*. O legislador disse mais do que pretendia. O intérprete terá de restringir o que resulta da leitura da lei de modo a harmonizá-la com o seu sentido.

Exemplos: utilização da expressão "sucessores" restrita a herdeiros ou "menores" como menores não emancipados.

8.3.2.4. Interpretação Corretiva

O processo interpretativo leva a concluir que a letra da Lei deve ser corrigida de forma a pô-la de acordo com o seu espírito, por exemplo, não atendendo ao preceito legal, por remeter para um artigo errado ou inexistente, ou conter um erro de impressão.

8.3.2.5. Interpretação Abrogante

O processo interpretativo leva a concluir que a norma é de tal forma absurda e incoerente que não deve subsistir devendo considerar-se inexistente.

Os artigos 8º nº 1 e 9º nº 3 CC dificultam a sua admissibilidade.

8.3.2.6. Interpretação Enunciativa ou Explicitadora

O processo interpretativo conduz o intérprete a extrair de uma norma um conteúdo implícito.

Para este efeito o intérprete utilizará regras lógicas (lei que permite o mais, permite o menos, lei que proíbe o menos proíbe o mais, lei que permite os fins permite os meios para os atingir, argumento "a contrario sensu" em que se concluiu pela regra a partir da exceção, atendendo a que possuem conteúdos contrários).

8.3.2.7. Interpretação Optativa

Processo interpretativo que leva o intérprete a escolher de entre várias interpretações possíveis aquela que mais se adeque ao caso concreto.

8.4. Integração de Lacunas

Lacunas das Leis são casos omissos, ou seja, situações não previstas, mas, que devem ser reguladas pelo Direito

Como se referiu em 2.1 e 2.2, nem sempre o Direito é chamado a regular as situações em sociedade, pelo que, para demonstrar a existência de lacuna jurídica, é indispensável demonstrar a necessidade da intervenção da norma jurídica na regulação da situação concreta analisada.

A necessidade de assim proceder resulta, desde logo, do disposto no artº 8º nº 1 do CC.

Desta forma, integrar uma lacuna implica, em primeiro lugar, recorrer a uma norma aplicável a um caso semelhante (caso análogo), utilizando-a para a regulação do caso omisso, por se entender que procedem as mesmas razões de decidir (artigo 10º nº 1 do CC).

Existem *proibições de utilização da analogia* relativamente a normas excecionais (artigo 11º do CC), normas penais incriminadoras (artigos 29º, nºs 1, 3 e 4, da CRP e art. 1º, nº 3, do CP), normas de incidência de impostos e normas que definem as garantias dos contribuintes (artigos 103º, nºs 2 e 3, da CRP), normas que estabelecem conceitos fechados – "*numerus clausus*" (exs. artº 1º CSC, artigo 1306º nº 1 CC), e normas restritivas de direitos, liberdades e garantias (artigo 18º, nº 2, da CRP).

Não sendo possível integrar a lacuna com recurso à analogia, o artigo 10º nº 3 do CC estabelece que a situação é resolvida segundo a norma que o próprio intérprete criaria, se houvesse de legislar dentro do espírito do sistema, ou seja, o aplicador do direito, cria uma *norma ad hoc* aplicando-a ao caso concreto e com valor apenas neste caso.

9. A relação jurídica

9.1. Noção e estrutura (em geral)

9.1.1. Noção

A relação da vida social regulada e tutelada pelo Direito e que produz efeitos jurídicos denomina-se ***relação jurídica****.*

Estes efeitos traduzem-se, no *lado ativo* da relação, na atribuição a uma parte de *direitos subjetivos* (cfr. supra 2) *ou potestativos* (poder de produzir efeitos na esfera jurídica da parte contrária independentemente da sua colaboração) ou outras posições de vantagem protegidas pela ordem jurídica e, *no lado passivo* da mesma, em *vinculações*, sejam *deveres ou situações de sujeição*[124] [125].

Assim:

A e B celebram contrato de promessa segundo o qual A promete vender a B, pelo preço de X o prédio urbano Y (artº 410º do CC).

A e B têm direito a exigir do outro a realização do escrito de compra e venda, podendo requerer que o Tribunal produza uma sentença que substitua tal escrito, no caso de recusa de uma das partes em outorgá-lo (artº 830º do CC).

Neste caso, do contrato resultam **direitos subjetivos** para as partes (cada uma tem o direito de exigir a colaboração da parte contrária tendo em vista a celebração da compra e venda), a que correspondem os respetivos **deveres** da parte contrária.

[124] Sujeição que é contrapartida do lado passivo ao direito potestativo do lado ativo da relação.

[125] Cfr. infra 9.1.2.

Mas, também se prevê a possibilidade de, através de uma sentença judicial, por iniciativa apenas de uma parte, se produzirem efeitos jurídicos na esfera jurídica da parte contrária, designadamente, a transmissão da propriedade de Y, independentemente de aquela os desejar. A parte ré na ação judicial estará, assim, numa situação de **sujeição**, que é a posição passiva correspondente, no lado passivo, ao **direito potestativo** no lado ativo da relação.

O Código Civil está estruturado com base na noção de relação jurídica, que é tratada, em geral no livro I, e, nas suas várias modalidades, nos livros seguintes.

Não obstante a importância da noção de relação jurídica, que se desenvolve por motivos pedagógicos, a mesma não compreende toda a realidade jurídica.

Para este efeito, parece mais adequada a noção de **situação jurídica**, mais ampla por referência à de relação jurídica, por *compreender todas as posições ativas e passivas possíveis entre as pessoas, ou entre as pessoais e outras realidades*, e não apenas os direitos subjetivos e vinculações (deveres jurídicos e sujeições).

Assim, por exemplo, os artigos 1251º e 1305º do CC, definem, respetivamente, a noção de posse e o conteúdo do direito de propriedade pela forma seguinte:

"Posse é o poder que se manifesta quando alguém atua por forma correspondente ao exercício do direito de propriedade ou de outro direito real."

"O proprietário goza de modo pleno e exclusivo dos direitos de uso, fruição e disposição das coisas que lhe pertencem, dentro dos limites da lei e com observância das restrições por ela impostas."

Seguindo a perspetiva de enquadramento da realidade pela noção de relação jurídica teremos, nestes casos, de uma parte o possuidor ou titular do direito de propriedade, e, da outra parte, todas as restantes pessoas que podem entrar em contacto com a coisa possuída ou objeto de propriedade. O possuidor ou proprietário, nesta ótica, goza do direito a exigir de todas as outras pessoas a abstenção de lesões da coisa possuída ou objeto de direito de propriedade (a chamada abstenção passiva universal). No entanto, *parece evidente que o significado jurídico da posse e do direito de propriedade se traduz no exercício de um poder de atuação sobre as coisas, independentemente do relacionamento intersubjetivo do seu titular com outras pessoas. A noção mais ampla de situação jurídica, que abrange todas estas realidades* (relações interpessoais e de natureza diversa) *afigura-se bem mais explicativa.*

Por outro lado, *na noção de situação jurídica integram-se ainda outras situações de vantagem pessoal não reconduzíveis à noção de direito subjetivo, como sejam os interesses legalmente protegidos e as expectativas jurídicas.*

Veja-se, *por exemplo*, o caso do artigo 483º do CC conjugado com a prática de infrações ao CE. O primeiro possibilita o pedido de uma indemnização para reparação de danos verificados por virtude de *lesão de interesses legalmente protegidos e não apenas de direitos subjetivos.* O CE, tem em vista, em primeira linha, assegurar a correta circulação nas vias públicas, mas, em segunda linha, salvaguardar os interesses dos utentes das vias públicas, possibilitando a estes, por via do artigo 483º do CC, pedirem indemnizações pelos prejuízos sofridos em virtude do incumprimento das regras estradais, mesmo nos casos em que não tenha sido ofendido um direito subjetivo dos mesmos, porque o CE visa também proteger interesses.

Por outro lado, *a posição de vantagem numa situação pode traduzir-se, não na titularidade de um direito subjetivo, mas numa expetativa juridicamente protegida.* Assim, os Filhos não sendo titulares de direitos subjetivos sobre os bens dos Pais, possuem uma expetativa a virem a suceder a estes e de, por essa via, adquirirem os seus bens. Essa expetativa não tem uma proteção jurídica tão forte como a que se verifica no caso do direito subjetivo, mas, tem alguma proteção jurídica, visível, por exemplo, no disposto no artigo 242º nº 2 do CC que permite aos herdeiros legitimários (no exemplo, os Filhos – artº 2157º do CC) impugnarem a validade de negócios simulados que os Pais tenha celebrado com o intuito de os prejudicar.

A noção de situação jurídica abrange todas estas realidades, que não estão compreendidas na noção restrita de relação jurídica.

No entanto, como o CC se funda na noção de relação jurídica, e esta continua a ser adequada para explicar grande parte das situações, tomar-se-á a mesma como referência na exposição que segue.

9.1.2. Conteúdo

O conteúdo da relação jurídica compreende *posições ativas e passivas* que correspondem, respetivamente, aos *direitos subjetivos ou potestativos e às obrigações ou sujeições*, conforme exposto em 9.1.1.

Os direitos subjetivos poderão ser *absolutos* se poderem ser exercidos contra todas as outras pessoas, que, assim, ficam obrigadas a respeitá-los (cfr. para a defesa da posse os artigos 1276º a 1286º do CC, e para os restantes direitos sobre coisas os artigos 1311º a 1315º do CC) *ou relativos,* se produzem efeitos quanto a pessoas determinadas, concretamente, as partes na relação estabelecida (cfr. no direito das obrigações e dos contratos os artigos 397º e 406º do CC), *patrimoniais, ou não patrimo-*

niais, consoante sejam avaliáveis ou não em dinheiro (v.g direito de propriedade, para o primeiro caso, direito à vida, à honra, à imagem, para o segundo caso).

Como resulta do exposto a propósito da distinção entre Direito Público e Privado, também se pode distinguir se a *relação jurídica é de direito privado, no caso de as partes se encontrarem em posição de igualdade* (v.g a relação constituída pelos contratos previstos no CC), ou *de direito público, se uma das partes tiver um poder de supremacia ou de autoridade sobre a outra*, tendo em vista, nomeadamente, a prossecução de um interesse público (cfr. as relações constituídas por contratos administrativos previstas no CCP ou as relações tributárias, ao abrigo das quais o Estado cobra impostos). A distinção importa para o conteúdo da relação, na medida em que, na relação de Direito Público a entidade pública goza de poder para a impor ou alterar determinado comportamento, independentemente da parte contrária o desejar.

9.1.3. Elementos (estrutura em geral)

A relação jurídica desdobra-se em quatro elementos que constituem a sua estrutura:

- **Sujeitos** – pessoas entre as quais se estabelece a relação jurídicas, que vêm a ocupar na mesma a posição ativa ou passiva, conforme sejam titulares de direitos subjetivos, ou vinculados a deveres e sujeições;
- **Objeto** – realidade (pessoas, coisas, prestações ou direitos) sobre que vão incidir os direitos, deveres e sujeições;
- **Facto jurídico** – acontecimento natural ou atuação pessoal que produz efeitos ou tem consequências jurídicas, designadamente, no sentido de criar, modificar ou extinguir relações jurídicas;
- **Garantia** – suscetibilidade de proteção coativa da posição do sujeito ativo da relação jurídica, que varia, conforme se encare a relação jurídica em geral ou as várias modalidades de relações jurídicas (cfr. infra 9.2.5).

Estes elementos serão desenvolvidos seguidamente.

Numa antecipação, podemos exemplificar:

António (A), proprietário, vende a BCD SA, construtora, o prédio urbano X pelo preço de Y.

Estrutura da relação:

*1 – **Sujeitos** (cfr. infra, 9.2.1): A, pessoa singular, e BCD SA, pessoa coletiva, sociedade comercial anónima*

*2 – **Objeto imediato (conteúdo)**: os direitos e obrigações resultantes da compra e venda (artigos 874º e 879º do CC)*

*3 – **Objeto mediato** (cfr. infra, 9.2.2): objeto dos direitos e obrigações, no caso, uma coisa imóvel e as prestações de entrega da coisa vendida e de pagamento do preço*

*4 – **Garantia** (cfr. infra 9.2.5): **geral**, traduzida na tutela pública (possibilidade de recorrer aos órgãos de soberania Tribunais tendo em vista exercer coercivamente os direitos, no caso de os mesmos serem violados ou não cumpridos) **e das obrigações** (v.g, o património do devedor, certos bens do devedor em particular, outras).*

9.2. Estrutura (em especial)

9.2.1. Sujeitos

O Direito justifica-se, em primeira linha, face à existência de pessoas físicas, à salvaguarda da dignidade da pessoa humana e ao seu relacionamento social. No entanto, o ordenamento jurídico não pode ser alheio à existência social de organizações de pessoas, bens e interesses que merecem a sua tutela, podendo a última implicar o reconhecimento da sua personalidade coletiva.

Por isso, há que abordar a matéria das pessoas singulares e coletivas.

9.2.1.1. Pessoas Singulares

9.2.1.1.1. Personalidade e capacidade

A **personalidade jurídica** traduz-se numa qualidade: a suscetibilidade de ser sujeito de direitos ou vinculações.

A mesma adquire-se no momento do nascimento completo e com vida (artigo 66º, nº 1 CC), ou seja, quando o feto, com vida, é separado fisicamente da mãe, cessando com a morte (art. 68º, nº 1, do CC)[126]. Antes do nascimento existe vida, mas, não uma pessoa jurídica.

A personalidade jurídica possibilita a aquisição da **capacidade jurídica genérica de gozo de direitos e vinculações** referida no artigo 67º

[126] A noção de morte coincide com a morte cerebral, decorrente da cessação irreversível das funções do tronco cerebral (Lei nº 141/99, de 28 de agosto, consultável em http://www.pgdlisboa.pt/leis/lei_mostra_articulado.php?nid=240&tabela=leis).

do CC, atribuída a todas as pessoas singulares, por forma irrenunciável (artigo 69º do CC).

Deve **diferenciar-se a noção de capacidade** jurídica (quantidade de posições jurídicas de que uma pessoa pode ser titular) **da noção de legitimidade** jurídica (posição concreta da mesma pessoa face a determinado bem, em termos de poder usar, dispor e onerar o mesmo – v.g possuindo-o, vendendo-o ou dando-o em garantia de uma obrigação). A legitimidade resulta no CC do princípio fundado no exemplo – paradigma – da venda de bens alheios – artigo 892 CC. Assim, a venda de bem alheio como sendo próprio é nula, por falta de legitimidade do vendedor para dele dispor, mesmo que o mesmo tenha capacidade jurídica. Daqui decorre a conclusão de que não basta ter capacidade jurídica para celebrar um negócio, é também indispensável ter legitimidade para o mesmo.

Os direitos de personalidade física e moral inerentes a todas as pessoas são tratados, quer na CRP (artigos 24º e seguintes), quer no CC (artigos 70º a 81º), gozando de tutela jurídica instituída, entre outros, pelo Direito Constitucional, Penal e Civil.

A **personalidade jurídica confere o direito** *à identidade pessoal* (artigo 26º, nº 1, da CRP), o direito ao *nome* (artigos 72º a 74º do CC), o direito *à cidadania* (artigo 26º, nº 1, da CRP), à *proteção de bens de personalidade física* (direito à vida – artigos 24º, nº 1, da CRP e 131º e segs do CP –, à direito à integridade física – artigo 25º da CRP e artigos 143º e segs. CP), *à proteção dos bens da personalidade moral* (direito à honra – artigo 26º, nº 1, da CRP e artigos 180º e segs. do CP, *direito à liberdade* – artigo 27º, nº 1, 37º, 38º, 41º e 45º da CRP, *direito à reserva da intimidade da vida privada e f*amiliar – artigo 26º, nº 1, da CRP e artigo 80º do CC –, *direito à imagem* –artigo 79º do CC).

Estes direitos *são oponíveis erga omnes (perante todos), irrenunciáveis, e indisponíveis.*

As *pessoas singulares identificam*-se por formas diversas, mas, sempre *pelo nome, sexo, idade, filiação* (se for estabelecida), *domicílio* (artigos 72º e segs. e 82º e segs. do CC), *nacionalidade e estado civil.*

Sobre a matéria rege o Direito Civil e do Registo Civil, para além de legislação complementar, designadamente, sobre documentos de identificação e domicílio[127].

[127] Os artigos 82º e seguintes do CC fazem coincidir o *domicílio* com a residência habitual, mas, admitem-se exceções, designadamente no caso de domicílio profissional, domicílio

9.2.1.1.2. Incapacidades

Apesar de todas as pessoas possuírem capacidade de gozo de direitos, nem todas os podem exercer pessoal e livremente, ou seja, nem todas possuem capacidade de exercício de direitos.

Interessa reter *dois regimes* sobre incapacidades de exercício.

O *regime da menoridade* é aplicável a quem não tenha atingido os 18 anos de idade (artigos 122º a 126º do CC), *com as exceções previstas nos artigos 127º, 129º, 130º, 132 e 133º do CC*, estes quatro últimos relativos à emancipação pelo casamento.

Os negócios praticados pelos menores, *são, em princípio, inválidos (anuláveis)*, por incapacidade de exercício, que deve ser *suprida pelas responsabilidades parentais, tutela ou administração de bens*, casos em que aqueles são representados, respetivamente, pelos Pais, tutor ou administrador (artigos 124º, 258º, 1877º, 1878º, 1881º, 1901º a 1904º-A, 1906º a 1912º, 1921º e segs. do CC e 1967º e segs. do CC).

A *anulabilidade* dos negócios (artigo 125º CC), com as consequências previstas no artigo 289º do CC, *pode ser invocada* pelos representantes do menor, *dentro de um ano* a contar do conhecimento do ato impugnado, pelo próprio menor, dentro de um ano a contar da cessação da incapacidade, e por qualquer herdeiro, dentro de um ano a contar da morte do menor, se este faleceu antes de ter expirado o prazo em que, ele próprio, podia requerer a anulação.

No entanto, *o menor não pode invocar* a anulabilidade se *dolosamente tiver provocado erro* sobre a sua menoridade, fazendo-se passar por maior ou emancipado (artigo 126º do CC).

Ao perfazer dezoito anos de idade ou ao contrair casamento (a partir dos dezasseis anos – artigo 1601º *a*) do CC), cessa o regime de incapacidade de exercício de direitos, próprio da menoridade, exceto se o casamento for celebrado sem autorização dos Pais ou respetivo suprimento judicial, caso em que, até perfazer dezoito anos, aqueles (Pais) conti-

voluntário negocialmente estipulado, também se fixando regras próprias para os incapazes. Particularmente importante é o regime do Decreto-Lei nº 93/2017 de 1 de Agosto sobre a *morada digital*, voluntariamente fixada, que importa para efeito de notificações e comunicações no âmbito do serviço público de notificações eletrónicas gerido pelo Estado. Sobre a autodeterminação de identidade do género (masculino/feminino) pode ver-se a Lei nº 38/2018, de 7 de agosto. Sobre o regime do cartão de cidadão deve consultar-se o disposto na Lei nº 7/2007, de 5 de fevereiro, alterada e republicada pela Lei nº 61/2021, de 19 de agosto.

nuam a administrar os seus bens próprios, à data do casamento, e os que o menor vier a adquirir gratuitamente – por doação ou herança – (artigos 133º e 1649º CC).

Durante a menoridade, para *além capacidade de exercício de direitos que resulta da emancipação, outra resulta também do disposto no artigo 127º do CC.*

Compra inválida (anulável)

A, menor de 15 anos, compra a B uma motorizada pelo preço de 1000,00 que será pago através do perdão da renda de idêntico montante devida por B a A, que, habitualmente, B paga ao seu Pai, legal representante de A. A compra não se integra em qualquer exceção prevista no artº 127º CC, pelo será anulável nos termos do artº 125º do CC, devendo a motorizada ser restituída a B sem restituição de preço, desde que as pessoas com legitimidade para tal requeiram a anulação judicial nos prazos previstos no mesmos artº 125º do CC.

Compra inválida (anulável)

A, menor de 17 anos, contrai casamento com B, sem autorização dos Pais, e sem o respetivo suprimento judicial, sendo proprietário de vários prédios que herdou dos Avós. A arrenda um andar de um dos referidos prédios a E, recebendo as respetivas rendas. O arrendamento é anulável porque, como o prédio tinha sido adquirido a título gratuito, e o casamento não foi autorizado, a administração dos prédios compete aos Pais de A.

Compra válida

A, menor de 15 anos, compra, por 30,00, um passe que lhe permite utilizar os transportes públicos da cidade onde reside, adquire, por 10,00, um bilhete para assistir a um espetáculo e paga 5,00 como preço de refeições que toma num café. Os negócios são válidos por se compreenderem na capacidade de exercício do menor prevista na alínea *b*) do artº 127º do CC, estando ao alcance da sua capacidade natural e implicando disposições de bens de pouca importância.

Compra válida

A, menor de 17 anos, tendo completado a escolaridade obrigatória, é autorizado pelos Pais a trabalhar num hipermercado, no qual está encarregado de vender produtos aos consumidores. Estas vendas são válidas ao abrigo do disposto no artigo 127º nº 1 *c*) do CC.

Para além da incapacidade de exercício resultante da menoridade, *o CC prevê o regime de incapacidades de exercício aplicáveis a maiores: até à entrada em vigor, em 10 de fevereiro de 2019, da Lei nº 49/2018, de 14 de agosto* (artigo 25º nº 1), a *interdição* (artigos 138º a 151º CC) *e inabilitação* (artigos 152º a 156º CC) e, após esta data, o regime de *acompanhamento.*

O *regime da interdição e inabilitação* foi revogado pelo diploma referido no parágrafo anterior (Lei nº49/2018, de 14 de agosto) *sendo substituído pelo regime de acompanhamento,* convertendo-se as situações de interdição e inabilitação decretadas anteriormente à sua entrada em vigor em situações de acompanhamento, atribuindo-se ao acompanhante o poder geral de representação do acompanhado ou o poder de dar autorização para a prática de atos por este último (artigo 26º números 4 e 6), passando os anteriores curadores ou tutores a acompanhantes (artigo 26º número 7).

Assim, a partir da entrada em vigor deste diploma, o maior impossibilitado, por razões de saúde, deficiência, ou pelo seu comportamento, de exercer, plena, pessoal e conscientemente, os seus direitos, ou de, nos mesmos termos, cumprir os seus deveres, beneficia das medidas de acompanhamento previstas no CC (artigo 138º CC) determinadas pelo Tribunal em processo próprio (artigos 891º e seguintes do CPC).

Tal como sucede com o regime da incapacidade previsto para os menores, a lei pretende salvaguardar, através de processo judicial específico, os interesses do incapaz, confiando, respetivamente, a sua *representação ou a possibilidade de prática de certos atos à intervenção de um acompanhante,* sendo o regime revisto periodicamente, no mínimo, de cinco em cinco anos (artigo 155º do CC), admitindo a lei que o incapacitado possa ter vários acompanhantes com diversas funções (artigo 143º número 3 do CC).

O exercício pelo acompanhado de *direitos pessoais e a celebração de negócios da vida corrente são livremente praticados pelo acompanhado, salvo disposição da lei ou decisão judicial em contrário,* considerando-se pessoais, entre outros, os direitos de casar ou de constituir situações de união, de procriar, de perfilhar ou de adotar, de cuidar e de educar os filhos ou os adotados, de escolher profissão, de se deslocar no país ou no estrangeiro, de fixar domicílio e residência, estabelecer relações com quem entender e de testar (artigo 147º do CC).

Em função de cada caso o tribunal pode cometer ao acompanhante o exercício das responsabilidades parentais ou os meios de as suprir, a representação geral ou representação especial com indicação expressa, neste caso, das categorias de atos para que seja necessária, a administração total ou parcial de bens, a autorização prévia para a prática de determinados atos ou categorias de atos, intervenções de outro tipo, devidamente explicitadas, sendo que os atos de disposição de bens imóveis carecem sempre de autorização judicial prévia e específica (artigo 145º números 1 a 3 do CC).

As funções de representação e administração do património do maior acompanhado ficam, assim, dependentes da decisão judicial de acompanhamento, que, caso a caso, determinará as limitações que entender por convenientes à capacidade daquele, sendo que, em caso de determinação de uma incapacidade genérica o Tribunal pode determinar que o acompanhante desempenhe funções de tutor representante ou administrador geral dos bens do acompanhado (artigo 145º números 4 e 5 do CC), admitindo a lei que a cessação ou modificação do acompanhamento possa vir a ser determinada pelo Tribunal com efeitos retroativos (artigo 149º do CC).

Os atos praticados pelo acompanhado são *anuláveis* se forem praticados posteriormente ao registo civil da decisão judicial que determine o acompanhamento, e ainda no caso de, sendo posteriores ao anúncio de tal processo e anteriores ao referido registo, forem prejudiciais ao acompanhado e prejudiciais ao acompanhado, sendo esta anulabilidade apreciada posteriormente àquela decisão judicial, aplicando-se o regime da incapacidade acidental relativamente aos atos anteriores ao referido anúncio do início do processo judicial (artigo 154º e 257º do CC).

Acompanhamento

A, solteiro, maior, está internado num estabelecimento de saúde por virtude de ter sofrido um acidente vascular cerebral, que lhe provocou um estado de coma profundo, com total impossibilidade de manifestar a sua vontade. A não tem familiares que possam prover à sua subsistência, tendo um património que lhe permite suportar as despesas essenciais para a mesma, mas, que, pelo exposto, não consegue administrar. O representante do Ministério Público, ou outros legitimados, podem propor ação judicial tendo em vista a ser declarado o acompanhamento de A, com nomeação de um acompanhante que supra a incapacidade genérica para o exercício de direitos de A, praticando atos em seu nome.

Acompanhamento e anulação de atos praticados antes da ação judicial ser proposta e publicitada

B, viúvo, sofre de doença de alzheimer que não lhe permite reconhecer pessoas, meios de pagamento, nem celebrar conscientemente quaisquer negócios, tendo um património que necessita de ser administrado. C, cônjuge de B, ou qualquer dos seus Filhos podem requerer o acompanhamento de B (artigo 141º do CC) sendo o acompanhante determinado conforme o disposto no artigo 143º do CC. Por outro lado, sabendo que, antes da propositura da ação, B tinha assinado um escrito de doação da sua coleção de pintura a G, durante uma visita à galeria do último, ato que causou a maior estranheza ao cônjuge C, na medida em que B e G não se conheciam pessoalmente, e, na data e local da assinatura do escrito, B mostrara não saber em que lugar se encontrava, tendo afirmado não saber quem era G, nem o que este pretendia, sendo notório que se encontrava incapacitado de entender o sentido das suas declarações, C, antes e independentemente da propositura da ação de acompanhamento, pode requerer a anulação do negócio por incapacidade acidental de B (artigos 154º e 257º do CC).

9.2.1.2. Pessoas Coletivas

9.2.1.2.1. Generalidades

As pessoas coletivas representam *criações do Direito*, tendo por base uma realidade social constituída por *bens*, no caso das fundações, *pessoas ou pessoas e bens*, no caso de pessoas de natureza associativa – associações, sociedades, outras – e uma *organização formal* afeta à prossecução de determinados fins permitidos por lei.

Várias observações são fundamentais para se perceber que nos encontramos num universo diverso do previsto para as pessoas singulares.

Em *primeiro lugar*, não sendo as pessoas coletivas uma realidade ontológica[128], são dotadas de uma *capacidade jurídica específica* (artigo 12º da CRP e artigo 160º do CC), que compreende apenas a prática de atos necessários ou convenientes à prossecução dos fins permitidos por lei para cada uma, conforme ao denominado *princípio da especialidade*, não tendo a capacidade genérica de gozo de direitos própria das pessoas singulares (artigo 67º CC). Por outro lado, no que se refere a estas pessoas coletivas, *não tem sentido distinguir a capacidade de gozo da capacidade de exercício* de direitos, como se fez para as pessoas singulares.

Assim, as pessoas coletivas só têm a *capacidade de gozo e exercício de direitos* que *seja compatível com a prossecução dos seus fins prosseguidos* (direitos e obrigações necessários ou convenientes à prossecução dos mesmos), *excetuando-se, desde logo, os direitos e obrigações vedados por lei ou que sejam inseparáveis da personalidade singular* 136[129] (art. 160º do CC).

[128] Não brotam da natureza.

[129] Por exemplo, todos os relativos ao Direito de Família e a generalidade do Direito sucessório.

O princípio da especialidade merece, contudo algumas *observações*:

1 – Para além dos casos previstos no nº 2 do artº 160º CC, a capacidade das pessoas coletivas *não se encontra limitada no caso de sociedades comerciais por quotas e anónimas*, uma vez que, por exigências do Direito comunitário, as mesmas respondem perante terceiros de boa fé, mesmo se os atos extravasarem as atividades económicas estatutariamente previstas (cfr. artigos 6º nº 4, 260º e 409º CSC), desde que não se traduzam na prestação de garantias de obrigações contraídas por entidades estranhas ao grupo ou sem justificado interesse (artº 6º nº 2 CSC);

2 – Por outro lado, para além da ressalva do regime referido do CSC, *alguma doutrina*, considera decorrer do artº 12º nº 2 da CRP uma capacidade apenas restringida pela incompatibilidade de certos direitos e deveres (próprios da pessoas físicas ou vedados por lei – artº 160º nº 2 CC), rejeitando, assim o princípio da especialidade no sentido adotado;

3 – No que respeita às *associações e fundações*, nada impede que, a *título acessório e como meio* para obtenção de recursos financeiros necessários à prossecução dos fins propostos (não lucrativos, e muitas vezes, não económicos), pratiquem atos lucrativos, muito embora, não possam prosseguir uma atividade económica comercial lucrativa em associação com outras pessoas, uma vez que tal constitui a previsão legal para a constituição de sociedades comerciais (artº 1º nº 3 CSC);

4 – No caso das *associações e fundações*, o exercício de atividade económica, em qualquer caso, não deve subverter os fins estatutários fixados como principais, sob pena de extinção (artºs 182º nº 2 *b*) e 192º nº 2 *b*) do CC), pelo que, muito embora possam ser válidos os atos praticados no exercício da atividade económica, tendo em vista obter meios para se financiarem as atividades principais não lucrativas, a verdade é que se aquela passar de mero instrumento para obter recursos financeiros, a atividade principal, o Ministério Público deverá requerer a sua extinção, por o fim real não coincidir com o expresso estatutariamente.

Cada pessoa coletiva (associação, fundação, sociedade, cooperativa, agrupamento complementar de empresas ou europeu de interesse económico, para dar exemplos previstos no Direito privado, Institutos Públicos, Entidades Públicas Empresariais, Fundações e Associações Públicas, para dar exemplos previstos no Direito público) *corresponde à prossecução de interesses e fins determinados por lei* em termos *precisos, por forma a delimitar o seu âmbito de atuação.*

Exemplificando, se A, B e C desejam constituir uma empresa para o exercício de atividade lucrativa, não poderão constituir uma associação ou fundação, mas, sim uma sociedade comercial; se A, B, C, D, E, F, G, H, I, e J pretendem associar-se com o fim de, sem fim lucrativo, prestarem tratamento e auxílio a pessoas doentes, poderão constituir uma associação, mas, já não uma sociedade, ou seja, acompanhando a frase popular "cada coisa no seu lugar", devemos adotar o princípio "cada pessoa coletiva no seu lugar".

Em segundo lugar, as pessoas coletivas não podem atuar sem a colaboração de pessoas singulares. Na realidade, as pessoas coletivas *são dotadas de órgãos* indispensáveis à formação da sua vontade. Estes últimos, *cujos titulares serão necessariamente pessoas singulares*, são indispensáveis à representação da pessoa coletiva nas suas relações internas e externas (artigos 162º a 165º, 500º e 800º do CC).

Quando A, B ou C atuam perante outras pessoas na qualidade de membros do órgão Administração/Direção de uma Associação ou Conselho de Administração ou Gerência de uma sociedade comercial, do ponto de vista jurídico, é a pessoa coletiva associação ou sociedade que atua, ao abrigo da *representação orgânica* (artigos 258º, 162º, 163º do CC) e não os sujeitos A, B ou C.

Em terceiro lugar, as pessoas coletivas, não possuem domicílio, mas, uma *sede*, noção equivalente onde funcionará a sua administração ou direção (artº 159º CC)[130].

Em quarto lugar as pessoas coletivas identificam-se por uma *denominação ou firma* composta segundo a lei que rege a respetiva constituição, e que obedece aos princípios estabelecidos pelo regime do Registo Nacional de Pessoas Coletivas[131]: *verdade* (devem ser verdadeiras e não induzir em erro sobre a identificação, natureza ou atividade do seu titular – artigo 32º nº 1), *novidade* (devem ser distintas e não suscetíveis de confusão ou erro com as registadas ou licenciadas no mesmo âmbito de exclusividade – artigo 33º nº 1), *exclusividade* num determinado âmbito territorial (artigo 35º).

9.2.1.2.2. Classificações

As pessoas coletivas podem ser *públicas* (vg. Estado, Regiões Autónomas, Autarquias locais, Institutos Públicos) *ou privadas* (vg. a maior parte das associações e fundações, e as sociedades), consoante sejam ou não criadas por atos de Direito Público e prossigam interesses públicos ou pri-

[130] Sobre morada digital cfr. o regime do Decreto-Lei nº 93/2017 de 1 de Agosto.

[131] Regime aprovado pelo Decreto-Lei nº 129/98, de 13 de maio, com atualizações posteriores, consultável em http://www.irn.mj.pt/sections/irn/a_registral/rnpc.

vados, de natureza *institucional* (v.g Instituto Público) *ou corporativa* (vg. sociedades), consoante o seu fim imediato se destine à satisfação do interesse de uma só pessoa ou à satisfação do interesse de um conjunto de pessoas, sendo que, *entre as corporativas*, ainda se podem distinguir as que prosseguem *fim lucrativo* (v.g sociedades) das que o não prosseguem (v.g associações e fundações).

Destacaremos três pessoas coletivas de direito privado em particular: associações e fundações, previstas no CC (em geral, nos artigos 157º a 166º, e, em especial, nos artigos 167º a 194º), *que não podem prosseguir o lucro como fim principal, e sociedades*, previstas no CC (artigos 980º a 1021º CC) e CSC, *com o objetivo inverso* (lucro dos sócios).

9.2.1.2.3. Associações

As associações, *têm como substrato pessoas (associados) ou pessoas e bens*, prosseguindo finalidades muito diversas (culturais, políticas, sociais, profissionais, económicas, outras), mas que não têm por fim principal o lucro dos associados (artigo 157º do CC).

Tendo presente o princípio da sua livre *constituição*, resultante da CRP, a mesma deve formalizar-se por escritura pública, (artigo 80º nº 2 *f*) do CN), onde constarão as menções mínimas previstas no artigo 167º CC, seguida de publicidade de forma análoga às sociedades comerciais (artigo 168º nº 2CC), comunicação à autoridade administrativa, se obrigatória, e registo no Registo Nacional das Pessoas Coletivas (artigos 4º nº 1 *a*), 5º, 6º, 11º, 36º nº 3, 45º, 54º, 55º, 56º nº 1 *h*) do regime jurídico do RNPC). Da escritura constará o estatuto da associação contendo menções a propósito das matérias referidas nos artigos 159º, 162º, 163º, 164º, 166º e 167º CC, com especial desenvolvimento no que respeita a direitos e deveres dos associados, dada a falta do respetivo regime legal.

Com a escritura, a associação vê reconhecida normativamente a sua *personalidade jurídica*, oponível a terceiros logo que cumprida a publicação (artigos 158º nº 1 e 168º nº 3 CC)[132].

[132] Para a "associação na hora "ver http://www.associacaonahora.mj.pt/ e regime aprovado pela Lei nº 40/2007, de 24 de agosto com posterior alteração, consultável no referido sítio da internet. Esta forma de constituição de associações é mais rápida e garante o cumprimento pelo Serviço de Registo de todas as comunicações obrigatórias, seja, a publicação no sítio do Ministério da Justiça e a eventual notificação à autoridade administrativa onde a

Em *termos orgânicos*, e, sem prejuízo da liberdade das partes, teremos um *órgão de administração, vulgarmente denominado como Direção, um órgão de fiscalização, normalmente designado por Conselho Fiscal, e a Assembleia Geral.*

Muitos dos problemas suscitados pelo funcionamento das associações têm paralelo nas sociedades comerciais, dado que estas, por regra, têm na base um contrato de natureza associativa e personalidade jurídica.

Por isso, não admira que encontremos na lei (CC) preceitos sobre competência e funcionamento dos órgãos, extinção e liquidação (artigos 170º a 184º CC), devendo, no entanto, realçar-se que o regime legal não é coincidente com o previsto para as sociedades, sendo os estatutos muito importantes para o suprimento das lacunas legais, do CC, por exemplo, quanto à competência do órgão de administração e da Assembleia Geral, à fiscalização (face ao previsto nos artºs 172º, 182º nº 1 *a*), 170º nº 1, 166º nº 2 CC e à ausência de previsão legal da fiscalização), e à previsão de órgãos não regulamentados no CC (como é o caso vulgar da mesa da Assembleia Geral).

Em termos de *competências*, parece que, salvo diversa disposição contratual, a administração apenas poderá praticar atos de administração ordinária, respeitando a competência fixada para a *Assembleia Geral*, quer em termos absolutos (artigo 172º nº 2, 170º nº 1 e 166º nº 2 CC), quer em termos residuais (artigo 172º nº 1), pelo que terá poderes mais reduzidos do que se poderia supor.

O funcionamento da *administração* (vulgo, Direção) está previsto no artigo 171º CC.

No que se refere à *Assembleia Geral*, e para além do já referido quanto a competência (artigo 172º CC), a lei regulamenta a respetiva convocação (artigos 173º, 174º CC), sendo normalmente previsto contratualmente uma mesa que receberá os pedidos de convocação (sem direito próprio de a requerer), e procederá à mesma, desempenhando funções similares ao idêntico órgão previsto por lei para as sociedades anónimas. O funcionamento das reuniões e invalidade das deliberações é regulamentado nos artigos 175º a 179º, em termos que não suscitam dúvidas.

Também à semelhança do que se verá a propósito das sociedades, se regulam as *vicissitudes* objetivas (alterações estatutárias), incluindo a

associação deva registar-se, seja a participação ao Serviço de Finanças, à Segurança Social e Autoridade das Condições de Trabalho.

extinção (dissolução e liquidação – artigos 182º a 184º CC), ou subjetivas (entrada e saída dos associados), estabelecendo-se a *natureza pessoal e intransmissível da posição e qualidade de associado* (artigo 180º CC), ficando reservada ao ato constitutivo (estatutos) bastante autonomia (cfr. artigos 167º nº 2 CC).

Este regime é aplicável às associações em geral, sem prejuízo de certas modalidades serem objeto de legislação especial.

9.2.1.2.4. Fundações

As fundações *têm como substrato conjuntos de bens*, prosseguindo apenas *finalidades sociais, concretamente, as enunciadas no artigo 3º da respetiva Lei-Quadro* (LQF), aprovada e publicada em anexo à Lei nº 24/2012 de 9 de julho alterada e republicada pela Lei nº 67/2021, de 25 de agosto, *a saber*:

> "benefício de uma ou mais categorias de pessoas distintas do fundador, seus parentes e afins, ou de pessoas ou entidades a ele ligadas por relações de amizade ou de negócios, designadamente: *a*) A assistência a pessoas com deficiência; *b*) A assistência a refugiados e emigrantes; *c*) A assistência às vítimas de violência; *d*) A cooperação para o desenvolvimento; *e*) A educação e formação profissional dos cidadãos; *f*) A preservação do património histórico, artístico ou cultural; *g*) A prevenção e erradicação da pobreza; *h*) A promoção da cidadania e a proteção dos direitos do homem; *i*) A promoção da cultura; *j*) A promoção da integração social e comunitária; *k*) A promoção da investigação científica e do desenvolvimento tecnológico; *l*) A promoção das artes; *m*) A promoção de ações de apoio humanitário; *n*) A promoção do desporto ou do bem -estar físico; *o*) A promoção do diálogo europeu e internacional; *p*) A promoção do empreendedorismo, da inovação ou do desenvolvimento económico, social e cultural; *q*) A promoção do emprego; *r*) A promoção e proteção da saúde e a prevenção e controlo da doença; *s*) A proteção do ambiente ou do património natural; *t*) A proteção dos cidadãos na velhice e invalidez e em todas as situações de falta ou diminuição de meios de subsistência ou de capacidade para o trabalho; *u*) A proteção dos consumidores; *v*) A proteção e apoio à família; *w*) A proteção e apoio às crianças e jovens; *x*) A resolução dos problemas habitacionais das populações; *y*) O combate a qualquer forma de discriminação ilegal."

As fundações privadas[133] são *criadas por atos jurídicos unilaterais*, em que intervêm o(s) os fundador(es), *em vida* (ato intervivos – escritura

[133] Para outras fundações (v.g públicas) ver a LQF e legislação específica.

pública – art. 185º, nºs 1, 2 e 3, do CC) *ou por disposição por morte* (testamento – artigos 2204º a 2206º e 2010º CC), artigo 80º nº 2 *f*), 106º a 115º do CN)[134].

Contrariamente ao que sucede nas associações, em que a aquisição da personalidade jurídica advém simplesmente da adequação do ato de criação às normas vigentes (art. 158º, nº 1 do CC), *a personalidade das fundações depende de reconhecimento da autoridade administrativa,* caso a caso (artigo 158º, nº 2, do CC e artigos 20º a 23º da LQF), no caso o Primeiro-Ministro, com possibilidade de delegação, *respeitando, basicamente, dois requisitos: ter fins de interesse social* (artigo 188º, nº 1, do CC) *e um património suficiente para a prossecução dos fins que se propõe prosseguir* (artigo 188º, nº 2, do CC). Em caso de não verificação destes pressupostos ou de desconformidade dos estatutos com a lei (artº 188º nº 2 *c*) e artigo 23º da LQF), a fundação não será reconhecida pela autoridade administrativa competente, que, pode também, posteriormente à constituição da fundação, retirar o reconhecimento.

O reconhecimento é concedido a pedido do(s) fundador(es), respetivos herdeiros ou testamenteiro, ou oficiosamente, consoante os casos (artigos 158º nº 2 e 185º nº 2 CC e artigo 22º LQF), seguindo-se publicação no sitio de publicações do Ministério da Justiça (artigo 185º nº 4 e 168º CC) e registo no Instituto de Registos e Notariado e no RNPC (artigos 4º nº 1 *a*), 5, 6, 11º nº 2, 36º, 45º, 54º, 55,º 56º nº 1 *h*) do respetivo regime jurídico). Após 2010/01/01, data da entrada em vigor do Decreto-Lei nº 157/2019, de 22 de outubro, o registo processa-se em local próprio designado pelo Instituto de Registos e Notariado.

Os estatutos são elaborados pelo fundador ou outrém (artigos 186º e 187º CC), pré-existindo ao reconhecimento.

Dos estatutos constarão as menções previstas no artigo 186 CC, existindo, *para além de outros órgãos previstos estatutariamente, um órgão de administração, um órgão diretivo ou executivo, encarregado da gestão corrente, e um de fiscalização* (artº 26º LQF), não existindo assembleia geral, dada a ausência de substrato pessoal.

[134] Ver ainda os artº 80º nº 2 *f*), 106º a 115º do CN e artigos 15º de seguintes da LQF.

9.2.1.2.5. Sociedades

9.2.1.2.5.1. Generalidades

A sociedade pode constituir apenas um contrato (artigo 980º do CC), ou uma pessoa coletiva, especialmente se adotar a forma comercial, caso em que a personalidade jurídica surge com o registo comercial do ato constitutivo (artigos 1º e 5º do CSC)[135].

Contrariamente às associações, que não podem ter o lucro dos associados como finalidade (artigo 157º CC), *as sociedades correspondem a empresas que visam a prossecução de uma atividade económica lucrativa sendo os seus lucros repartidos pelos sócios* (artº 980º CC), podendo ter a natureza de *sociedades civis*, se a atividade não tiver natureza comercial (v.g agricultura, compreendendo a pecuária e exploração florestal, o exercício de profissões liberais), ou de *sociedades comerciais, se a atividade tiver natureza comercial* (v.g indústria de transformação, transportes, construção, distribuição, mediação, crédito e seguros, entre outras) *e adotarem a forma correspondente a um de quatro tipos previstos no CSC: em nome coletivo, por quotas, anónima ou em comandita* (artigo 1º nº 2 do CSC). A lei ainda admite uma terceira modalidade (*civis com forma comercial*) para as sociedades que exerçam atividade não comercial e pretendam ter apenas a forma comercial (artigo 1º nº 4 do CSC).

As *sociedades comerciais ou com forma comercial constituem a estrutura jurídica mais frequente das empresas*, sendo que, dentro dos vários tipos referidos, em Portugal só apresentam relevo económico as sociedades por *quotas (SQ) e anónimas (SA)*, motivo pelo qual, *na exposição* seguinte, *apenas estas serão consideradas.*

As sociedades *por quotas e anónimas são consideradas de "responsabilidade limitada"*, na medida em que, se nada for convencionado no título constitutivo em sentido contrário, os sócios não são responsáveis pelas dívidas da sociedade a terceiros, respondendo apenas pelas entradas que se obrigaram a prestar à sociedade.

Assim, A, B, C, D e E constituem a sociedade ABCDE Lda (SQ) com o capital de € 50.000,00, que representa a soma dos valores de cinco quotas iguais pertencentes uma a cada sócio, sendo o capital realizado em dinheiro. A, B, C, D, E são

[135] *A noção de contrato de sociedade constante do artº 980º do CC é especialmente apta para que as sociedades previstas neste diploma constituam uma empresa e entidade diversa dos sócios*, pelo que, não se pode excluir que as mesmas (sociedades civis) possam ter personalidade coletiva.

devedores à sociedade de € 50.000,00, mas nenhuma dívida têm relativamente a terceiros que negoceiem com a mesma após a sua regular constituição. O mesmo se diga se a sociedade constituída for a ABCDE SA.

No ato constitutivo da sociedade comercial (escrito com assinaturas dos subscritores reconhecidas presencialmente, salvo se forma mais solene for exigida para a transmissão dos bens com que os sócios entram para a sociedade – artigo 7º CSC) *far- se-á menção* da identificação do(s) *sócios* (por regra, no mínimo, dois ou mais, excecionalmente, um, nas sociedades unipessoais), *tipo* de sociedade, *firma* (com o aditamento "Lda" ou "limitada" no caso das por quotas, e "S.A." ou "sociedade anónima", no caso das anónimas), *objeto* (atividades que se propõe exercer), sede (local onde funciona a administração), *capital social* (soma do valor das contribuições dos sócios), *natureza destas contribuições* (dinheiro ou outros bens), momento em que se concretizam, e *exercício anual,* quando for diferente do ano civil (artº 9º CSC)[136].

Em termos *orgânicos* estas sociedades *possuem um órgão deliberativo, a Assembleia Geral de sócios*[137], *um órgão de administração (gerência nas SQ e conselho de administração, sem ou com comissão de auditoria, ou conselho de administração executivo nas SA), e um órgão de fiscalização*[138] (fiscal único, conselho fiscal, comissão de auditoria, conselho geral e de supervisão, revisor oficial de contas ou sociedade de revisores oficias de contas, consoante os casos).

As SQ constituem-se *pelo menos com um sócio* (sociedade unipessoal por quotas – artigo 270º-A CSC), sendo o *capital social livremente fixado,* com o valor mínimo de €1,00 (montante mínimo da quota – artº 219º nº 3 CSC), *não sendo representado por valores mobiliários*[139] (títulos ou outros), ficando os sócios solidariamente obrigados pelas entradas (contribuições previstas no ato constitutivo da sociedade), mas, em princípio, não respondendo pelas dívidas da sociedade[140] (artº 197º nº 3 CSC).

[136] Para uma visão simplificada da constituição imediata de sociedades segundo o método da "empresa na hora" pode consultar-se o sítio da internet https://justica.gov.pt/Servicos/Empresa-na-Hora.

[137] Muito embora estes possam deliberar sem ser em reunião da AG (artigos 53º, 54º, 247º e 373º CSC).

[138] Facultativo nas SQ (artº 262º do CSC).

[139] A participação de cada sócio denomina-se quota não sendo representada por títulos negociáveis em mercado (artigo 219º nº 7 do CSC).

[140] A menos que sejam convencionado o contrário nos termos do artº 198º do CSC.

Estas caraterísticas, aliadas ao facto de as quotas não serem representadas por títulos livremente negociáveis no mercado, antes, pelo contrário, sujeitos, por regra, a consentimento da sociedade para serem alienadas entre vivos (artº 228º CSC), podendo esta transmissão ser proibida (artº 229º CSC) ou muito dificultada pelo contrato constitutivo, uma vez que, por outro lado, a lei admite a faculdade de introduzirem limitações à sua transmissão por morte (artigos 225º e 226º CSC), à obrigatoriedade do seu registo comercial, facto que permite ter conhecimento público e permanente da pessoa dos sócios, bem como à frequente acumulação da qualidade de sócio e gerente da sociedade, t*ornam o tipo especialmente adequado às micro, pequenas e médias empresas em que o capital não se encontra grandemente disperso pelo público.*

Quanto às SA, constituem-se com, *pelo menos, cinco sócios*[141] (artº 273º CSC), sendo o *capital social mínimo no montante de € 50.000,00, representado por ações, valores mobiliários transacionáveis em mercado*[142] com o valor mínimo de €,01 (artº 276º CSC), sendo cada sócio obrigado apenas pelo cumprimento das entradas a que se obrigou e nunca pelas dívidas da sociedade para com terceiros (artº 271º CSC).

O facto de as ações serem, por regra, livremente transmissíveis em mercado, poderem ter um valor mínimo (de emissão ou nominal) diminuto, facilitando uma grande dispersão pelo público, não podendo ser proibida a sua transmissibilidade (artº 328º nº 1 CSC), *adequam-se a empresas em que o capital se encontra grandemente disperso pelo público*, motivo pelo qual a pessoa dos sócios se pode tornar menos importante do que nas SQ, sendo prioritária a reunião de capital para investimentos vultosos.

No caso de larga dispersão do capital pelo público, é notório um maior distanciamento dos sócios, detentores do capital, relativamente ao órgão de administração, atribuindo a lei a este último mais poder e competência[143], comparativamente ao que, normalmente, sucede nas sociedades por quotas.

[141] Embora se admitam exceções – entre outras, as previstas nos artigos 273º nº 2 e 488º do CSC.

[142] Em suporte de papel (valores titulados) ou desmaterializadas (valores escriturais) – artigos 271º, 272º, *d*), 274º, 276º, 279º, nº 2 e 6, 280º, 298º a 347º CSC, artigos 1º *a*) do CVM.

[143] *Cabe ao órgão de administração das SA, em exclusivo, a gestão da sociedade,* na qual se compreende uma competência vasta, *não podendo os sócios deliberar em matéria de gestão a não ser a pedido daquele* (artigos 405º, 406º e 373º nº 3 do CSC).

9.2.2. Objeto

A relação jurídica comporta, como se viu, *posições ativas e passivas*. O seu *objeto imediato constituirá, assim, em direitos subjetivos do lado ativo, e vinculações* (deveres e sujeições) *do lado passivo*. Estes direitos e vinculações podem ter *natureza patrimonial ou pessoal*, consoante sejam ou não avaliáveis em dinheiro. *O conjunto de direitos e vinculações pertencentes a um titular, patrimoniais e não patrimoniais, denomina-se esfera jurídica. O conjunto de direitos e vinculações patrimoniais de uma pessoa denomina-se património*[144].

Por sua vez, *os direitos podem incidir sobre outras realidades, que constituem, assim, o objeto mediato da relação*, de natureza variada: *bens de personalidade, prestações, coisas, ou mesmo, direitos.*

Esta distinção é evidente *na relação jurídica obrigacional* (artigos 397º a 400º CC), em que se distingue facilmente o direito/dever (posição ativa/passiva) como objeto imediato, da realidade sobre a qual ambos incidem, a prestação (comportamento do devedor a favor do credor), que constitui o seu objeto mediato (artigos 397º e 398º CC). *Nos direitos reais* (direitos sobre coisas, v.g, posse, propriedade, usufruto, direito de superfície) fala-se, na posição ativa, num direito à abstenção passiva universal de lesar a coisa sobre a qual incide o direito, e no correspondente dever de abstenção que onera todos os que podem entrar em contacto com aquela, direito e dever esses que constituem o objeto imediato da relação, e, por outro lado, nas coisas a que se refere tais direito e dever, que constituem o seu objeto mediato.

Para além das coisas e prestações, os *bens de personalidade* (v.g a vida, o corpo, a imagem, o nome, a honra, a liberdade) também constituem objeto de direitos subjetivos (artigos 70º a 81º do CC e 24º a 26º da CRP). Apesar de serem intransmissíveis, irrenunciáveis e, em regra indisponíveis, podem, no entanto ser objeto de alguns negócios jurídicos, sem prejuízo do disposto no artigo 81º nº 2 do CC, que prevê a possibilidade de limitações voluntárias, admitidas, aliás, pelo artigo 340º nº 1 CC, desde que não contrariem a ordem pública/bons costumes (artigo 280º nº 2 CC). É especialmente importante distinguir os direitos de personalidade que, como tal, não são avaliáveis em dinheiro, tendo natureza pessoal (v.g a criação intelectual como obra concetual), relativamente aos quais existem direitos morais, dos *direitos patrimoniais relacionados com os primeiros* (v.g a obra literária como objeto no qual se concretizou a criação intelectual – cfr. artigo 9º do CDA). Os últimos já são

[144] Bruto, se compreendermos ativo e passivo, ativo (se encararmos apenas os direitos), passivo (se virmos apenas as vinculações) ou líquido, se subtrairmos ao ativo o passivo.

mais facilmente percetíveis como objeto de negócios (v.g contrato de edição, e, no caso de direitos de propriedade industrial, licenças sobre patentes, marcas e outros – cfr. artigos 31º e 32º do Código de Propriedade Industrial).

O objeto mediato pode constituir um direito. Apenas para dar um exemplo, se lermos os artigos 679º a 685º do CC, vemos que um direito de crédito pode constituir uma garantia prestada para boa cobrança de outro direito de crédito, através do seu penhor (ex: A é credor de 20.000,00, que emprestou a B, e devedor de 15.000,00 a C; para garantir o pagamento desta última dívida A pode dar a C, em penhor, o crédito que tem sobre B). Neste caso, o objeto imediato do penhor será o direito de garantia constituído (penhor) e o objeto mediato o direito de crédito dado em garantia sobre o qual incide o penhor.

Finalmente, o objeto mediato da relação jurídica pode ser uma pessoa, não obviamente no sentido de esta ser considerada uma coisa (a escravatura há muito foi abolida), mas, de sobre ela incidirem poderes-deveres funcionais, como sucede com as responsabilidades parentais dos Pais relativamente aos filhos menores (cfr. supra).

Analisando os objetos mediatos da relação jurídica, e pensando sobretudo no seu relevo económico, *destacamos as coisas e as prestações.*

Diz-se *coisa* "tudo aquilo que pode ser objeto de relações jurídicas (art.202º do CC).

Evitando outras interpretações, dir-se-á que nem todas as realidades são coisas, do ponto de vista jurídico. Para o Direito *coisas são apenas realidades suscetíveis de apropriação, dotadas de autonomia e utilidade próprias*, que não se traduzam em prestações ou bens de personalidade. Para além das prestações e bens de personalidade, *excluem-se*, assim, *da noção de coisa os "bens livres* "(insuscetíveis de apropriação – v.g oceanos, atmosfera) *e bens do domínio público* (ver artigos 82º a 84º da CRP), não integrados no comércio privado.

Os bens do domínio público do Estado e das pessoas coletivas públicas não podem ser apreendidos judicialmente (são impenhoráveis – artigo 736º *b*) do CPC), nem podem ser adquiridos e alienados livremente no comércio.

Por outro lado, tendo presente a proteção civil, criminal e de natureza diversa dos animais, a Lei nº 8/2017, de 3 de março veio determinar que os mesmos devem ser considerados seres vivos dotados de sensibilidade e objeto de proteção jurídica (artigo 201º-B do CC), e não coisas, se bem que, o artigo 201º-D do mesmo diploma determine a aplicação aos mesmos das disposições sobre coisas que não sejam incompatíveis com a sua natureza, limitando-se, porém, o conteúdo do direito de propriedade sobre os mesmos, por forma a respeitar o seu bem-estar e características (artigo 1305º-A do CC).

A noção de coisa, sendo especialmente importante para o domínio dos negócios jurídicos, vai ser exemplificada a propósito das respetivas classificações.

Segundo o CC, as coisas podem ser:

- *corpóreas*: coisas físicas, que *podem ser apreendidas pelos sentidos*, recaindo sobre elas o poder de domínio do seu titular (como é o caso das que constituem objeto dos direitos reais, v.g posse, direito de propriedade), a que se aplica o CC (artigo 1302º CC);
- Coisas *incorpóreas*: as coisas *insuscetíveis de apreensão pelos sentidos*, de que são exemplo as criações intelectuais, objeto dos direitos da propriedade intelectual – obras literárias, científicas, artísticas protegidas pelo Código de Direitos de Autor, ou outras criações ligadas à atividade económica, protegidas pelo Código e Direito da Propriedade Industrial (v.g patentes de invenções industriais, modelos de utilidade, marcas, desenhos, logótipos), a que se aplica legislação especial (artigo 1303º do CC);

Por sua vez *as coisas corpóreas podem ser*:

- *Móveis ou imóveis*: as coisas *móveis são definidas por exclusão de partes* – é móvel (artigo 205º CC) o que não é imóvel (artigo 204º CC), sendo imóveis os prédios rústicos e urbanos, as águas, as árvores, os arbustos e os frutos naturais, enquanto estiverem ligados ao solo, os direitos inerentes aos imóveis mencionados anteriormente e as partes integrantes dos prédios rústicos e urbanos.

Venda de prédio rústico

A vende a B um terreno com pinhal, montado de sobro e terra de semeadura, com a área de 100,0000 hectares. O **objeto de negócio é uma coisa imóvel** (prédio rústico – artigo 204º nº 2 CC), compreendendo-se na venda o terreno, as árvores e as construções que não gozam de autonomia económica relativamente ao terreno (por ex. a casa de habitação de quem agricultaa o terreno e os armazéns agrícolas).

Venda de prédio urbano

C vende a D uma moradia situada na Av. G em Lisboa. O **objeto do negócio é uma coisa imóvel** (prédio urbano – artigo 204º nº 2 CC) compreendendo-se no mesmo o logradouro (quintal) que o rodeia, que serve a quem habita a moradia e não possui autonomia económica relativamente à construção.

Venda de coisa móvel

E vende a F um computador portátil. O **objeto do negócio é uma coisa móvel.**

- *Simples ou compostas* (artº 206º do CC): as últimas constituem uma pluralidade de coisas móveis que, pertencendo à mesma pessoa, têm um destino unitário.

Vendas de coisas compostas

A vende a B uma biblioteca composta por livros dispostos por anos, temas e autores. C vende a D um rebanho de ovelhas e uma manada de vacas.

E trespassa a F o estabelecimento comercial de compra e venda de material informático sito na Rua Y nº 3 da cidade Z.

Em todos os casos **o objeto do negócio é um conjunto**, diferente das coisas móveis que individualmente o compõem, ou seja, **uma coisa composta por bens móveis que possuem um destino unitário.** Assim se compreende que o valor de mercado do conjunto possa ser superior à soma de valores das coisas móveis que o compõem, que as crias do rebanho e manada se compreendam na venda sem necessidade de estipulação nesse sentido, que não haja necessidade de identificar cada livro ou cada animal, ou cada bem do estabelecimento comercial, porque o negócio incide sobre a coisa composta, não sobre as coisas simples.

- *Fungíveis ou não fungíveis* (artº 207º do CC): as coisas fungíveis determinam-se pelo seu género, qualidade e quantidade, sendo assim, substituíveis por outras do mesmo género, qualidade e quantidade.

A distinção importa para a **definição de alguns contratos.**

Assim, o **contrato de empréstimo** de coisa não fungível diz-se **comodato** (artigo 1129º CC) e o de coisa fungível, denomina-se **mútuo** (artigo 1142º CC).

D, não necessitando do seu apartamento nos próximos seis meses, cede gratuitamente o mesmo a E, em **comodato**, pelo prazo idêntico. Findos os seis meses, E deve entregar a D aquele apartamento e não outro, porque o mesmo foi considerado pelas partes no negócio uma coisa infungível (não substituível nos termos expostos).

Por sua vez, o **depósito bancário** é um depósito de coisa fungível (artigos 1205º e 1206º CC).

A deposita na conta bancária do Banco M € 200,00 (quatro notas de € 50,00). Seguidamente, levanta na máquina multibanco em frente da Banco M, € 200,00 (duas notas de € 50,00 e cinco notas de € 20,00). O contrato de depósito bancário tem por objeto dinheiro, coisa fungível, estando o banco obrigado a restituir, não as notas depositadas pelo cliente A, mas, outro tanto do mesmo género, qualidade e quantidade, como sucedeu no exemplo. Por sua vez, duas notas de € 50,00 somadas a cinco notas de € 20,00 podem substituir uma nota de € 200,00, pelo que a obrigação do banco de pagar este montante pode ser satisfeito pela forma exposta. Este exemplo, pode ser replicado quando alguém **empresta dinheiro** a outrem, ficando o mutuário obrigado a devolver idêntica quantidade de capital. Note-se que **o dinheiro é apenas um de muitos exemplos de coisas fungíveis.**

- *Consumíveis ou não consumíveis* (artigo 208º do CC): as coisas consumíveis são aquelas cujo uso regular importa a sua destruição ou alienação.

*O **pão** é uma coisa **consumível** para quem o vai comer e para quem o compra para revender.*

*Um **livro** de papel **é** uma coisa **não consumível** para o seu leitor, **mas, consumível** para o livreiro que o comercializa.*

- *Divisíveis ou não divisíveis* (artigo 209º do CC): as coisas divisíveis são coisas móveis ou imóveis que podem ser fracionadas sem alteração da sua substância, ou sem diminuição do seu valor, ou sem prejuízo para o uso a que se destinam. Faltando uma destas circunstâncias, a coisa é indivisível.

A compra um pacote de um quilo de açúcar; o **açúcar é divisível** em dois pacotes de açúcar, nas circunstâncias previstas no artº 209ºCC.

B, sucateiro, compra a C um automóvel sinistrado, que não é reparável, tendo em vista desmontá-lo, para vender peças em separado que se encontrem em regular estado de conservação e utilização. O **automóvel** sinistrado será uma coisa **divisível**. Mas se B comprar a C um **automóvel** em regular estado de funcionamento para uso próprio, está a fazer um negócio sobre coisa **indivisível**, pois se retirar o motor, não só fica diminuído o seu valor, com fica também prejudicado o fim a que se destina.

D tem um prédio rústico, composto por terreno, com a área de 50.000 m^2, situado na periferia de um centro urbano do concelho Y. Segundo o Plano Diretor Municipal de Y não é possível construir no terreno, sendo que, pela carta da reserva agrícola e ecológica, também não é permitida qualquer construção urbana no mesmo. Pela Portaria nº 219/2016 de 09/08 que define a unidade de cultura mínima que pode resultar de fracionamento de prédios rústicos, na zona em que o prédio se insere, não é possível fracionar o terreno, por forma a que da divisão física resultem parcelas com área inferior a 48.000 m^2. D promete vender a E, F, G, H, I, J lotes de terreno para construção urbana, procedendo, para o efeito, à divisão física do terreno. Os **negócios serão inválidos porque o prédio rústico juridicamente é indivisível** e a sua divisibilidade jurídica apenas poderia suceder através de um loteamento para construção urbana que, pelo exposto, não é permitido por lei. No entanto, **fisicamente**, o prédio é **divisível.**

- *Principais ou acessórias* (artigo 210º do CC): são coisas acessórias, ou pertenças, as coisas móveis que, não constituindo partes integrantes, estão afetadas por forma duradoura ao serviço ou ornamentação de uma outra.

Os negócios que têm por objeto a coisa principal não abrangem, salvo declaração em contrário, as coisas acessórias. **Ao contrário das partes integrantes** (artigo 204º nº 3 CC), que são coisas móveis ligadas fisicamente a um imóvel com carater de permanência, **as coisas acessórias são coisas que têm apenas uma ligação funcional**, podendo estar ao serviço tanto de coisas imóveis como de outras coisas móveis.

A vende a B o apartamento X que se encontra mobilado. C vende a D o prédio rústico onde se encontram alfaias agrícolas. Salvo disposição contratual em contrário, a mobília e as alfaias não se compreendem nas vendas, uma vez que a sua ligação aos prédios é apenas funcional e não material (física) com carater de permanência.

- *Presentes ou futuras* (artigo 211º CC): são coisas futuras as coisas que ainda não estão em poder do disponente, ou a que este não tem direito, ao tempo da declaração negocial.

Assim, **são coisas futuras** as ações de uma sociedade anónima que ainda não foram emitidas, os juros ainda não vencidos, as mercadorias ainda não fabricadas ou o prédio que não pertence a quem o deseja vender mas que o vendedor se obriga a comprar para concretizar a venda.

- *Frutos* – são tudo aquilo que uma coisa, corpórea (imóvel ou móvel) ou não corpórea, produz, periodicamente, sem prejuízo da sua substância (artigo 212º, nº 1, do CC). Os frutos podem ser naturais ou civis.

As maçãs do pomar são **frutos (naturais)** do imóvel; os juros de um depósito a prazo ou as rendas de um apartamento são **frutos (civis)**, respetivamente de uma aplicação financeira e de um imóvel, por força das relações jurídicas estabelecidas pelos contratos celebrados (respetivamente, depósito e arrendamento).

- *Benfeitorias* – são todas as despesas feitas para conservar ou melhorar a coisa (artigo 216º do CC).

A procede à reparação da cobertura do imóvel por forma a pôr cobro às infiltrações de águas pluviais: as despesas são **benfeitorias necessárias** (têm por fim evitar a perda, destruição ou deterioração da coisa).

A substitui a caixilharia das janelas do prédio por outra que permite um melhor isolamento térmico e acústico, insuficiente na primeira: a nova caixilharia constituirá **benfeitoria útil** (não sendo indispensável para a conservação da coisa, aumenta, todavia, o seu valor).

A implanta no logradouro do prédio uma escultura de si próprio; a mesma será uma **benfeitoria voluptuária** (não sendo indispensável para a conservação da coisa, nem lhe aumentando o valor, serve apenas para recreio do benfeitorizante).

Para além das coisas, o objeto mediato da relação pode consistir numa prestação, ou seja, numa conduta a que o devedor está obrigado em favor do credor (artigo 397º CC).

Trata-se de um comportamento positivo (ação) ou negativo (omissão) (artigo 398º nº 1 do CC).

As prestações podem ser *de coisa* quando se traduzem na entrega de uma coisa, *de facto,* seja de facto positivo, quando consistem numa atividade ou ação do devedor, seja de facto negativo, se se traduzirem numa omissão.

A compra a B o veiculo X. O contrato tem por objeto imediato a prestação de pagar o preço e de entregar o automóvel, ambas **prestações de coisa** se o preço for pago pela entrega de dinheiro ou cheque, ou **prestação de facto** e de coisa, se o preço for pago por outra via (transferência bancária, por exemplo).

C vende a D todos os estabelecimentos de comércio de produtos alimentares que possui na área metropolitana de Lisboa, obrigando-se a não exercer mais essa atividade na referida área. O contrato contem uma cláusula de **prestação de facto negativo** (não exercer atividade concorrente).

9.2.3. Facto jurídico (em geral)

9.2.3.1. Noção, classificações, princípios.

Facto jurídico em sentido amplo, é todo o acontecimento juridicamente relevante. Se este último for estranho à vontade das pessoas, será um *facto jurídico em sentido restrito* (vg. os fenómenos da natureza – a tempestade que faz naufragar o navio ou despenhar a aeronave, a morte não provocada). Se o mesmo se dever a atuação de uma pessoa, será um *ato jurídico.*

Por sua vez, se o ato jurídico produzir efeitos tendo em atenção apenas uma vontade de ação, independentemente destes terem sido previstos ou desejados pela pessoa, teremos um ato *em sentido restrito.* Se a lei atribui a produção de efeitos jurídicos ao ato tendo em atenção o facto de os mesmos serem representados e desejados pelo seu autor, como sucede nos contratos (v.g compra e venda, doação, outros), admitindo, assim, a autorregulamentação de interesses, estaremos perante um *negócio jurídico.* Neste caso, como se verá, verificando-se falta de vontade, divergência entre a vontade declarada e a real ou vício na formação de vontade, os efeitos jurídicos poderão ficar prejudicados pela invalidade do negócio.

Atos jurídicos em sentido restrito

Escolha de domicílio

A escolhe residir habitualmente na Rua X, nº 222, em Lisboa, deixando de residir na Rua Y nº 111, em Aveiro. O seu domicílio mudará nesta conformidade (artigo 82º nº 1 CC). Ao tomar esta decisão A não está a imaginar as consequências jurídicas do seu ato, designadamente, que se alterará o seu domicílio fiscal, que certas ações judiciais em que será parte passam a ser propostas no Tribunal de Lisboa e não de Aveiro. Mas, estas consequências produzem-se por força da lei, independentemente de terem sido previstas e desejadas por A.

Direito de autor

B escreve um ensaio crítico sobre a teoria económica de C exposta no Jornal Y, que, posteriormente, publica em livro e na internet. Os direitos de autor sobre a obra são atribuídos a B independentemente de os ter previsto e desejado e da publicação da obra (artigo 1º do CDA).

Cumprimento de uma obrigação

D deve a E 1.000,00, que são pagos por F. Posteriormente, F descobre que pagou, por erro, a E. A dívida de D para com E extinguiu-se porque o cumprimento pode ser efetuado pelo devedor ou terceira pessoa (artigo 767º nº 1 CC) e acarreta a extinção da dívida, independentemente de tal ser desejado pelo pagador.

Negócio jurídico

Compra e venda

G compra a H o apartamento X pelo preço de Y, tendo X, pela documentação apresentada, uma área coberta de 120 m2. Entre G e H foi celebrado um negócio jurídico. Se no dia da compra, quando tomou posse de X, G descobriu que o apartamento tinha uma área coberta de apenas 90 m2, a compra pode vir a ser anulada por erro do comprador sobre um elemento essencial do negócio (artigos 251º e 247º do CC). Na realidade, os efeitos do negócio jurídico só se devem produzir na medida em que foram livre e maduramente desejados e, no exemplo dado, verificou-se uma perturbação na formação da vontade de A, que supôs, erradamente, ter X a área de 120 m2.

Os negócios jurídicos serão *unilaterais* ou *plurilaterais* (*contratos*) consoante tenham uma só parte ou duas ou mais partes. *Parte é o titular de um interesse.* A noção não se prende, assim, com o número de intervenientes no negócio. *O contrato, é, pois, um acordo de vontades destinado a criar, modificar ou extinguir relações jurídicas, com duas ou mais partes.*

Partes, negócios unilaterais e plurilaterais (contratos)

No *contrato de compra e venda* (artigo 874º do CC) existirão apenas *duas partes*, mesmo que os vendedores ou compradores sejam mais de duas pessoas, porque existem apenas dois interesses, o de quem vende e o de quem compra. No *contrato de sociedade* (artigo 980º do CC) existirão *tantas partes quanto o número de sócios*, porque cada um representa interesses próprios, desejando, com o mínimo investimento, obter o maior proveito, negociando a sua posição dentro da sociedade. Por contraposição, no *testamento* (artigos 2179º e segs. CC), *promessa pública*, ou *con-*

curso (artigos 459º, 463º CC) temos *uma só parte*; por isso, não são contratos, mas, *negócios unilaterais*.

No que respeita aos *contratos, podem ainda distinguir-se* os *contratos unilaterais* – geram obrigações apenas para uma das partes (ex: doação), e os *plurilaterais* – geram obrigações para todas as partes (ex: compra e venda), e, nestes, os *sinalagmáticos e não sinalagmáticos,* consoante exista ou não reciprocidade entre as obrigações que vinculam as partes (o que se reflete em certas particularidades de regime – cfr. artigos 428º, 808º, 801º nº 2, 795º CC).

Contratos sinalagmáticos

A vende a B a quota de que é titular na sociedade ABC unipessoal Lda, pelo preço de 200.000,00. A e B acordam em que o preço será pago no ato da compra e venda (cessão de quota). Porque se trata de uma compra e venda, em que as obrigações das partes estão ligadas por um vínculo de reciprocidade (sinalagma), Se B se recusar a pagar o preço, A tem o direito de não vender a quota (artigo 428º CC)

Também em matéria de classificação, é frequente a distinção entre contratos em *onerosos* (v.g compra e venda) ou *gratuitos* (v.g mútuo não retribuído, doação), consoante cada parte atribua uma vantagem patrimonial à parte contrária, sofrendo o correspondente empobrecimento, contratos *singulares* ou de *adesão*, quando o conteúdo é elaborado por ambas as partes ou apenas por uma das partes limitando-se a outra a aderir ao mesmo (grande parte dos contratos da prática bancária, de seguros e de trabalho nas grandes empresas são contratos de adesão). Importantes são ainda os *contratos normativos*, fontes de normas que irão ser aplicáveis a contratos individuais que venham a ser celebrados no seu âmbito (ex: convenções coletivas de trabalho) e a distinção corrente entre negócios *inter vivos*, destinados a produzirem efeitos em vida das partes e *mortis causa*, destinados a produzirem efeitos depois da morte das respetivas partes ou do falecimento de alguma delas. No comércio, em especial de valores mobiliários, é ainda relevante a distinção entre contratos *aleatórios e não aleatórios*, consoante se assuma ou não o risco de vantagens e desvantagens patrimoniais (risco de ganho ou perda).

Os *negócios jurídicos unilaterais podem ser recetícios* – aqueles em que a declaração de vontade se destina e deve ser comunicada à outra parte para que conclua o negócio e produza efeitos (ex: rescisão unilateral de um contrato de trabalho pela entidade empregadora ou pelo trabalhador) *e não recetícios* – aqueles em que basta a emissão da declaração de vontade para se concluírem (ex: testamento).

Recapitulando as distinções (da noção de facto jurídico ao negócio jurídico):

Facto Jurídico

- **Em sentido restrito** (todo o acontecimento juridicamente relevante estranho à vontade de pessoas) Ex: catástrofe natural; morte involuntária
- **Ato jurídico** (atuação voluntária produtora de efeitos jurídicos) Exs: pagamento de uma dívida, contrato de empréstimo

Ato Jurídico

- **Em sentido restrito** (atuação voluntária que produz efeitos jurídicos independentemente de serem representados e desejados pelo autor) = vontade de ação + aplicação da lei). Ex: escolha de domicílio
- **Negócio jurídico** (vontade de ação de representação e produção de efeitos jurídicos). Ex: compra e venda vontade de produção desses efeitos). Ex: testamento, compra e venda

Negócio Jurídico

- **Unilateral**: uma só parte. Exs.: **recetícios**: rescisão de contrato de trabalho; **não recetícios**: testamento
- **Contrato**: duas ou mais partes. Exs. compra e venda, doação, locação, mútuo, sociedade

Contratos Classificações 1

- **Unilaterais**: do mesmo resultam obrigações apenas para uma das partes Ex: doação
- **Plurilaterais**: do mesmo resultam obrigações para todas as partes: compra e venda, sociedade

Contratos Classificações 2

- **Típicos** (previstos na lei) **e atípicos** (não previstos na lei)
- **Onerosos e gratuitos**, consoante, respetivamente, haja atribuição ou não atribuição de vantagens Patrimoniais, com o correspondente sacrifício patrimonial
- **Sinalagmáticos ou não sinalagmáticos**, consoante, respetivamente, haja ou não reciprocidade entre obrigações das partes
- **Individuais ou de adesão**, consoante, respetivamente, se verifique ou não participação de todas as partes na formação do conteúdo do contrato
- **Inter vivos ou mortis causa**, consoante a produção de efeitos se produza, respetivamente, em vida ou por morte
- **Individuais ou normativos**, consoante a ausência ou a estipulação de normas aleatório

Recapitulando ainda noções sobre negócios jurídicos:

Contrato plurilateral, oneroso, sinalagmático, individual, entre vivos, com o sem natureza aleatória

A vende a B ações da sociedade X por 50.000,00: trata-se de um contrato com duas partes (a parte que vende e a que compra), de que derivam direitos e obrigações para as duas partes (cfr. artº 874º e 879º do CC), sendo, assim, **plurilateral, típico,** porque definido e regulado por lei (artigos 874º e segs. do CC), **oneroso** (cada parte recebe uma vantagem e suporta o correspondente sacrifício no seu património – A adquire as ações, mas, vê sair do seu património 50.000,00 e o inverso se passa com B), **sinalagmático** (se a entrega das ações dever ser efetuada contra o pagamento do preço, cada parte pode recusar o cumprimento se a parte contrária não cumprir – cfr. artigos 885º e 428ºdo CC), **individual** (na dupla aceção de que, as cláusulas do contrato são o resultado de uma negociação, não se limitando cada uma das partes a aderir a cláusulas apresentadas pela parte contrária, e no sentido de que do contrato derivam direitos e obrigações para as partes, mas, não normas aplicáveis a futuros contratantes[145]), **inter vivos** (os efeitos produzem-se em vida de A e B). Se A acordar com B em 01/02/do ano n comprar-lhe as ações referidas, pelo preço de 50.000,00, produzindo a compra efeitos apenas em 01/02/do ano n+1, **as partes podem assumir que o contrato tem natureza aleatória,** na medida em

[145] Como exemplo de contratos coletivos pode ver-se, a propósito das convenções coletivas de trabalho, os artigos 1º a 3º e 476º e segs do CT.

que cada uma delas seja obrigada a cumprir a compra e venda, pelo preço convencionado, mesmo no caso de as ações em 01/02/do ano n+1 já não possuírem o valor de 50.000,00, mas, de apenas 25.000,00, ou de se terem valorizado para 75.000,00.

Em matéria de contratos vigora o princípio da liberdade negocial, ou autonomia da vontade das partes, previsto no artigo 405º do CC, segundo o qual as partes podem:

- selecionar um dos contratos definidos na lei – contratos típicos – (o CC contem a definição e regime dos contratos mais conhecidos e utilizados nos seus artigos 410º, 411º, 414º, 443º, 452º, e 874º a 1248º);
- conjugar cláusulas de vários contratos previstos na lei;
- imaginar livremente um contrato, mesmo que não previsto na lei, desde que não contrarie uma disposição legal imperativa.

Daqui se conclui que existe *liberdade de celebração* do contrato *e liberdade de estipulação* do seu conteúdo.

O princípio da *liberdade de celebração* de contratos (e negócios jurídicos em geral) deve ser entendido também no sentido de *ninguém poder ser coagido a negociar.*

O princípio não obsta a que, contrariando a regra, por vezes, seja prevista a obrigatoriedade de contratação (exs. contratos de seguro obrigatórios para dar cobertura a determinados riscos[146]).

Já *quanto aos negócios unilaterais, não vigoram o princípio da autonomia,* sendo admitidos, *como fonte de obrigações, apenas os que a lei consagra* (artigo 457º do CC).

9.2.3.2. Atos jurídicos

Os atos jurídicos serão *lícitos ou ilícitos,* consoante se conformam ou não com a ordem jurídica.

Mas, quanto à ***ilicitude***, há que distinguir, *como se dirá em 9.2.4.3.1*:

- a *penal,* quando, com a prática do crime, são violadas as normas que protegem os *valores fundamentais da vida em sociedade, a que se*

[146] Para uma panorâmica pode consultar-se a lista em http://www.asf.com.pt/NR/exeres/121FAB2D-E3DB-4517- A4E1-1F63774D8DFC.htm.

associa a aplicação de sanção privativa de liberdade, pecuniária (multa) ou prestação de serviço à comunidade, podendo acrescer sanções acessórias (vg. interdição de exercício de atividades, encerramento de estabelecimentos, inibição de condução de veículos, outras), pretendendo-se a punição, a ressocialização do infrator, e a prevenção da prática futura de infrações.

Note-se neste particular, a importância crescente da *responsabilidade penal também das pessoas coletivas,* designadamente das sociedades comerciais, que representam a forma jurídica mais relevante de empresa, prevista nos artigos 11º e 90º-A e seguintes do CP, prevendo-se, a aplicação, não apenas de penas de multa e dissolução (extinção), como um vasto conjunto de outras penas acessórias (injunção judiciária, interdição do exercício de atividade, proibição de celebrar certos contratos ou contratos com determinadas entidades, privação do direito a subsídios, subvenções ou incentivos, encerramento de estabelecimento, publicidade da decisão condenatória).

- a *contraordenacional,* quando os valores violados pelo ato, sendo importantes para a vida social, não são os fundamentais, *associando-se uma pena pecuniária de coima* (para além da possível aplicação também de sanções acessórias – v.g inibição de condução de veículos, cassação de licenças, proibição de atividades, anulação de operações económicas e contratos, encerramento de empresas, outras);
- *civil,* quando é violada norma de direito privado (civil, comercial), a que se associam sanções com vista a reparação ou compensação de danos presentes ou futuros (cfr. infra, 9.2.4.3);
- *disciplinar,* quando são violados deveres funcionais próprios de uma determinada profissão, legitimando a entidade detentora do poder disciplinar (v.g entidade empregadora) a aplicar sanções, como a repreensão, multa, suspensão de contrato, despedimento ou demissão.

Responsabilidade criminal: A mata B; pratica um crime previsto e punido pelos artigos 131º e sgs.do CP, sendo aplicável a pena de prisão ou, no caso de não ser imputável, por deficiência psíquica, uma medida de segurança de internamento em estabelecimento psiquiátrico (artigo 91º do CP);

Responsabilidade contraordenacional: A conduz um veículo automóvel na via pública em contramão; comete um contraordenação ao CE a que é aplicável uma coima (artigo 13º do CE)

***Responsabilidade* civil**: A provoca um acidente de que resulta a danificação do veículo de B (danos civis); deverá indemnizar B pelos prejuízos causados (artigos 483º e 562º e segs do CC)

***Responsabilidade* disciplinar**: A falta vinte dias ao trabalho sem apresentar qualquer justificação, sendo despedido pela sua entidade empregadora; o despedimento constituiu a sanção julgada adequada para a infração ao dever funcional, profissional, de assiduidade.

A propósito do ato ilícito *é ainda importante saber a que titulo é possível imputar o mesmo ao seu autor*, ou seja, a determinação da *culpa*. Nesta última distingue-se o *dolo*, quando o agente deseja a atuação e produção do resultado proibido, e a *negligência, ou mera culpa*, quando tal intenção se não verifica, mas, o agente incumpre deveres de diligência ou cuidado, e, por virtude disso, se produz o resultado ilícito.

A mata B porque, sabendo que a sua conduta era punida criminalmente como crime de homicídio, atuou com a intenção de por fim à vida do último: atuou dolosamente (artigo 14º do CP). *A regra no Direito Criminal consiste em exigir-se o dolo para a prática de um crime* (artigo 13º do CP).

A provoca um acidente de viação, do qual resulta a morte de B, passageiro transportado gratuitamente no veículo que seguia em sentido contrário. Como sucede na generalidade dos acidentes de viação, A não desejou a morte de B, mas ela resultou do desrespeito de preceitos do CE que previnem tais lesões, de imprudência, de negligência de A, incorrendo na prática de crime de homicídio por *negligência, que, excecionalmente, é punida criminalmente,* embora com uma pena mais leve, comparativamente à prevista para o homicídio (artigo 137º do CP).

9.2.3.3. Negócio jurídico

9.2.3.3.1. Elementos e pressupostos. Sequência.

O negócio jurídico pressupõe a verificação dos seguintes *elementos*, relativamente a todas as partes envolvidas: *vontade de ação, declaração com conteúdo determinado, intenção de produzir um resultado, e uma causa, entendida, quer, em sentido subjetivo, como intenção de celebrar um certo negócio, quer, em sentido objetivo, como função social e económica do mesmo*[147].

[147] Na verdade, cada direito deve ser exercido por forma a respeitar o respetivo fim económico e social, sob pena de a atuação ser ilícita, por abusiva (artº 334º do CC).

O indispensável mútuo consenso resulta do cruzamento de uma proposta (primeira declaração negocial), com uma aceitação (segunda declaração negocial) recebida pelo proponente no prazo de duração da primeira, *por forma a considerar-se concluído entre as partes o negócio quando se verificar o acordo sobre os elementos que as mesmas consideram essenciais* (artigo 232º do CC). Mas, cada contrato tem uma *causa* (cfr. infra 9.2.3.3.10).

Nem todos os acordos e declarações de vontade correspondem a negócios jurídicos, designadamente contratos, pelas mesmas razões que conduzem a que nem todas as relações sociais tenham natureza jurídica.

O Direito corresponde apenas à proteção coativa de determinados interesses considerados relevantes para a vida em sociedade e, *só podemos considerar celebrado um negócio jurídico quando as partes desejam vincular-se juridicamente.*

A convida o seu amigo B para o acompanhar na experimentação de um automóvel que vai testar num determinado circuito; B concorda e agradece. O veiculo sofre um acidente. A poderá ser responsável pelos danos causados a B por outros motivos, mas, nunca por se ter celebrado um contrato de transporte entre ambos; na realidade o acordo foi celebrado ao abrigo de regras de trato social, não de regras jurídicas.

Pressupostos do negócio jurídico, *são a capacidade jurídica das partes, a sua legitimidade e a idoneidade do seu objeto* (cfr. infra). A capacidade jurídica já foi tratada a propósito dos sujeitos da relação jurídica, onde se aflorou também uma primeira noção de legitimidade.

A *exposição que segue seleciona, dentro dos negócios jurídicos, os plurilaterais (contratos)*, *por serem os mais frequentes e relevantes*, tendo sempre em atenção o regime do CC (artigos 217º e seguintes), *com posteriores desenvolvimentos quanto ao contrato de compra e venda, para estudo em particular*, dado o facto de constituir um modelo paradigmático de utilização muito frequente.

9.2.3.3.2. A declaração negocial e forma do negócio

A *declaração negocial consiste no comportamento dirigido por uma parte à parte contrária pelo qual se revela a intenção de formalizar um determinado negócio, a que se pretende associar a produção de efeitos jurídicos.*

A declara a B desejar vender X pelo preço de Y; B declara aceitar comprar X pelo preço indicado. Nesta sequência, numa primeira fase, A será declarante e B declaratário, e, numa segunda fase, sucederá o inverso. Ambos manifestam a intenção de vender e comprar um bem concreto, produzindo-se os efeitos que a lei (artigos 874º e 879º CC) e as partes associam à compra e venda.

A declaração negocial pode ser *expressa ou tácita* (artigo 217º CC).

No exemplo anterior, a declaração é expressa. Mas, se A oferece a B um presente de aniversário tudo se pode limitar a uma entrega do presente a B, com felicitações, e à receção do mesmo por B, com os habituais agradecimentos. Neste caso, teremos duas declarações tácitas que convergem para a celebração do contrato doação (artigos 940º, 945º nº 1 e 947º nº 2 CC), porque do comportamento de A e B se pode deduzir, com toda a probabilidade, que A desejou fazer uma proposta de doação e o que B desejou aceitar a mesma.

O *silêncio* não vale como declaração negocial (artigo 218º CC), exceto quando a lei o estabeleça (v.g artigo 923º, nº 2, do CC), quando as partes convencionem tal valor, ou quando o mesmo resulte dos usos.

ABC SA, celebra contrato de fornecimento de energia elétrica a F. O contrato contem uma cláusula segundo a qual os preços podem ser atualizados anualmente por iniciativa de ABC SA, mediante comunicação a F, valendo como aceitação o silêncio de F nos quinze dias seguintes à notificação para o efeito efetuada por ABC SA. O silêncio de F tem, neste caso, por convenção das partes, o valor de aceitação.

Em regra, a declaração negocial *não carece de forma* (artigo 219º CC), sem prejuízo de a lei (vg. artigos 875º, 947º, 1143º CC) ou as partes determinarem o contrário (artigos 219º e 223º do CC)[148].

Assim, para que A venda um livro a B não necessita de o fazer por escrito. A emissão de fatura e recibo não é exigência de forma para o negócio, apesar de constituir uma imposição do direito da contabilidade, fiscal e comercial, e de facilitar a prova da conclusão do negócio.

A *forma difere da prova do negócio*. A primeira prende-se com a validade do negócio (artigo 220º CC), a segunda com a demonstração da sua ocorrência (artigo 341º CC).

[148] Sobre a validade, eficácia e valor probatório dos documentos eletrónicos pode ver-se o Decreto-Lei nº 290-D/99, de 2 de Agosto, alterado pelo Decreto-Lei nº 165/2004, de 6 de Julho, Decreto-Lei nº 116-A/2006, de 16 de Junho, e Decreto-Lei nº 88/2009, de 9 de Abril.

No exemplo anterior, A e B podem provar por testemunhas, documentos, mensagens de correio eletrónico, outros meios de prova (artigos 352º e seguintes do CC), que o negócio se celebrou. Se utilizarem a forma escrita, dentro da qual se deve considerar a documentação eletrónica, facilitarão a prova da sua celebração. Mas, para o negócio ser válido, no exemplo dado, não carece de ser celebrado qualquer escrito, dado o princípio da liberdade de forma (artigo 219º CC).

Mas, por exemplo, se A vender a B um prédio urbano e não celebrar escritura pública ou documento autenticado, o negócio é inválido, na sua modalidade mais grave, a nulidade, podendo ser destruído com efeitos retroativos (artigos 220º e 289º do CC), por não ter sido observada a forma exigida por lei.

9.2.3.3.3. Formação do negócio

Os negócios jurídicos formam-se pelo encontro de *proposta e aceitação.*

A proposta e a aceitação são declarações negociais *recipiendas*, na medida em que se destinam a ser conhecidas pelo respetivo destinatário, ou destinatários[149]. Todavia, ambas produzem efeitos a partir do momento em que chegam ao poder do destinatário, podendo este conhecer ao seu conteúdo (artigo 224º CC).

Em 02/02/do ano n, A envia mensagem de correio eletrónico a B, recebendo nesse dia, no endereço de envio, o comprovativo da mensagem ter sido entregue ao destinatário. Pela mensagem A propõe a B a venda do produto X, pedindo-lhe resposta no prazo de cinco dias. A mensagem produz efeitos a partir do dia do envio, em que se prova ter chegado ao poder de ser lida por B, e não quando B toma conhecimento do seu conteúdo (artº 224º nºs 1 e 2 CC). Assim, não se contando o primeiro dia do prazo, por força da regra do artigo 279º b) do CC, o prazo de cinco dias termina às 24 horas do dia 07/02/do ano n., momento em que caduca a proposta se não for aceite. Todavia, se a mensagem enviada não se encontrar em condições de poder ser lida pelo destinatário, não produzirá efeitos (artº 224º nº 3 CC).

A proposta e a aceitação produzem efeitos no *lugar* onde tenham sido recebidas ou conhecidas (artigo 234º do CC), podendo consistir, como se disse, em declarações expressas ou tácitas (artigos 217º e 234º do CC).

A *proposta ao público* dirigida a pessoas desconhecidas ou com paradeiro desconhecido é eficaz no lugar onde foi transmitida (artigo 225º CC).

[149] A proposta pode ser dirigida ao público, ou seja, a destinatários indeterminados (artº 225º do CC).

Os contratos podem ser *entre presentes, ou entre ausentes*, consoante não se atribui ou se atribui relevância ao momento em que as declarações negociais (proposta e aceitação) são efetuadas.

Negócio entre presentes

A e B comparecem, perante o notário declarando o primeiro vender e o segundo comprar o imóvel X. As declarações são efetuadas em momentos diferentes, sucessivos, mas, considera-se que são simultâneas (negócio entre presentes) porque a lei não atribui relevância ao desfasamento temporal das mesmas.

Negócio entre ausentes

A envia mensagem de correio eletrónico a B no sentido de lhe vender o veiculo Y pelo preço de 20.000,00. B responde por e-mail dois dias mais tarde no sentido de aceitar a proposta de A (negócio entre ausentes). Neste caso, o artigo 228º do CC define o prazo durante o qual o vendedor fica sujeito à aceitação do comprador, sendo relevante o distanciamento temporal entre as duas declarações negociais.

Ao negócio entre presentes, são aplicáveis as disposições dos artigos 227º e 232º do CC. No negócio entre ausentes, vigoram as regras dos artigos 224º a 235º do CC.

Assim, a *proposta* dirigida ao destinatário ou destinatários, *para que constitua proposta contratual deve demonstrar uma vontade firme de contratar, contendo os elementos considerados essenciais para o negócio* pretendido, *respeitando a forma* prevista por lei ou pelas partes, *se*, excecionalmente, *for exigida*, de modo a que seja suficiente a *aceitação sem condições* do destinatário, a quem é dirigida, para se concluir o negócio.

A *aceitação* deve ser incondicional, ou seja, conforme os termos da proposta, adotando, se for caso disso, a forma exigida para o contrato e chegar ao poder do proponente destinatário no prazo de duração da proposta, segundo as regras do artigo 228º CC.

Se a *aceitação contiver alterações relativamente à proposta vale como rejeição* desta (artigo 235º CC), podendo esta, como já se exemplificou, se for suficientemente precisa, valer como *contraproposta*.

Proposta e aceitação. Contraproposta.

A propõe a B, por e-mail vender o quadro X do pintor Y, reproduzido e identificado no catálogo da sua exposição de 05/03/do ano n por I, pelo preço de 5.000,00. Do catálogo, enviado em cópia digitalizada, constam as característica da pintura. B telefona a A para se certificar da autenticidade da pintura, e, sendo a última confirmada, aceita comprar o quadro por novo telefonema efetuado nos três dias seguintes à receção da mensagem. O negócio é concluído quando a aceitação de B chega ao poder de A (artigos 224º, 228º, 232º do CC).

Se B responder a A que está interessado em comprar pelo preço de 4.000,00, ou que aceita o preço de 5.000,00 mas, a pagar em prestações trimestrais, a proposta de venda da de A considera-se rejeitada. Todavia, como a resposta de B denota uma vontade firme de contratar e contem condições suficientemente precisas para concretizar o negócio, vale como contraproposta, equivalendo, assim, a uma proposta de compra, sendo agora a vez de A a aceitar ou rejeitar (artº 233º CC).

Diferente da proposta contratual é o *convite a contratar*. Neste caso, a declaração *não contem uma vontade firme de contratar*, sendo intenção do seu autor, quando muito, iniciar um processo negocial.

Convite a contratar

Retomando o exemplo da venda do quadro, admitamos que A entra em contacto com B perguntando- lhe se está interessado em comprar o mesmo pelo preço de 5.000,00; B responde a A afirmando a sua intenção de comprar o mesmo por 4.000,00.

A não efetuou proposta de venda, limitou-se a fazer uma pergunta a B, um convite para um possível negócio, despertando em B a vontade de fazer uma proposta de compra, que A poderá ou não aceitar. A verdadeira proposta foi a de comprar o quadro por 4.000,00 da autoria de B.

CDE Lda publica anúncio no jornal ou na internet em que consta "Admite-se diretor de vendas. Remuneração e garantias sociais compatíveis"; não se trata de proposta dirigida ao público, mas, apenas de um convite a contratar que, para além do facto de não conter todos os elementos fundamentais relativos ao contrato a celebrar, apenas se destina a provocar, junto dos potenciais interessados, uma manifestação de vontade de negociação futura.

Quanto ao *prazo de duração da proposta*, dentro do qual deve chegar ao proponente a aceitação, para se concluir o negócio, do regime do artigo 228º do CC, resulta que o mesmo será, sucessivamente, o fixado pelo proponente, o indispensável para a proposta e aceitação chegarem ao poder dos respetivos destinatários, se for pedida resposta imediata, ou, este último prazo acrescido de cinco dias. Findos estes prazos, não tendo ocorrido aceitação, a *proposta caduca*, cessando a produção de efeitos. Se no decurso do prazo for concedido um prazo maior, prevalecerá o último.

O artigo 228º está concebido para uma época anterior aos meios de comunicação à distância do fim do século XX e início do século XXI, em que os ausentes comunicavam por via postal. No presente, as comunicações postais vão rareando. Assim, adaptando o preceito aos tempos atuais, se A envia a proposta a B por fax ou correio eletrónico, e nada diz sobre o prazo de aceitação, este contar-se-á a partir do dia de receção do fax o correio eletrónico, que coincide, no primeiro caso, ou tende a coincidir, no segundo caso, com o do envio, tendo a proposta a duração de cinco dias após o mesmo. Se, não sendo fixado prazo para a aceitação, A envia a proposta pelo correio, deve contar-se 3 dias para o percurso de ida e volta do correio, acrescido de cinco dias; se pedir resposta imediata, conta-se apenas três dias, podendo o prazo variar em função das condições normais de funcionamento dos serviços postais.

Se a *aceitação* é *tardia*, não se conclui contrato, porque a proposta já caducou. Todavia, o artigo 229º permite que o proponente a considere eficaz se tiver motivos para considerar que foi expedida dentro do prazo de duração da proposta; se assim, não entender, deve o proponente avisar o autor da aceitação.

Como resulta do exposto, *com a aceitação da proposta conclui-se o negócio* (artigo 232º CC), *com a sua rejeição, verifica-se a caducidade da mesma* e a não celebração do negócio.

Sobre revogação de proposta e aceitação regem os artigos 230º e 235º do CC.

9.2.3.3.4. Representação

Os sujeitos da relação podem intervir na mesma pessoalmente ou através de representante. Neste caso, o ato, que é materialmente praticado pelo representante, considera-se, juridicamente, praticado pelo representado (artigo 258º do CC).

A representação pode ter origem na lei (*representação legal*), de que são exemplos o poder paternal (responsabilidades parentais) ou tutela relativa aos menores, e a representação legal dos acompanhados maiores (artigos 124º, 1877º e 145º do CC[150]), a lei conjugada com o ato constitutivo de pessoas coletivas (*representação orgânica*), a que se referem os

[150] Para os acompanhados, a decisão judicial que decreta o acompanhamento pode ou não determinar a representação pelo acompanhante. No caso de ser determinada a representação do acompanhado pelo acompanhante segue-se o regime da tutela, podendo o Tribunal dispensar a constituição de Conselho de Família (artº 145º nº 2 *b*) e nº 4 do CC).

artigos 162º e 163º do CC, ou a vontade das pessoas (*representação voluntária*), prevista nos artigos 262º a 269º do CC.

Representação legal

A, Pai do menor B, administra um estabelecimento comercial que o menor herdou de C. O comércio jurídico é exercido por B (artº 258º CC), embora, quem administre o estabelecimento e o pratique seja A (legal representante).

Representação orgânica

G, único administrador da sociedade MMM SA, adquire produtos a H, pelo preço de X. Juridicamente o negócio é celebrado por H e pela sociedade anónima, sendo G titular do órgão de administração da pessoa coletiva sociedade (representação orgânica)

Representação voluntária

D constitui seu procurador E, a quem, nas condições que tiver por convenientes, mas, seguindo as instruções recebidas de D, atribui poderes para comprar e vender imóveis situados no concelho X. A compra do imóvel Y que, em nome de D, é efetuada por E a F, juridicamente considera-se efetuada por D, representado (artigo 258º CC). Se E, procurador, comprar um imóvel situado no concelho diverso de X, o negócio não produz efeitos relativamente a D, por se verificar falta de poderes de representação, a menos que D venha a considerar como seu o negócio (artº 268º CC – representação sem poderes). Se E comprou um imóvel situado no concelho X, mas, por preço superior ao que lhe foi indicado por D, desrespeitando, assim as instruções deste, e tal era ou devia ser do conhecimento do vendedor, o negócio também não produz efeitos, a menos que D o venha a considerar como seu (artº 269º do CC – abuso de representação). Nestes últimos casos estamos em presença de representação voluntária, baseada em procuração.

9.2.3.3.5. Culpa na formação do negócio. A boa fé.

Quem negoceia deve, tanto nos preliminares, como na formação do negócio, proceder segundo as regras da boa fé, sob pena de responder pelos danos que culposamente causar à outra parte (artigo 227º nº 1 CC), ou seja, deve comportar-se como pessoa honesta e leal (boa fé objetiva), tendo consciência de que não lesa direitos ou interesses legalmente protegidos da parte contrária (boa fé subjetiva).

O princípio da boa fé vigora, assim, desde logo, na formação do negócio jurídico, para além de se refletir na sua execução (artigo 762º nº 2 do CC).

Indemnização por má fé negocial

A promete verbalmente vender a B a quota de que é titular na sociedade CDE Lda, pelo valor de 1,00, assumindo B a gerência da mesma e investindo nela o indispensável para a sua recuperação económica. Evitando a insolvência da sociedade, B investe na mesma 1.000.000,00, tornando-a rentável. Decorridos quatro anos, B notifica A para assinar o escrito de venda da quota. A recusa vender a quota, não apresentando qualquer justificação para o facto, e, por ser o sócio detentor da maioria do capital da sociedade, destitui B da sua gerência. O Tribunal, ao abrigo do disposto no artº 227º do CC, condena A no pagamento de indemnização a B pelo rompimento injustificado das negociações que precedem o contrato de venda da quota, tendo A atuado com manifesta má fé ao fazer crer a B que o mesmo teria lugar, dando causa a avultados prejuízos, designadamente, o investimento efetuado por B na sociedade.

9.2.3.3.6. Elementos que podem integrar o conteúdo dos negócios

No conteúdo do negócio é possível distinguir:

- *elementos essenciais*, que definem o tipo de negócio (v.g os referidos nos artigos 874º e 879º do CC para a compra e venda);
- *naturais*, que resultam do regime supletivo previsto pela lei aplicável, se as partes nada estipularem (v.g artigos 878º, 882º nº 2, 883º nº 1 do CC);
- *acessórios*, cuja inclusão é eventual, condicionando a sua eficácia.

Dentro dos *elementos acessórios* são de realçar:

- *condição:* acontecimento futuro e incerto a que as partes subordinam a produção dos efeitos do negócio jurídico ou a sua resolução (artigo 270º do CC).

Condição suspensiva

A doa X a B, menor de 16 anos, na condição de B vir a obter uma licenciatura num curso do Ensino Superior

Condição resolutiva

A doa X a B, menor de 16 anos, deixando o contrato de produzir efeitos se B não concluir a licenciatura num curso do Ensino Superior até aos 25 anos

- *termo*: acontecimento futuro, mas, certo, de que as partes fazem depender o início ou a cessação dos efeitos do contrato (artº 278º do CC).

Termo suspensivo

A vende X a B, transmitindo-se a propriedade decorridos dois anos sobre a data do contrato

Termo resolutivo

A vende X a B pelo prazo de dois anos, findo o qual X reverterá para A.

9.2.3.3.7. Cláusulas contratuais: proteção do aderente

Nos *contratos de adesão*, uma das partes limita-se a manifestar a sua concordância relativamente ao clausulado proposto pela parte contrária (normalmente, a economicamente mais forte). É o que se verifica, em muitos dos *contratos celebrados pelas instituições de crédito, sociedades financeiras, seguradoras, e pelas empresas relativamente a clientes e trabalhadores.*

As *cláusulas contratuais gerais* constituem um conjunto de disposições negociais pré-elaboradas, sem prévia negociação individual com a parte a que são apresentadas, que esta se limita a aceitar ou rejeitar, não tendo possibilidade de introduzir alterações.

O legislador sentiu a necessidade de salvaguardar princípios para *proteger o aderente*, que visam a prévia informação do clausulado, sua interpretação, e *proibição de cláusulas consideradas abusivas*, aplicáveis, quer a todos os contratos, quer relativamente aos celebrados com consumidores, pelo que, o conteúdo deste tipo de contratos deve ter em especial atenção o regime aprovado pelo Decreto-Lei nº 446/85 de 25 de outubro, na redação atual)[151].

9.2.3.3.8. Legitimidade

Já sabemos que, para além da capacidade jurídica das partes, é indispensável que estas tenham uma relação especial com o objeto do negócio em termos de poderem dispor do mesmo, ou seja, que tenham *legitimidade para negociar*. Esta pode ser analisada em *duas perspetivas: como qualidade do sujeito* face à prática de uma categoria de atos e efeitos jurídicos, *ou como relação concreta* de um sujeito relativamente à prática de um determinado ato com um determinado conteúdo. Assim, para que se verifique a legitimidade é necessário que se seja *titular dos interesses que*

[151] Sobre estas cláusulas, pode ver-se o Decreto-Lei nº 446/85, de 25 de outubro, na redação atual, em http://www.pgdlisboa.pt/leis/lei_mostra_articulado.php?nid=837&tabela=leis, bem como consultar-se casos concretos apreciados em Tribunal em http://www.dgpj.mj.pt/sections/sobredgpj/anexos/registo-das-clausulas/.

estão em causa no negócio, designadamente, no lado ativo da relação, que se possa dispor deles ou, no lado passivo da mesma, que seja o próprio devedor, se a intervenção se traduz na contração de uma obrigação, *ou ainda que seja o beneficiário nos atos aquisitivos*[152], *ou o respetivo representante*.

Legitimidade e ilegitimidade. Invalidade de negócios

A vende X a B, como sendo um bem próprio, sendo que X pertence a C. A não tem legitimidade para dispor de X, por se tratar de bem alheio. A venda será nula nos termos do artigo 892º do CC[153]. A venda só se tornará válida se o vendedor vier a adquirir posteriormente o que vendeu, verificando-se, assim, uma legitimidade superveniente que convalida o contrato (artigo 895º CC).

A arrenda Y a B, não sendo proprietário de Y nem possuindo poderes concedidos pelo proprietário para atuar nesse sentido. O arrendamento é inválido por ilegitimidade.

A vende X a B. No ato devem intervir A, B ou os respetivos representantes. Se surge C afirmando estar a atuar no interesse de A ou B mas, não representa nenhum deles, não tem legitimidade para intervir no negócio.

9.2.3.3.9. Objeto e fim

Os negócios jurídicos carecem de *objeto idóneo*, sob pena de *nulidade*. Na realidade estabelece o artigo 280º do CC que é nulo o negócio jurídico cujo objeto seja física ou legalmente impossível, contrário à lei ou indeterminável, contrário à ordem pública, ou ofensivo dos bons costumes.

Por sua vez o artigo 281º do CC dispõe que se o fim do negócio jurídico for contrário à lei ou à ordem pública, ou ofensivo dos bons costumes, o negócio é nulo quando o fim for comum a ambas as partes.

Nulidade por impossibilidade legal do objeto do negócio

A sociedade ABC Lda vende lotes de terreno para construção urbana, com áreas que variam entre 500 m2 e 1000 m2, correspondentes às respetivas demarcações que efetuou no terreno do seu prédio rústico Z, com a área de 100.000 m2. Não obstante, não correu termos pela autoridade administrativa competente o respetivo processo de licenciamento de loteamento para construção urbana, nem o plano diretor municipal permite qualquer edificação no terreno em causa. As vendas são nulas por inexistência jurídica dos lotes de terreno (impossibilidade legal do objeto do contrato).

[152] Para pagamentos o CC atribui legitimidade a todos, sejam devedores ou não, salvo casos excecionais (artº 767º do CC).

[153] Regime aplicável a negócios com natureza análoga à da compra e venda (artº 939ª CC).

Nulidade por negócio contrário aos bons costumes

A vendeu à Câmara Municipal um terreno pelo preço simbólico de 5.000,00, inferior ao preço de mercado de 50.000,00, para que a última aprovasse um loteamento para construção urbana num outro terreno também propriedade de A. A venda pode ser considerada nula por contrária aos bons costumes (a moral social impõe não se dever fazer depender do pagamento de dinheiro ou de uma entrega patrimonial uma decisão de entidade pública que se deve pautar exclusivamente por critérios de justiça e conformidade com os pareceres técnicos para o efeito exigíveis).

9.2.3.3.10. Causa

Como se disse em 9.2.3.3.1, o contrato deve ter uma causa, seja encarada como *função económica e social* do negócio (v.g transmitir ou adquirir um bem, contrair uma dívida, substituir uma dívidas por outra), seja como *motivação subjetiva* das partes tendo em vista atingirem determinados objetivos (v.g adquirir a propriedade ou o gozo de uma coisa ou direito, alienar esse direito). A falta de causa conduz à invalidade ou mesmo à inexistência do negócio. E a *causa existente deve ser lícita* sob pena de o negócio ser nulo por contrariar a lei ou os bons costumes (artigos 280º, 281º e 294º do CC).

Nulidade ou inexistência de negócio por falta de causa

A celebra com B um acordo pelo qual se torna proprietário do veículo X, mas do acordo não consta se o adquire a título de compra, permuta com outro bem, doação ou outra causa justificativa do negócio. O negócio será nulo ou, para alguns autores, inexistente, uma vez que do acordo de vontades deve constar sempre a causa que preside ao mesmo.

Nulidade por fim contrário à lei

G contrata I tendo em vista organizar um atentado que provocará a morte de pessoas. O contrato é nulo porque o seu fim é ilícito.

À violação da lei deve equiparar-se a *fraude à lei*, para efeitos de nulidade do negócio.

Nulidade por fraude à lei

C empresta a D 20.000,00 pelo prazo de um ano, com taxa de juro remuneratória de 5%. Para garantir o cumprimento, D celebra com C um contrato pelo qual lhe vende um automóvel, com o valor comercial de 25.000, que C se compromete a vender a D, decorrido um ano, pelo valor de 21.000,00 (20.000,00 + juros de um ano à taxa de 5%) contra o reembolso desta importância. C e D convencionam que, no caso de não pagamento dos 21.000,00, o automóvel ficará a pertencer em propriedade a C. Dos artigos 678º e 694º do CC resulta que a venda do automóvel é nula porque a lei proíbe que o credor possa fazer sua a coisa dada em garantia, no caso de incumprimento da obrigação pelo devedor., sendo, assim, ilícita.

9.2.3.3.11. Invalidade e ineficácia

9.2.3.3.11.1. Noção, modalidades, distinção de inexistência e ineficácia

A validade dos negócios jurídicos depende, em geral, da reunião dos pressupostos já enunciados: capacidade jurídica (de gozo e de exercício), *legitimidade das partes, e objeto idóneo e causa.* Mas a validade *também depende da não verificação de defeitos ou vícios na formação do contrato,* designadamente, *declarações negociais livres e maduramente formadas.*

Se faltarem os pressupostos ou se verificarem defeitos ou vícios na formação e/ou manifestação da vontade o mesmo será inválido.

O negócio inválido produz efeitos, mas, não os que se destinava a produzir.

A vende verbalmente o imóvel X a B, recebendo deste, a título de preço, o valor de 100.000,00. A venda é nula por falta de forma (artigos 875º e 220º do CC). O direito de propriedade de X não se transmite a B, como seria próprio de uma compra e venda válida, mas, o negócio produz efeitos decorrentes da nulidade: cada parte deve restituir à outra o que recebeu (artigo 289º CC).

A *invalidade* pode revestir *duas modalidades*: *nulidade e anulabilidade.*

A *nulidade* (arts. 285º, 286º, 289º, 291º, 292º e 293º do CC) caracteriza-se por ser uma invalidade *radical* (em princípio, não cessa pelo decurso do tempo), *insanável* (não é sanável por vontade do interessado, não lhe sendo aplicável o artigo 288º do CC), *absoluta* (qualquer interessado tem legitimidade para a invocar), e *de eficácia automática* (o negócio não produz os efeitos previstos por lei e pelas partes independentemente de declaração judicial nesse sentido). A nulidade pode ser declarada a todo o tempo por qualquer pessoa e, em princípio, deve ser declarada oficiosamente pelo tribunal (artigo 286º do CC)[154], *constituindo o regime regra quando o negócio contraria a lei* (artigo 294º CC).

[154] Ou seja, correndo termos um processo judicial, em regra, o Juiz deve conhecer da nulidade mesmo que as partes no processo não a tenham invocado.

A *anulabilidade* (artigos 285º, 287º, 289º, 291º, 292º e 293º do CC é uma *invalidade relativa* (apenas pode ser invocada pelo titular do interesse protegido pela norma), *sanável* por vontade do interessado que a pode invocar, através da confirmação (art. 288º do CC) ou pelo decurso do tempo, se não for requerida a sua declaração em Tribunal no prazo previsto no artigo 287º, nº 1, do CC, *de eficácia não automática* (a cessação de produção de efeitos só ocorre quando o Tribunal declara a invalidade).

Contrariamente aos negócios nulos, os *negócios anuláveis são válidos e eficazes até que sejam anulados judicialmente ou por acordo das partes*[155]. A *anulação judicial pode ser pedida apenas pelas pessoas que têm legitimidade* por lei (já não, por qualquer interessado, como na nulidade), *dentro do ano* subsequente à cessação do vício que lhe serve de fundamento (artigo 287º, nº 1, do CC), *não tendo o tribunal a obrigação a declarar oficiosamente.*

Apesar destas diferenças, *os efeitos da nulidade e da anulação são idênticos e retroativos*, devendo cada parte restituir à parte contrária o que tiver recebido, ou não sendo possível, o valor correspondente (artigo 289º do CC), sendo o cumprimento destas obrigações simultâneo (artigo 290º CC). Porém *em certos casos* (artigo 291º do CC) a *declaração de nulidade ou a anulação não podem afetar direitos de terceiro(s) de boa fé* (que a desconheça(m)), se o negócio respeitar a bens imóveis ou bens móveis sujeitos a registo (v.g veículos automóveis, navios, aeronaves), alienados onerosamente (mediante contrapartida patrimonial) a terceiro(s), se o registo de aquisição for anterior ao registo de ação de nulidade ou anulação e esta (ação) não for proposta e registada depois de três anos da conclusão do negócio com o(s) terceiro(s). No caso de nulidade do negócio por simulação (cfr. infra, 9.2.3.3.11.2.2) o CC vem reforçar esta ideia de que os *terceiros de boa fé merecem* sempre *proteção,* desde que o registo da aquisição seja anterior ao da ação de simulação (artigo 243º CC)[156].

Anulação de negócio: proteção de adquirente de boa fé

Em 03/04/ do ano n F vendeu a G a fração autónoma designada pela letra L do prédio Y, correspondente a um apartamento tipo T3, com a área coberta de 120 m2, pelo preço de 100.00,00, constando da escritura que o preço era assim fixado

[155] A lei (artº 291º nº 1 CC) admite também esta hipótese.

[156] O regime deste artigo 243º CC a propósito dos negócios simulados, prevalece sobre o regime geral do artigo 291º do mesmo CC.

em função do comprador, médico, ter prestado assistência em doença prolongada ao Pai de F. Em 03/04/ do ano n+5 F teve conhecimento de que não tinha sido G o médico assistente do seu Pai, mas sim H., propondo ação judicial contra G tendo em vista a anulação da compra e venda por erro sobre a pessoa do declaratário (artigos 247º e 251º do CC). A ação é registada em 03/05/ do ano n+5. Porém, em 03/05/ do ano n+1 P registou a compra que efetuara a G da referida fração autónoma, ignorando o erro invocado por F. Estando P de boa fé, como resulta do exposto, a ação de anulação não procede por contrariar direitos adquiridos de boa fé por terceiro (P), sendo o registo da aquisição por P anterior ao registo da ação de anulação, tendo esta sido proposta decorridos mais de três anos sobre a data da compra e venda impugnada (artº 291º CC).

Nulidade de negócio – proteção de adquirente de boa fé

Em 03/04/ do ano n A vende a B o imóvel Z pelo preço de 500.000,00, sendo que a escritura de compra e venda é celebrada mencionando apenas o preço de 100.000,00 para evitar o pagamento de impostos por vendedor e comprador, prejudicando, assim, o Estado. Este negócio é nulo (artigo 240º do CC). Em 03/05/ do ano n+1 B vende a C o mesmo imóvel pelo preço de 550.000,00. C ignora em que condições foi celebrada a compra e venda entre A e B, estando, assim, de boa fé. C registou a aquisição na data em que a mesma se processou. Em 03/01/ do ano n+4 A, apercebendo-se que o imóvel Z aumentou o seu valor de mercado, invoca judicialmente a nulidade da venda a B, pedindo a sua declaração por sentença, com a declaração de invalidade também da venda que B fez a C. A ação deve improceder (artigo 243º CC) porque C estava de boa fé e o registo da ação é posterior ao registo da compra a B. Se o CC não contemplasse norma específica sobre esta situação (artº 243º), chegar- se-ia à mesma solução pelo seu artº 291º.

A lei prevê duas formas de possível aproveitamento de negócios inválidos: a sua *redução* (artigo 292º do CC) à parte do negócio não afetada pelo vício gerador de invalidade, no caso de o negócio ser divisível, e a sua *conversão* (artigo 293º do CC) num negócio de tipo diferente, desde que respeite todos os requisitos de forma e substância do novo negócio.

Redução de negócio jurídico

A compra a B os lotes de terreno para construção do prédio X, identificados como 1 e 2, pelo preço global de 100.000,00, apurado com base no valor de 100,00 por cada m2. Posteriormente, A e B acordam em reduzir o negócio ao lote 1, e o preço a 60.000,00, uma vez que o lote 2 possui a área e configuração diferentes das pressupostas quando a compra e venda teve lugar, sendo anulável a compra e venda quanto a esse lote por erro quanto ao objeto (artigos 251º e 247º do CC).

Conversão de negócio jurídico

A e B subscrevem um documento escrito pelo qual o primeiro declara vender ao segundo o prédio rústico Y pelo preço de 150.000,00. A venda é nula por falta de forma (artigos 220º e 875º do CC), mas, pode ser convertida em promessa de venda, relativamente à qual as exigências formais não são tão exigentes, bastando-se com o documento escrito (artigo 410º CC), por se concluir que, as partes teriam querido prometer vender se soubessem da nulidade da venda (artº 293º CC).

Diferente da invalidade, é a *inexistência jurídica* e a *ineficácia em sentido restrito.*

Quanto à primeira (inexistência) pode verificar-se se a realidade acordada não se ajustar à definição legal do contrato pretendido (v.g a venda de bens fora do comércio, que não se integram na noção de coisa do artigo 202º nº 2 do CC) ou se não se verificarem os requisitos materiais para o acordo (cfr. v.g artº 1628º do CC, a propósito do contrato casamento). O negócio *inexistente não produz quaisquer efeitos.*

Negócios inexistentes

Se A cede o veiculo X a B, seu trabalhador, para que este o utilize gratuitamente durante os dias úteis nas suas deslocações de trabalho, não pode entender-se que celebra um contrato de compra e venda ou empréstimo, uma vez que o acordo celebrado não corresponde à noção legal destes contratos (artigos 874º e 1142º do CC)

Se C, procurador de D, casa com E, ao abrigo de procuração conferida por F, o casamento é inexistente por falta de declaração de vontade de um dos nubentes (artº 1628º *c*) do CC).

A *ineficácia em sentido restrito* verifica-se quando o contrato não produz efeitos ou deixa de produzir efeitos.

Negócios ineficazes

A doa X a B, com produção de efeitos após o mesmo perfazer 21 anos. B, morre com 20 anos. O negócio não produz efeitos porque não se verificou a **condição suspensiva** a que estava sujeito.

A empresta o apartamento X a B para utilização gratuita durante três meses. Findo o prazo o contrato deixa de produzir efeitos por **caducidade**.

A e B **revogam** o contrato de compra e venda celebrado em 02/03/do ano n. O contrato deixa de produzir efeitos, por acordo das partes, a partir da data indicada.

A **rescinde** o contrato de trabalho de B, com fundamento em justa causa, na sequência de procedimento disciplinar. A ineficácia do contrato de trabalho resulta do exercício de um direito previsto na lei.

Constitui princípio dos contratos *só produzirem efeitos relativamente às partes* e já não relativamente a terceiros, exceto nos casos previstos na lei (artigo 406º nº 2 CC)

Regra: eficácia do contrato apenas entre as partes

A empresta 10.000,00 a B.

As obrigações de reembolso do capital mutuado e eventuais juros devidos apenas vinculam B, assistindo a A os créditos correspondentes.

Exceção: eficácia do contrato relativamente a terceiros

A sociedade A acorda como Banco B em que este conceda crédito até ao montante de 100.000,00 à sociedade C, dominada por A. C, que não é parte no contrato, adquire o direito ao crédito, produzindo o contrato celebrado entre A e B efeitos na sua esfera jurídica (artigos 443º e 444º do CC).

D celebra contrato de seguro de acidentes de trabalho na seguradora E, relativamente aos seus trabalhadores. No caso de acidente de trabalho do trabalhador F, este tem direito a exigir da seguradora E prestações assistenciais e pecuniárias previstas na Lei de acidentes de trabalho, mesmo não tendo sido parte do contrato de seguro.

9.2.3.3.11.2. Em especial: falta e vícios de vontade

9.2.3.3.11.2.1. Considerações gerais

A perfeição do negócio exige manifestações de vontade dos sujeitos intervenientes ao nível da ação e de declaração de um conteúdo a que desejam associar efeitos jurídicos determinados. É, assim, natural que, a falta de vontade, as divergências entre a vontade real e a vontade declarada e as perturbações na livre formação e exteriorização da mesma vontade, afetem a validade do negócio ou a sua produção de efeitos: é a matéria que se trata seguidamente.

9.2.3.3.11.2.2. Divergência intencional entre a declaração e a vontade real

Se se verificar uma divergência intencional entre a declaração negocial e a vontade das partes, tendo por base um acordo entre as mesmas, celebrado com o intuito de fazer crer a terceiros a existência de uma falsa realidade, haja ou não a intenção de enganar esses terceiros, ou seja, verifique-se ou não uma fraude, estão preenchidos os pressupostos do *negócio simulado*, que é nulo nos termos do artigo 240º do CC.

Negócio simulado

A declara vender X a B, quando pretende doar; A declara vender X a B, pelo preço de Y quando o preço real é superior, para evitar pagamento de impostos ao Estado; A declara vender X a B quando na realidade quer vender a C.

Esta simulação pode ser *inocente ou fraudulenta* (artigo 242º CC), conforme haja ou não intenção de enganar terceiros, *absoluta ou relativa*, consoante não exista ou exista um outro negócio por detrás do simulado, idêntico ou diferente quanto aos sujeitos e conteúdo (apesar da nulidade do simulado, o dissimulado pode vir a ser considerado válido – artigo 241º CC), sendo que, neste caso, a simulação pode ser *subjetiva ou objetiva*:

Simulação objetiva e relativa: negócio simulado nulo e dissimulado válido

A vende a B o prédio Y por 200.000,00, quando, na realidade, o quer vender por 400.000,00, consoante consta do contrato de promessa de compra e venda celebrado validamente antes da escritura de venda. Trata-se de simulação objetiva e relativa (sendo declarada a nulidade da compra e venda, considera-se válido o negócio dissimulado, de promessa de compra e venda).

Simulação subjetiva: negócio simulado nulo

A declara vender a D, sendo que, por detrás desta venda, A vendeu a B que, por sua vez, vendeu a C, e este a D, omitindo-se duas vendas para evitar o pagamento de impostos.

A simulação *pode ser invocada* pelos próprios simuladores (artigo 242º, nº 1, do CC) sem, no entanto, poderem recorrer à prova testemunhal (artigo 394º, nº 2, do CC), pelos herdeiros legitimários em vida do autor da sucessão (artigo 242º, nº 2, do CC) ou por terceiro, nos termos do artigo 286º do CC, *não podendo ser oposta a terceiros de boa fé*, nos termos do artigo 243º CC (ver supra, exemplo em 9.2.3.3.11.1).

Se a divergência entre a vontade real e a declarada for de uma só parte, tendo em vista enganar a parte contrária (declaratário), estaremos perante um caso de *reserva mental* (artigo 244º CC), que, do ponto de vista jurídico, só releva se for conhecida do declaratário.

Reserva mental

A declara vender a B, quando, na realidade, não quer vender, sendo este facto desconhecido de B; a divergência não invalida o negócio. Se B tiver conhecimento da mesma, aplica-se o regime da simulação (invalidade), apesar de não existir acordo simulatório.

9.2.3.3.11.2.3. Declarações não sérias

Segundo o artigo 245º do CC, se a declaração negocial é efetuada na expetativa de que o declaratário conheça a falta de seriedade, *não produz qualquer efeito*, na medida em que não se verificou qualquer intenção de o enganar, esperando que este conheça a vontade real do declarante. Se as circunstâncias levarem o declaratário a acreditar na seriedade do declarante, pode haver lugar a indemnização pelas danos sofridos.

Declarações não sérias

A declara vende X a B em representação teatral;

A diz em aula emprestar Y ao aluno B para exemplificar a formação de um contrato

9.2.3.3.11.2.4. Divergências não intencionais entre a declaração e a vontade real

9.2.3.3.11.2.4.1. Falta de Consciência da Declaração

Verificando-se falta de consciência na declaração (artigo 246º do CC), a mesma *não produz quaisquer efeitos*. O preceito indicado aplica-se às situações de total falta de consciência, sejam devidas a coação física ou outro motivo.

Falta de consciência da declaração: coação física e outras situações

A é constrangido fisicamente a permanecer sentado na votação pelo método sentados e levantados, ou a não levantar o braço, na votação por "braço no ar", ou a assinar.

B, toxicodependente, é levado a assinar um documento a fim de obter nova dose de estupefaciente, quando se encontra em plena carência do mesmo, facto que o impossibilitava de entender o sentido do que estava a declarar.

Durante o leilão de obras de arte, A levanta o braço para saudar um amigo e tal é interpretado como licitação.

Se a falta de consciência for devida a culpa do declarante fica este obrigado a indemnizar o declaratário.

9.2.3.3.11.2.4.2. Erro obstáculo ou erro no comportamento declarativo

No *erro obstáculo – erro na declaração da vontade* – verifica-se *divergência não intencional entre a vontade real e a declarada*, estranha à formação da vontade.

Previsto no artigo 247º do CC, pressupõe a *emissão consciente de declaração* negocial, *mas a divergência inconsciente entre a vontade real e a vontade declarada*, em virtude de inexata expressão desta e *a cognoscibilidade pelo declaratário da essencialidade* para o declarante *do elemento sobre o qual incidiu o erro.*

Deste modo, *não é necessária a cognoscibilidade do erro pelo declaratário, mas, sim o conhecimento ou cognoscibilidade da essencialidade do elemento sobre o qual incidiu o erro* (v.g preço, coisa ou direito, na compra e venda).

Erro na declaração

A declara vender X, escrevendo, por lapso, Y.

A arrenda X a B, para as férias deste em agosto, ficando escrito que o contrato tem inicio e fim, respetivamente, no primeiro e último dia de junho;

A solicita a B que informe C que lhe deseja vender X; B, porém, informa que A deseja doar X

O negócio no qual se verifique o erro obstáculo é, em princípio, *anulável.*

O artº 248º estabelece que a anulabilidade fundada em erro na declaração *não procede se o destinatário aceitar o negócio como o declarante o queria*[157].

Desta forma, pode concluir-se que os artigos 247º e 248º do CC *apenas se aplicam no caso de o erro não ser conhecido nem cognoscível pelo declaratário, mas, recair sobre elemento essencial do negócio, gerando, assim, invalidade do último.*

No caso de erro conhecido pelo destinatário, *o negócio é válido*[158].

[157] No entanto, nos casos em que a lei exige documento escrito para a forma negocial podem suscitar-se problemas de articulação do artigo 248º com o artigo 364º ambos do CC.

[158] Fazendo aplicação do princípio do artº 236º nº 2 do CC sobre interpretação dos negócios jurídicos.

Por outro lado, *sendo evidente o erro*, o negócio é válido segundo a vontade real das partes, *havendo lugar apenas à sua retificação*[159], como é o caso de erro de cálculo ou de escrita (artigo 249º do CC) se for revelado pelo texto da declaração negocial ou pelas circunstâncias envolventes.

No *erro na transmissão da declaração* (artº 250º do CC) aplica-se o regime do artigo 247º, CC, exceto, se o erro for devido a dolo do intermediário (artigo 250º, nº 2, do CC). Neste caso, o regime de anulação será o geral previsto no artigo 247º do CC, sem o requisito da cognoscibilidade.

9.2.3.3.11.2.4.3. Vícios de vontade

Ocorre *erro vício* quando o mesmo se *refere ao processo de formação da vontade* (motivos) *e não à sua manifestação*, consistindo no desconhecimento ou conhecimento inexato (falsa representação) de um evento (circunstância de facto ou de direito) essencial para a celebração do negócio ocorrido no passado ou no presente[160].

Para que o erro-vício seja relevante *é necessário que seja essencial*, por ter determinado a celebração do tipo de negócio, o contraente ou o objeto, causando a divergência entre a vontade declarada e a vontade que se formaria não tivesse ocorrido o vício no momento do negócio.

O erro do declarante pode ser o reflexo de um erro generalizado num círculo de pessoas.

A comprou a escultura Y supondo ser exemplar único do Autor B, de acordo com a opinião generalizada da crítica. Porém vem a descobrir mais tarde que a escultura era um múltiplo de vinte exemplares, facto que lhe diminui acentuadamente o valor e o teria desinteressado do negócio. A poderá invocar o erro para requerer a anulação do negócio.

Em particular, o *erro pode incidir sobre*:

- a *pessoa do declaratário* (artigo 251º do CC), se recair sobre a identidade ou sobre as qualidades do declaratário; o regime é idêntico ao do erro obstáculo (artigo 247º do CC), sendo o negócio, em princípio, anulável;

[159] Por aplicação do artº 236º nº 1 CC.

[160] Não no futuro. Para alteração de circunstâncias futuras existirá imprevisão com o regime dos artigos 437º a 439º CC.

Erro sobre a pessoa

A doa X a B supondo erradamente ter sido o médico que tratou o seu Pai na doença.

A compra X a B supondo ter sido o premiado em competição e, consequentemente, ideal para reprodução da raça equestre.

- *o objeto* (artigo 251º do CC), quando recai sobre as características e identificação do objeto do negócio; o negócio é, em princípio, anulável, sendo o regime igual ao do erro obstáculo (artigo 247º do CC);

Erro sobre o objeto

A compra a fração autónoma BB supondo ter a composição e área da que visitou, quando esta corresponde à fração CC.

- *os motivos*, sem recair sobre a pessoa ou objeto (artigo 252º do CC); o negócio é anulável, desde que exista um acordo expresso ou tácito sobre a relevância de um determinado motivo sobre o qual recai o erro. Não é necessária que exista cláusula sobre a essencialidade do motivo (embora a sua ausência dificulte a prova nesta matéria), *sendo indispensável que se faça prova de que o declaratário considerou essencial o motivo* que fundamentou a celebração do negócio;
- *a base do negócio*: a exigência de acordo sobre a essencialidade do motivo que determinou a vontade é dispensada se o erro recair sobre as circunstâncias que constituem a base do negócio (artigo 252º, nº 2, do CC). Neste caso, *haverá lugar ao regime de alteração anormal das circunstâncias* (artigo 437º do CC), permitindo-se a anulação ou modificação do negócio desde que o *erro incida sobre as circunstâncias fundamentais, comuns às partes, em que se baseou o negócio, e seja contrário aos princípios da boa fé a sua manutenção*[161].

Erro sobre a base do negócio

A vende o terreno X a B, por preço Y (simbólico) para construção de um centro de apoio a idosos, com possibilidade de A o vir a utilizar. Decorridos cinco anos B procede a loteamento do terreno e venda de lotes para construção urbana destinados a habitação e comércio.

[161] Não a sua resolução.

O artigo 253º do CC prevê um erro qualificado, quando é provocado por dolo, ou seja por um comportamento consciente de outrem (erro provocado), verificando-se, então, uma dupla causalidade: o dolo provoca o erro, que, por sua vez, provoca a declaração viciada (artº 254 nº 1 CC). O dolo pode consistir numa sugestão ou artifício que crie ou mantenha em erro o declarante, ou na falta de devido esclarecimento do declarante.

Erro provocado por dolo (dissimulação)

A, proprietário, tendo conhecimento de que o prédio que está a vender tem defeitos estruturais no que se refere a impermeabilização, canalização, instalações de energia elétrica e gás e qualidade dos revestimentos, oculta-os do comprador B, tudo fazendo para que a aparência do imóvel os não revele, está a atuar dolosamente, por dissimulação, provocando o erro e gerando a anulabilidade do negócio.

O negócio assim viciado *é anulável* (artigo 254º, nº 1, do CC), sendo que, quando o dolo for proveniente de terceiro, o negócio só é totalmente anulável se o declaratário conhecer ou dever conhecer o dolo (artigo 254º, nº 2, do CC)[162].

No exemplo anterior se o dolo provem do mediador na venda do imóvel, terceiro, por não ser parte na compra e venda, só gera a anulabilidade do negócio se o vendedor tinha conhecimento do mesmo.

A *coação moral* vem prevista no artigo 255º do CC para o caso de a declaração negocial ser determinada pelo receio de um mal de que o declarante foi ilicitamente[163] ameaçado[164].

Tal como no erro por dolo, existe dupla causalidade (neste caso, a ameaça ilícita causa medo e este a declaração).

Coação moral

A ameaça B de ser objeto de ofensas corporais para que este lhe venda X. O negócio é anulável mesmo que a venda seja pelo preço justo.

[162] A anulação não exclui a responsabilidade civil ou criminal que ao caso couber.

[163] A ilicitude pode ser de meios ou de fins prosseguidos.

[164] Em rigor a coação reconduz-se ao medo de um dano causado por comportamento ilícito de outra pessoa que visa levar o declarante a fazer a declaração negocial. Se o medo é causado por acontecimento diverso podemos estar em presença de usura (artigo 282º do CC).

Nestes casos, o declarante coagido tem ainda a liberdade para optar por fazer ou não a declaração, contrariamente ao que sucede quando está sob coação física, mas, é levado a comportar-se pela forma adotada em consequência da ameaça, que pode recair sobre a pessoa do declarante, sobre terceiro ou sobre bens do declarante ou terceiros. Porque a ameaça que estamos a referir é ilícita, *não há coação quando se traduz no exercício de um direito.*

A ameaça B com a propositura de ação judicial para cobrança de crédito. Não se verifica coação.

Também *não significa coação moral o "simples temor reverencial"* (artigo 255º, nº 3, in fine CC).

A vende X a B por preço inferior ao real, por recear ser desagradável para com B, seu superior hierárquico.

Se a coação for exercida por terceiro (artigo 256º CC), exige-se ainda gravidade objetiva do mal ameaçado e séria justificação do receio da sua efetivação.

O negócio celebrado sob coação *é anulável.*

A *incapacidade acidental* vem consagrada no artigo 257º do CC, gerando a anulabilidade do negócio nos casos em que a declaração negocial é feita por quem, devido a qualquer causa, se encontrava acidentalmente incapacitado de entender o sentido dela ou não tinha o livre exercício da sua vontade, desde que o facto seja notório ou conhecido do declaratário. Entende-se que o facto é notório quando uma pessoa de normal diligência o teria podido notar.

Incapacidade acidental

A, notoriamente embriagado, declara numa festa de amigos doar o seu automóvel a B, para que este lhe possa dar acesso sem limites a toda a espécie de bebidas alcoólicas. B aceitou a oferta. Todos os presentes ficaram com a certeza de que A não tinha consciência do que estava a fazer porque o veiculo em causa era um modelo de coleção que valia quase tanto com a casa em que se encontravam. No dia seguinte A deseja anular o negócio (doação).

Nos *negócios usurários* uma das partes, aproveitando o estado de necessidade, a inexperiência, a dependência, o estado mental, a fraqueza de caráter da parte contrária, obtém desta para si ou terceiro a promessa ou a concessão de vantagens excessivas ou injustificadas. O negócio pode ser anulado ou modificado segundo juízos de equidade (artigos 282º e 283º do CC).

Negócio usurário

A, aproveitando-se do facto de B ter necessidade de dinheiro para fazer face a despesas de saúde imprevistas e inadiáveis, não conseguindo por outra via financiar-se, compra a B o prédio em que este reside por 100.000,00, quando o seu valor de mercado era, no mínimo, de 500.000,00.

A usura aplicada ao empréstimo (mútuo) tem um regime especial: os juros usurários (com taxa superior à máxima permitida), não são inválidos, considerando-se a taxa reduzida à máxima aplicável (artigos 559º-A e 1146º do CC).

9.2.4. Facto jurídico (em especial)

9.2.4.1. Considerações gerais

Tendo como diploma fundamental o Código Civil e como âmbito de atuação a economia, é especialmente relevante abordar a modalidade de relação jurídica denominada obrigação, tratada nos seus artigos 397º e seguintes.

Entre os factos geradores de obrigações, atribuiu-se especial relevância a dois: os contratos e a responsabilidade civil.

Todavia, dentro do tema contratos, como não sendo possível, numa obra introdutória ao Direito, abordar exaustivamente a matéria, opta-se por selecionar, para estudo particular, a compra e venda, por ser, não apenas um mais frequentes no comércio jurídico interno e internacional[165], como constituir um modelo, dentro dos contratos onerosos, cujo regime se aplica a contratos com natureza análoga (artigo 939º do CC)[166].

[165] Convenção da ONU sobre contratos internacionais de compra e venda internacional de mercadorias (Viena, 11/04/1980).

[166] Por exemplo, ao contrato de permuta (cfr. infra), trespasse de estabelecimento comercial ou industrial (artigo 1112º do CC) ou de usufruto (artigo 1444º do CC), alienação e aquisição de créditos (artigos 577º e seguintes do CC).

Mesmo quando as partes, ao abrigo do princípio da liberdade contratual (artigo 405º do CC), celebram contratos que não coincidem integralmente com a compra e venda, podem socorrer-se, supletivamente, de muitas disposições do seu regime legal.

Por limitações de tempo, abordar-se-ão, sobretudo, os aspetos gerais da compra e venda, com apoio no Código Civil[167], e algumas das suas principais modalidades[168].

9.2.4.2. Contratos em especial: a compra e venda

9.2.4.2.1. Noção e classificação

A compra e venda vem definida no artigo 874º do CC como contrato pelo qual se opera a transmissão da propriedade de uma coisa, ou outro direito, mediante um preço.

A mesma terá natureza comercial nos casos previstos no artigo 463º do Ccom, não alterando a lei mercantil a noção do contrato dada pelo Direito civil.

O contrato pressupõe, assim:

- *duas partes* (comprador e vendedor), conforme os interesses representados (o de quem vende e o de quem compra)
- a *transmissão do direito de propriedade sobre uma coisa ou direito*

[167] *Ficará de fora, pois, o estudo desenvolvido* do regime das cláusulas contratuais gerais (cfr. supra 9.2.3.3.7), da venda de bens de consumo e das garantias a ela relativas (Decreto-Lei nº 84/2021, de 18 de outubro), sem prejuízo de algum de desenvolvimento a propósito das garantias de conformidade, da lei de defesa do consumidor e contratos de venda à distância (Lei nº 24/96, de 31 de julho, com alteração posterior, republicada pela Lei nº 47/2014 de 28 de julho, e Decreto-Lei nº 24/2014, de 14 de fevereiro), a aquisição de serviços públicos essenciais (Lei nº 23/96, de 26 de julho com alteração posterior), as práticas comerciais desleais das empresas nas relações com os consumidores (Decreto-Lei nº 57/2008, de 26 de março com alteração posterior), *apesar de referência a algumas particularidades destes regimes a propósito da venda de bens defeituosos* (infra 9.2.4.2.4.11).

[168] Como enquadramento no Código Civil de questões gerais relativas a contratos, não deixaremos, no entanto de indicar a importância das seguintes matérias: *liberdade contratual* (artigo 405º); *eficácia dos contratos* (artigos 406º a 409º); *modificação, extinção ou transmissão de posição contratual* por acordo das partes (artigos 406º nº 1, 424º); *resolução unilateral com fundamento legal ou contratual* (artigos 432º a 436º com regime especial – artigo 437º); *garantia de cumprimento e medida de indemnização em caso de incumprimento – sinal* (artigo 442º CC) e *cláusula penal.*

Note-se que *o que, verdadeiramente, se transmite é o direito sobre uma coisa ou sobre um outro direito.* Ao dizer-se "compram-se coisas móveis e imóveis", o objeto imediato do negócio consiste nos direitos sobre estas coisas. Uma vez que a lei admite direitos sobre direitos (v.g artigo 680º CC), torna-se mais fácil compreender a celebração de negócios tendo os mesmo por objeto (v.g a compra e venda sobre direitos de crédito – artigos 577º e sgs CC –, ou sobre o direito de usufruto sobre direitos – artigo 1444º CC ou sobre direitos de propriedade industrial – vg. marcas, patentes – e direitos de autor). Claro que, se o direito tiver por objeto uma coisa, a sua posse também se transmite para o comprador (artigos 1263º c) e 1264º, conjugados com os artigos 879º *b*) e 882º do CC), o que justifica recorrer-se à ideia de transmissão de coisa quando se está perante uma compra e venda.

– o *pagamento de um preço* (importância em dinheiro devida como contrapartida da venda)

Se não existir preço, mas uma contrapartida diversa de dinheiro, por exemplo, aliena-se um imóvel recebendo outro imóvel, poder-se-á estar perante uma permuta (referida no Ccom como troca ou escambo – artigo 480º CCom), mas, não perante uma compra e venda. Este contrato sempre será permitido ao abrigo da liberdade contratual (artigo 405º do CC), sendo aplicável o regime da compra e venda em tudo o que não for especialmente previsto (artigo 939º do CC).

Trata-se de um contrato:
- *típico*, por ser definido e regulamentado por lei
- *oneroso*, pelo facto de do mesmo resultarem vantagens e sacrifícios patrimoniais atribuídos a ambas as partes
- *comutativo ou aleatório*, conforme o risco assumido pelas partes

O contrato *será comutativo* se assegurar um equilíbrio estável da posição de ambas as partes *e aleatório* se a posição efetiva de uma delas ficar dependente de acontecimento futuro e incerto. O artigo 880º nº 2 do CC permite que se convencione ser devido o preço mesmo que a transmissão de direitos se não verifique (ex: A vende a B os frutos do seu pomar, pelo preço X, que recebe, assumindo o comprador o risco da sua não existência futura).

- *obrigacional*, na medida em que do mesmo resultam obrigações para ambas as partes (cfr. infra. 9.2.4.2.3 e artigo 879º do CC)
- *real*, por transmitir o direito de propriedade sobre direitos e coisas
- *sinalagmático*, pelo facto de as partes adquirirem direitos e obrigações que estão reciprocamente interligados

Assim, a obrigação de transmitir o direito de propriedade sobre a coisa ou direito e de a entregar ao comprador tem como *contrapartida* a obrigação da pagar o preço pelo comprador, e vice-versa. Se ambas as obrigações deverem ser cumpridas ao mesmo tempo, cada parte pode recusar-se a cumprir se a outra o não fizer (artigo 428º CC). Também pelo artigo 795º do CC se exemplifica a reciprocidade (ex: se a coisa vendida for destruída antes da entrega, por uma catástrofe natural, extingue-se a obrigação de pagar o preço). Pelo artigo 801º nº 2 do CC, constata-se que se se tornar impossível objetivamente a realização da prestação por culpa do devedor, pode o contrato ser resolvido, ou seja, extinto por declaração de vontade da parte inocente, exigindo a restituição do que prestou. Finalmente, nos termos do artigo 808º, conjugado com o artigo 801º nº 2 do CC, no caso de perda de interesse na prestação por parte do credor, pode este resolver (extinguir) o contrato por declaração dirigida à parte faltosa.

Apesar da clareza da definição legal do contrato, *algumas situações podem levantar dúvidas*. Assim, A encomenda a B uma peça de mobiliário, ou um veículo automóvel com caraterísticas que os tornam exemplares únicos. A solução dependerá de a situação se poder enquadrar numa compra de uma coisa futura (artigos 211º e 893º do CC), ou num contrato de empreitada (prestação de serviços de que resulta uma obra – artigo 1207º do CC), consoante as circunstâncias do caso concreto.

9.2.4.2.2. Forma

Como princípio geral, não é exigida forma especial para a validade do contrato (artigo 219º CC), bastando o mútuo consenso. No entanto as partes podem convencionar (artigo 222º do CC) ou a lei exigir uma forma especial, o que sucede, designadamente, se o mesmo se referir a coisas imóveis, caso em que deve ser formalizado por escritura pública ou documento particular autenticado (artigo 875º do CC).

A este propósito, *o CC* (artigo 363º) *distingue*, por um lado, *documentos autênticos de documentos particulares*, e, por outro lado, *escrituras públicas de documentos autenticados*.

Assim, *autênticos* são os documentos exarados, com as formalidades legais, pelas autoridades públicas nos limites da sua competência ou, dentro do círculo de atividades que lhe é atribuído, pelo notário ou outro oficial público provido de fé pública, sendo *particulares* os restantes documentos.

A escritura pública constitui um documento autêntico elaborado por Notário.

Por sua vez os *documentos particulares podem ser ou não autenticados*, consoante sejam confirmados pelas partes, perante notário, nos termos prescritos nas leis notariais.

O documento autenticado consiste num documento particular apresentado perante o Notário, ou por quem tenha competência para tal (v.g advogados, solicitadores), para confirmação da concordância dos respetivos subscritores com o respetivo conteúdo.

Sobre a força probatória dos documentos autênticos e autenticados, regem os artigos 371º e 377º do CC.

O artigo 1º do EN[169] prevê competir aos *notários*, na qualidade de juristas, a elaboração de *documentos autênticos* (escrituras públicas), *dotados de fé pública*, e a *autenticação de documentos particulares*, exercendo estas funções em nome próprio e sob sua responsabilidade, com respeito pelos princípios da *legalidade, autonomia, imparcialidade, exclusividade e livre escolha* (artigo 4º). Por outro lado, *a intervenção do notário garante que a redação do documento seja feita conforme a vontade dos interessados*, deve aquele indagar, interpretar e adequar o documento ao ordenamento jurídico, esclarecendo as partes do seu valor e alcance.

As funções notariais de autenticação de documentos particulares competem também a outras entidades (conservadores e funcionários dos serviços públicos de registo, advogados, solicitadores e câmaras de comércio e indústria, reconhecidas nos termos do Decreto-Lei nº 244/92, de 29 de outubro), nos termos do disposto no artigo 38 do Decreto-Lei nº 76-A/2006, de 29 de maio.

A *falta de forma exigida acarreta a nulidade da compra e venda* (artigo 220º do CC), sem prejuízo de, verificando-se os necessários requisitos, o mesmo se poder converter em contrato de promessa de compra e venda (artigo 293º e 410º do CC).

Liberdade de forma

A vende cinco computadores a B; o contrato não carece de forma, podendo ser celebrado verbalmente ou por documento escrito[170]

[169] Alterado e republicado em anexo à Lei nº 155/2015 de 15 de setembro.

[170] Apesar de não carecer de forma escrita, o contrato pode dar origem à emissão de documentos escritos (v.g faturas, recibos), mas, estes serão já consequências do negócio válido previamente celebrado.

Falta de forma-conversão em contrato de promessa

A vende um prédio urbano a B: o contrato será válido se for celebrado por escritura pública ou escrito particular autenticado; o acordo verbal ou um documento subscrito pelas partes não são suficientes para a celebração válida do negócio; no entanto, se A e B o formalizarem por documento escrito, subscrito por ambos, com as menções exigidas pelo artigo 410º nº 3 do CC, a venda nula, por ter sido celebrada verbalmente, pode ser convertida em contrato de promessa de compra e venda, se se admitir que as partes teriam desejado prometer comprar e vender no caso de terem previsto a nulidade da compra e venda por falta de forma.

Nos casos em que não é obrigatória por lei a adoção de determinada forma, as partes podem convencionar que a validade do negócio fique dependente de certa forma (artigo 223º do CC).

Forma convencionada

Em 21/05 do ano X A e B acordam em que o primeiro venderá ao segundo, pelo preço Y, um conjunto de quadros do pintor C previamente determinados, mediante a celebração de contrato escrito, a subscrever por ambos nos 60 dias seguintes, com emissão de fatura e recibo contra o pagamento imediato do preço. Em 30/05 do ano X, B recolhe na galeria de A as obras de arte referidas, procedendo à transferência bancária de Y para a conta de A. Enquanto não for formalizado o escrito de compra e venda, não se conclui negócio válido, podendo A exigir o retorno das obras de arte à sua galeria.

9.2.4.2.3. Efeitos

O artigo 879º do CC estabelece como efeitos da compra e venda os seguintes:

a) A transmissão da propriedade da coisa ou da titularidade do direito;

b) A obrigação de entregar a coisa;

c) A obrigação de pagar o preço.

Do negócio resultam, *em primeiro lugar o efeito real da transmissão do direito de propriedade da coisa ou direito vendido.*

A posse da coisa vendida transmite-se também para o comprador por efeito da transmissão do direito de propriedade, como resulta do artigo 1264º do CC, pelo que, o comprador pode requerer providências judiciais tendo em vista a manutenção e restituição dessa posse (artigos 1276º a 1286º do CC).

A transmissão do direito de propriedade produz-se automaticamente com a celebração do contrato sem depender da entrega da coisa vendida, a menos que tenha sido clausulada a *reserva de propriedade* ou que seja indispensável proceder à *concentração de obrigações genéricas, escolha de alternativas* ou que a compra e venda respeite a *bens futuros*, conforme resulta do disposto nos artigos 408º e 409º do CC.

Assim, o direito de propriedade transmitir-se-á, nas obrigações genéricas após a concentração, que, por regra, compete ao devedor (artigos 539º e 541º do CC), nas alternativas, após a escolha que, em regra, pertence também ao devedor (artigo 543º do CC), e na compra e venda de bens futuros, logo que o vendedor os tenha adquirido, ficando obrigado a diligenciar nesse sentido, a menos que o contrato tenha natureza aleatória[171] (artigos 895º e 880º do CC).

Transmissão imediata da propriedade

A compra a B o veiculo Y: nada se prevendo em contrário, o direito de propriedade sobre Y transmite-se imediatamente.

Reserva de propriedade

C compra a D o veículo Z, com cláusula segundo a qual a propriedade apenas se transmite após o pagamento de todas as prestações do preço: C ou D registarão a aquisição na Conservatória de Registo de Propriedade de Automóveis com a cláusula de reserva de propriedade, não se transmitindo esta imediatamente com o contrato. Mesmo sem o registo ser concretizado, a cláusula é eficaz entre as partes, não se transmitindo imediatamente o direito de propriedade sobre Z.

Obrigações genéricas

E compra a F 10 das 20 impressoras modelo X, marca Y, que F possui em armazém. A propriedade só se transmite quando F selecionar, dentro das 20 impressoras, as 10 vendidas para efeito de as entregar a E

Obrigações alternativas

G compra a H a máquina XX, aceitando, em alternativa, a entrega da máquina XYX. A propriedade transmitir-se-á para G após a escolha por H da prestação alternativa, definindo a máquina que vai ser vendida e entregue a G.

[171] Cfr. supra 9.2.4.2.1.

Bens futuros

I compra a J um lote de ações que este se compromete a adquirir. A propriedade das ações transmite- se para I logo que que J adquira as ações.

L compra a P os pinheiros do seu prédio Y, que abaterá e transportará nos primeiros seis meses do ano N. A propriedade dos pinheiros só se transmitirá após o seu corte e, consequente destacamento do prédio Y.

Diversamente da compra e venda, a *promessa de compra e venda*, como contrato preliminar, tem, em regra, apenas eficácia obrigacional[172] (artigos 410º a 413º do CC), sendo a sua eventual eficácia real excecional e com um sentido diverso.

Promessa sem eficácia real

A promete vender a B, que àquele promete comprar, o veiculo Y, pelo preço de X. A fica apenas obrigado a vender e B a comprar sem se transmitir qualquer direito de propriedade de Y. No caso de A vender Y a D, violando o contrato de promessa, deve apenas indemnizar B pelos danos sofridos.

Promessa com eficácia real

A prometeu vender o prédio urbano Y a B, convencionando a eficácia real do contrato e procedendo ao respetivo registo na Conservatória do Registo Predial. Incumprindo a promessa, A vendeu Y a C. O direito de B a adquirir o prédio permanece imune à venda do mesmo a C, podendo intentar ação judicial, ao abrigo do artigo 830º do CC, tendo em vista obter uma sentença que, substituindo a compra e venda prometida, o considere proprietário do imóvel (desde que as suas obrigações como promitente comprador estejam cumpridas), sendo que, como o contrato de promessa por si celebrado tem eficácia real, a sua pretensão prevalecerá sempre sobre a posição de C.

Por outro lado, como a venda a C é ineficaz relativamente a B, por ter sido atribuída eficácia real à promessa, se A vier a vender o imóvel a B, mesmo após ter vendido a C, a venda a B prevalece.

Relacionada com a transmissão da propriedade, está a transmissão do *risco de deterioração ou perda* da coisa ou direito vendido. Em regra, o risco de perda ou deterioração da coisa transmite-se para o comprador,

[172] Unilateral ou bilateral consoante uma ou ambas as partes se vinculam a futuras obrigações.

segundo o disposto no artigo 796º do CC, a menos que a coisa continue na posse do vendedor, ou que a eficácia do contrato esteja dependente de condição suspensiva.

Risco de perda ou deterioração pelo comprador

A compra a B o automóvel X que lhe é entregue de imediato. O risco transmite-se para A com a celebração do contrato.

G compra a H o automóvel X com cláusula de reserva de propriedade a favor do vendedor enquanto o preço não estiver integralmente pago. Se X foi entregue a G o risco corre por sua conta.

Risco de perda ou deterioração pelo vendedor

C compra a D o automóvel X que lhe será entregue no prazo de noventa dias. O risco apenas se transmitirá para C com a entrega de X.

E compra a F o automóvel X, para o caso de, na sua empresa, se verificar um aumento de prestação de serviços de transporte de mercadorias superior a 30% nos seis meses seguinte ao contrato. Se X permanecer na posse de F, o risco da sua perda apenas de transmitirá para E quando se verificar a condição suspensiva (aumento da prestação de serviços).

Em segundo lugar, da compra e venda resultam efeitos obrigacionais: para o vendedor a *obrigação de transmitir a propriedade da coisa ou direito vendido e de a entregar* ao comprador, e, para este, a correspetiva *obrigação de pagar o preço*.

No que respeita à entrega da coisa vendida, a mesma decorre da transmissão de posse a favor do comprador (artigo 1264º do CC), podendo operar-se por transmissão física (tradição) ou ato simbólico (artigo 1263º *b*) do CC)[173].

Depois, e ainda no que respeita à *entrega da coisa*, importa ter em atenção que[174]:

[173] Por exemplo, entrega das chaves do imóvel, ou do automóvel.

[174] Para a *compra e venda comercial* (artigo 463º do Ccom), deve consultar-se o disposto nos artigos 473º e 475º Ccom: Artigo 473º "Se o prazo para a entrega das coisas vendidas não se achar convencionado, deve o vendedor pô-las à disposição do comprador dentro das vinte e quatro horas seguintes ao contrato, se elas houverem sido compradas à vista.§ Único. Se a venda das coisas se não fez à vista, e o prazo para a entrega não foi convencionado, poderá o comprador fazê-lo fixar judicialmente /Artigo 475º "Os contratos de compra e venda celebrados a contado em feira ou mercado cumprir-se-ão no mesmo dia da sua celebração, ou,

- a coisa deve ser entregue no estado em que se encontrava ao tempo da venda, abrangendo, salvo estipulação em contrário, as partes integrantes, os frutos pendentes e os documentos relativos à coisa ou direito (artigo 882º números 1 e 2 do CC)
- o negócio que têm por objeto a coisa principal não abrange, salvo declaração em contrário, as coisas acessórias (artigo 210º do CC)
- Se a prestação tiver por objeto coisa móvel determinada, ou dever ser escolhida de um conjunto determinado, ou dever ser produzida em determinado local, a obrigação deve ser cumprida no lugar onde a coisa se encontrava ao tempo da conclusão do negócio (artigo 773º do CC).
- No cumprimento da obrigação deve o vendedor proceder de boa fé (artigo 762º número 2 do CC)
- Transmitida a propriedade da coisa, ou o direito sobre ela, e feita a sua entrega, o vendedor não pode, salvo convenção em contrário, resolver o contrato por falta de pagamento do preço (artigo 886º do CC)

Venda com entrega simbólica, coisas acessórias, frutos pendentes, deveres de cuidado decorrentes da boa fé

A vende a B o imóvel M composto por uma construção destinada a habitação e terreno afeto a vinha e pomar. A transmite a posse efetiva do imóvel a B, com entrega das chaves da construção e a documentação do prédio. Na venda não se compreenderam as alfaias agrícolas (equipamentos) que se encontrem no prédio (coisas acessórias), por nada ter sido estipulado nesse sentido. Na compra compreendem-se os frutos ainda não colhidos. A, atuando de boa fé, deve abster-se de todos os comportamentos que possam prejudicar a entrega do imóvel no estado em que se encontrava à data da celebração do negócio.

o mais tarde, no dia seguinte.§ Único. Expirados os termos fixados neste artigo sem que qualquer dos contratantes haja exigido o cumprimento do contrato, haver-se-á este por sem efeito, e qualquer sinal passado ficará pertencendo a quem o tiver recebido." *Para valores mobiliários* (v.g ações, obrigações emitidas por sociedades comerciais) *transacionados em mercados regulamentados e sistemas de negociação multilateral,* a compra e venda processa-se nos termos do CVM (artigos 46º a 94º para os valores escriturais, representados por registos abertos informaticamente em contas de intermediários financeiros, e artigos 95º a 107º, para valores titulados, com representação em papel), estando o cumprimento das obrigações das partes assegurado por sistemas de liquidação registados na CMVM (artigos 266º e seguintes do CVM).

Venda com pagamento do preço em prestações, entrega da coisa, resolução do negócio

Em 25/02 do ano n, C vende a D o automóvel X pelo preço Y, a pagar em vinte prestações iguais, com vencimento nos meses seguintes à conclusão do negócio. C e D não convencionam a reserva de propriedade a favor de C enquanto o preço não estiver integralmente pago. X é entregue a D no ato da venda. D não paga as prestações 12º a 15º. Por falta de pagamento das prestações, C não pode resolver o negócio reavendo X, como resultaria do disposto nos artigos 433º e 289º do CC, porque o direito de propriedade se transmitiu a D (artigos 874º, 879º *a*) e 408º do CC) e a coisa vendida foi entregue ao comprador. Se tivesse sido convencionada a reserva de propriedade (artigo 409º do CC) ou a possibilidade de resolução por falta de pagamento de preço (artigo 886º do CC), a solução seria diversa.

Como *contrapartida da entrega* da coisa, o comprador assume a *obrigação de pagar as despesas do contrato*, na falta de convenção em contrário (artigo 878º do CC)[175], *e o preço* livremente convencionado, ou apurado segundo as regras seguintes constantes do artigo 873º do CC, segundo as quais se admite que o mesmo seja fixado por entidade pública[176], ou que corresponda ao praticado normalmente pelo vendedor à data da conclusão do negócio, ou ao corrente na bolsa ou mercado no mesmo momento e no lugar em que o comprador o deva pagar, e, em último caso, que se recorra a Tribunal para a sua fixação segundo a equidade, fazendo apelo à noção de "justo preço"[177]. Se o negócio for reduzido, o preço acompanhará a redução (artigo 884º do CC).

Na compra e venda comercial pode convencionar-se que o preço da coisa venha a tornar-se certo por qualquer meio, que desde logo ficará estabelecido, ou que fique dependente do arbítrio de terceiro, indicado no contrato (artigo 466º do Ccom).

[175] No que respeita a despesas e encargos relacionados com a entrega de coisas na compra e venda internacional, deve ter-se em atenção os incoterms adotados pela Câmara de Comércio Internacional (Paris), que podem ser consultados em http://www.iccwbo.org/products-and-services/trade-facilitation/incoterms-2010/the-incoterms-rules/.

[176] V.g no âmbito de regime de preços fixados pelo Estado para determinados produtos.

[177] O artigo 400º do CC, a propósito da determinação da prestação, prevê que a mesma possa ser confiada a uma ou outra das partes ou a terceiro e que, em qualquer dos casos deve ser feita segundo juízos de equidade, se outros critérios não tiverem sido estipulados, bem como, se a determinação não puder ser feita ou não tiver sido feita no tempo devido, sê-lo-á pelo tribunal (sem prejuízo do disposto acerca das obrigações genéricas e alternativas – artigos 539º a 549º do CC).

Preço certo e pronto pagamento

Em 20/01/do ano n, A vende a B o imóvel X, pelo preço Y, com entrega simultânea das respetivas chaves. Na falta de convenção em contrário, B deve pagar Y na data indicada, bem como as despesas do escrito de compra e venda (escritura pública ou documento autenticado)

Preço definido por uma das partes

A sociedade IJL Lda, produtora de sumos e outros derivados de fruta, com fábrica e sede no local Z, contrata com as sociedades MNO Lda e PQR SA, com sedes, respetivamente, em Z1 e Z2, em que estas procedam à distribuição dos seus produtos nos distritos A e B. Do contrato de distribuição consta cláusula segundo a qual o preço dos produtos, mencionado em lista anexa ao mesmo, será atualizado trimestralmente, mediante comunicação de IJL Lda às restantes sociedades, podendo estas, caso discordem do mesmo, rescindir os contratos de distribuição, mediante comunicação à produtora nos quinze dias seguintes à comunicação do novo preço. Como condição para levantamento da mercadoria vendida, as distribuidoras deverão proceder ao pagamento integral do preço da mesma no ato da entrega. O preço é fixado por uma das partes (IJL Lda), na medida em que, no caso de discordância das distribuidoras, apenas lhes resta a possibilidade de porem fim ao contrato.

Preço definido pelas partes e terceiro

A FGH SA contrata com JBL Lda a venda a esta de gasóleo rodoviário pelos preços divulgados semanalmente pela AEP – Associação de Empresas Petrolíferas, tendo em conta a cotação internacional do crude e produtos refinados, os custos de armazenagem e distribuição e impostos, conforme tabela anexa. O preço é fixado tendo em atenção critérios definidos pelas partes e por terceiro (AEP).

Preço definido pelo praticado pelo vendedor

Em 15/03/ do ano n, F, construtor civil, compra a G, produtor de cimento, uma tonelada de CP I – cimento portland comum. Não sendo especificado o preço de aquisição, o mesmo corresponderá ao praticado por G no seu estabelecimento em 15/03/ do ano n.

Como regra, o preço deve ser pago no momento e ato da entrega da coisa vendida ("*pronto pagamento*"); se os usos ou o acordo das partes determinarem o contrário, o pagamento será efetuado no domicílio do vendedor à data do pagamento (artigo 885º do CC).

Relacionado com o pagamento do preço está o *direito à quitação* (artigo 787º do CC).

O comprador tem o direito de exigir quitação[178] do vendedor, devendo a mesma constar de documento autêntico ou autenticado ou ser provida de reconhecimento notarial, se aquele que cumpriu tiver nisso interesse legítimo[179], podendo o comprador recusar o pagamento do preço enquanto a quitação não for dada.

No mesmo sentido prevê o artigo 476º do Ccom que o "vendedor não pode recusar ao comprador a fatura das coisas vendidas e entregues, com o recibo do preço ou da parte de preço que houver embolsado".

9.2.4.2.4. Modalidades

9.2.4.2.4.1. Generalidades

As várias modalidades de venda, seguidamente expostas, não correspondem a espécies de compra e venda, mas, a *regimes especiais da compra e venda ou do cumprimento do contrato*[180].

9.2.4.2.4.2. Venda a filhos ou netos

O artigo 877º do CC dispõe que "Os pais e avós não podem vender a filhos ou netos, se os outros filhos ou netos não consentirem na venda", sob pena de anulabilidade do negócio[181], não estando, no entanto proibida a entrega de bens pelo ascendente para pagamento de dívidas ao descendente. Trata-se de disposição que pretende evitar que, por vendas simuladas, se viole as expetativas protegidas dos herdeiros legitimários (cônjuge, descendentes e ascendentes)[182].

Vendas por ascendentes a descendentes

Em 05/03/do ano n A vende ao filho B o imóvel X, sem obter o consentimento dos restantes filhos, C e D. C e D tomam conhecimento da venda em 05/05/do ano n+1; se não requererem a anulação da mesma até 05/05/do ano +2, o negocio convalida-se.

[178] Recibo ou outra declaração que ateste o pagamento, exonerando, assim, o devedor do cumprimento da obrigação.

[179] Não é frequente tal suceder, *sendo corrente apenas a prática da fatura/recibo ou dos dois documentos em separado, consoante as exigências do Direito Fiscal.*

[180] Sem a preocupação de ser exaustivo nesta matéria.

[181] No prazo de um ano a contar da data em que o descendente que não prestou consentimento teve conhecimento do negócio (artigo 287º do CC).

[182] Artigos 2156º e seguintes do CC.

A vende o imóvel X ao neto F em 04/07/do ano n.; deve obter consentimento dos filhos que representem as várias estirpes e dos restantes netos. Aplicam-se as considerações do exemplo anterior, cabendo agora o direito de requerer a anulação aos filhos e netos que não consentiram no negócio.

9.2.4.2.4.3. Venda de bens alheios

Como em tempo se observou, para que um negócio seja válido, não basta que os sujeitos de relação jurídica tenham capacidade jurídica de gozo e exercício de direitos e que o seu objeto seja idóneo; é indispensável que as mesmas tenham *legitimidade.*

O princípio da legitimidade decorre imediatamente do disposto no artigo 892º do CC que estabelece a nulidade da compra e venda de bens alheios, porque o comprador e vendedor, em tal circunstância, não possuem legitimidade para proceder à mesma. O vendedor pode ter capacidade jurídica, mas, se não tiver um posicionamento concreto relativo ao bem que lhe permita dispor do mesmo (legitimidade), não pode vendê-lo validamente.

Todavia, se a parte a quem falta legitimidade originária, vier a adquirir o bem alheio vendido, adquirirá legitimidade superveniente, convalidando-se a compra e venda, com a consequente transmissão do direito de propriedade do bem vendido para o comprador (artigo 895º CC).

Estando o comprador de boa fé, o vendedor é obrigado a efetuar todas as diligências no sentido de adquirir o bem vendido, sanando a nulidade[183]. Em todo o caso, o comprador de boa fé tem sempre direito à restituição integral do preço que tenha pago, a indemnização (artigos 894º, 898º a 900º do CC), bem como ao valor das benfeitorias que tenha realizado na coisa comprada (artigo 901º do CC).

A *invalidade de compra e venda restringe-se às que têm por objeto coisas alheias, encaradas como se fossem próprias do vendedor* (artigo 904º do CC).

Assim, *são permitidas as vendas de bens futuros*, ou seja, de bens que ainda não existem fisicamente ao tempo do contrato, ou que já existem, mas ainda não pertencem ao vendedor (artigos 880º, 893º e 211º do CC).

Por outro lado, contrariando a regra do Direito civil, no exercício do comércio são sempre permitidas vendas de bens alheios, ficando o ven-

[183] É um dos raros casos em que a nulidade admite sanação, uma vez que, por regra, este tipo de invalidade é insanável (artigo 286º do CC).

dedor obrigado a adquirir a propriedade do bens vendidos (artigo 467º, 2º Ccom).

Nulidade da venda de bens alheios

A vende a B o imóvel X, que pertence a C, como bem próprio; a venda é nula, Mas, se A vier a adquirir X a venda convalida-se

Validade de venda de bens futuros

A vende a B um imóvel pertencente a C, como bem a adquirir, tendo, inclusivamente, celebrado um contrato de promessa de compra do mesmo com C; a venda á válida referindo-se a uma coisa futura

A vende a B uma moradia que se compromete a construir em terreno de que é proprietário; a venda é válida referindo-se a coisa futura

A vende a B as ações da sociedade X que espera adquirir no aumento do seu capital social já deliberado para o ano corrente; a venda é válida referindo-se a coisa futura

9.2.4.2.4.4. Venda de bens onerados

Se o direito transmitido estiver sujeito a algum ónus ou limitação que exceda os limites normais inerentes aos direitos da mesma categoria, o contrato é anulável por erro ou dolo, desde que no caso se verifiquem os requisitos legais da anulabilidade (artigo 905º do CC), ou seja, se o comprador não teve conhecimento de tais encargos e limitações quando celebrou o negócio, não sendo exigível a sua manutenção com os mesmos.

Apesar de a lei fazer alusão à anulabilidade do negócio, o caso não é enquadrável nos vícios na formação da vontade, mas, sim nas causas que podem levar à resolução do contrato (extinção do contrato mediante comunicação à parte contrária – cfr. artigos 432º a 436º do CC).

Para além do direito a indemnização (artigos 908º e 909º do CC), o vendedor está obrigado a sanar a anulabilidade (artigo 907º CC), sob pena de a indemnização ser agravada (artigo 910º CC), sem prejuízo da possibilidade de reduzir o negócio (artigos 911º, 884º e 292º CC). A anulabilidade do contrato não desaparece automaticamente com a eliminação dos ónus ou limitações ao direito transacionado (artigo 906º nº 2 CC).

Este regime não é imperativo, admitindo estipulação das partes em contrário, a menos que o comprador tenha atuado dolosamente (artigo 912º CC).

Venda de bem com onerado – anulação ou redução de preço e indemnização

A vende a B o imóvel X livre de ónus e encargos; posteriormente, B tem conhecimento de que X se encontrava hipotecado para garantia de um empréstimo contraído por A no Banco Z, ou que, relativamente ao mesmo, estava registado contrato de promessa de venda com eficácia real a favor de C, ou ainda que X estava arrendado a D; o negócio é anulável a pedido de B, se no prazo fixado pelo Tribunal, A não tiver expurgado o imóvel do encargo, sem prejuízo de indemnização pelos prejuízos sofridos; se se provar, por exemplo, que, sabendo do encargo, B teria comprado por metade do preço, este último não poderá requerer a anulação do negócio, mas apenas a redução do preço e indemnização.

9.2.4.2.4.5. Venda de bens de titularidade incerta

Quando se vendam bens de existência ou titularidade incerta[184] e no contrato se faça menção dessa incerteza, é devido o preço, ainda que os bens não existam ou não pertençam ao vendedor, exceto se as partes recusarem ao contrato natureza aleatória (artigo 881º CC).

Por sua vez, o artigo 467º nº 1 do Ccom admite serem permitidas em comércio compras e vendas de coisas incertas ou de esperanças.

Compra e venda aleatória

O Estado A vende a B, pelo preço X, 10% da produção de crude e gás natural que venha a ser extraído no ano Y, na sequência da prospeção que B se compromete a fazer da zona L da plataforma continental, sendo X devido a A mesmo que nada tenha sido extraído da zona L no ano Y. Neste caso, as partes atribuem ao contrato natureza aleatória, com o risco a ser suportado por B.

9.2.4.2.4.6. Venda de coisas sujeitas a contagem, pesagem ou medição

Na venda de coisas determinadas, com preço fixado à razão de tanto por unidade, é devido o preço proporcional ao número, peso ou medida real das coisas vendidas, sem embargo de no contrato se declarar quantidade diferente (artigo 887º do CC).

[184] 1Apesar da incerteza das coisas, é suposto estas poderem existir, sob pena de o contrato ser nulo (artigo 280º nº 1 CC).

Se na venda de coisas determinadas o preço não for estabelecido à razão de tanto por unidade, o comprador deve o preço declarado, mesmo que no contrato se indique o número, peso ou medida das coisas vendidas e a indicação não corresponda à realidade, sem prejuízo de redução ou aumento do preço se a quantidade efetiva for inferior ou superior à declarada em mais de um vigésimo desta (artigo 888º do CC).

Se o preço devido por aplicação destes critérios exceder o proporcional à quantidade declarada em mais de um vigésimo e o vendedor não prescindir do mesmo, o comprador tem o direito de resolução do contrato (artigo 891º CC).

O direito ao recebimento da diferença de preço e de resolução deve ser exercido nos prazos previstos nos artigos 890º e 891º do CC, sob pena de caducidade (298º nº 2 CC).

O artigo 472º do Ccom dispõe, para as *vendas comerciais*, que as coisas "não vendidas a esmo ou por partida inteira, mas por conta, peso ou medida, são a risco do vendedor até que sejam contadas, pesadas ou medidas, salvo se a contagem, pesagem ou medição se não fez por culpa do comprador", considerando-se "feita a venda a esmo ou por partida inteira, quando as coisas forem vendidas por um só preço determinado, sem atenção à conta, peso ou medida dos objetos, ou quando se atender a qualquer destes elementos unicamente para determinar a quantia do preço". No caso de a venda ser feita por "por conta, peso ou medida, e a fazenda ser entregue, sem se contar, pesar ou medir, a *tradição para o comprador supre a conta, o peso ou a medida.*".

Venda à unidade

A vende a B todos os sacos de cimento que detém em armazém à razão de X euros por cada saco de 50 kg., fixando o preço global em Y euros. Tratando-se de venda à unidade, o preço devido é o resultante da multiplicação do número de sacos por X euros, mesmo que assim se apure quantia diversa de Y euros (artigo 887º CC)

Venda por preço global determinado segundo unidades estimadas

Em 40/03/do ano n, A vende a B todos os eucaliptos que se encontram no seu prédio Z pelo preço global de Y euros, apurado pela multiplicação da quantidade estimada de X toneladas pelo preço M por cada tonelada. Se a quantidade de madeira extraída de Z for inferior ou superior em 5% relativamente a X toneladas, respetivamente, B tem direito a requerer a redução do preço e A tem direito a requerer o aumento do mesmo (artigo 888º CC) nos seis meses após a entrega ao comprador. Porém, se o preço corrigido exceder 5% do mencionado no contrato e o vendedor exigir o excesso, B tem direito a resolver o contrato (artº 891º CC) nos três meses seguintes à exigência do aumento do preço por A.

9.2.4.2.4.7. Venda a contento e venda sujeita a prova/vendas à distância e fora do estabelecimento comercial

A venda a contento e a venda sujeita a prova vêm previstas nos artigos 923º a 926º do CC e no artigo 470º do Ccom, ficando a mesma dependente de a coisa agradar ao comprador.

Numa primeira modalidade considera-se que a proposta de venda será aceite se, entregue a coisa ao comprador, este se não pronunciar no prazo de aceitação estabelecido pelo artigo 228º do CC (presunção de aceitação).

Venda a contento: primeira modalidade

A vende a B, no seu estabelecimento, o móvel X, venda sujeita à cláusula de o mesmo agradar a B. X foi entregue no domicilio de B. B aceita a entrega e nada comunica a A sobre a rejeição da compra. A compra e venda conclui-se, valendo o silencio como aceitação[185].

Este regime encontra limitações decorrentes do regime da *proteção do consumidor*, nas *vendas fora do estabelecimento comercial, que impede que o silencio deste possa valer como aceitação*[186], de acordo, aliás, com o princípio geral decorrente do artigo 218º do CC (cfr. infra).

Numa segunda modalidade, prevê-se que o contrato seja celebrado, sob a condição resolutiva de a coisa não agradar ao comprador, facto que deve ser comunicado ao vendedor dentro de certo prazo[187].

Venda a contento: segunda modalidade

A vende a B o móvel X podendo este resolver a compra no prazo de oito dias sobre a entrega. Entregue X, B dispõe de oito dias para comunicar a A a sua

[185] *Se a aceitação do móvel for acompanhada pelo pagamento do preço, tem o valor de aceitação tácita* (artigo 217º CC), nos termos gerais. Note-se que *é proibida a venda de bens não solicitados* (9º nº 4 da LDC).

[186] Para os *contratos celebrados à distância e fora do estabelecimento comercial* deve consultar-se o regime aprovado pelo Decreto-Lei nº 24/2014, de 14 de fevereiro, com a redação dada pelo Decreto-Lei nº 78/2018, de 15 de outubro (RCDFEC), este último com entrada em vigor em 2019/01/01.

[187] Nos contratos de *venda ao consumidor*, em caso de *falta de conformidade do bem*, o mesmo é protegido por regime que, entre outros mecanismos, estabelece o *direito de resolução* (cfr. Lei número 24/96, de 31 de julho, com a redação dada pela Lei número 47/2014 de 28 de julho, que procedeu à respetiva republicação).

intenção de pôr fim ao contrato (resolução). Se neste prazo nada disser, o contrato considera-se concluído.

Sendo esta venda comercial, o comprador pode resolver o negócio no ato da entrega da coisa, após a examinar, ou se o exame não ocorrer com a entrega, nos oito dias seguintes (artigos 470º e 471º Ccom).

Venda comercial: prazo para resolução do negócio

A, grossista vende a B, retalhista, cinco móveis X que se vão destinar a revenda. B recebe os móveis examinando-os no ato da entrega, não reclamando relativamente aos mesmos. O contrato conclui-se sem possibilidade de resolução. Se o comprador não examinar os móveis no ato da entrega tem oito dias para resolver o negócio.

Nos *contratos celebrados à distância*[188] *ou fora do estabelecimento comercial, celebrados com consumidor*[189], o último deve receber as seguintes informações:[190]

a) Identidade do fornecedor de bens ou do prestador de serviços, incluindo o nome, a firma ou denominação social, o endereço físico onde se encontra estabelecido, o número de telefone e de telecópia e o endereço eletrónico, caso existam, de modo a permitir ao consumidor contactá-lo e comunicar com aquele de forma rápida e eficaz;

b) Quando aplicável, o endereço físico e identidade do profissional que atue por conta ou em nome do fornecedor de bens ou prestador de serviços;

[188] Definido como "um contrato celebrado entre o consumidor e o fornecedor de bens ou o prestador de serviços sem presença física simultânea de ambos, e integrado num sistema de venda ou prestação de serviços organizado para o comércio à distância mediante a utilização exclusiva de uma ou mais técnicas de comunicação à distância até à celebração do contrato, incluindo a própria celebração" (artigo 3º, *f*) do RCDFEC). O RCDFEC aprovado pelo Decreto-Lei nº 24/2014 de 14 de fevereiro, na redação atual, pode ser consultado em http://www.pgdlisboa.pt/leis/lei_mostra_articulado.php?nid=2062&tabela=leis&so_miolo=. Este regime não se aplica aos contratos previstos no artigo 2º nº 2 do diploma citado, designadamente a serviços financeiros e operações sobre imóveis, bens de consumo corrente e viagens organizadas por agências. Para a aquisição de serviços financeiros à distância pode ver-se o Decreto-Lei nº 95/2006, de 29 de Maio, na redação atual, em http://www.pgdlisboa.pt/leis/lei_mostra_articulado.php?artigo_id=810A0043&nid=810&tabela=leis&pagina=1&ficha=1&nversao=.

[189] Definido como pessoa singular que atue com fins que não se integrem no âmbito da sua atividade comercial, industrial, artesanal ou profissional (artigo 1º alínea *c*) do RCDFEC).

[190] Artigos 4º do RCDFEC.

c) O endereço físico do estabelecimento comercial do profissional, no caso de ser diferente do endereço comunicado nos termos das alíneas anteriores e, se aplicável, o endereço físico do profissional por conta de quem atua, onde o consumidor possa apresentar uma reclamação.

d) Características essenciais do bem ou serviço, na medida adequada ao suporte utilizado e ao bem ou serviço objeto do contrato;

e) Preço total do bem ou serviço, incluindo taxas e impostos, encargos suplementares de transporte, despesas postais ou de entrega ou quaisquer outros encargos que no caso caibam;

f) O modo de cálculo do preço, incluindo tudo o que se refira a quaisquer encargos suplementares de transporte, de entrega e postais, e quaisquer outros custos, quando a natureza do bem ou serviço não permita o cálculo em momento anterior à celebração do contrato;

g) A indicação de que podem ser devidos encargos suplementares de transporte, de entrega e postais, e quaisquer outros custos, quando tais encargos não possam ser razoavelmente calculados antes da celebração do contrato;

h) O preço total, que deve incluir os custos totais, por período de faturação, no caso de um contrato de duração indeterminada ou que inclua uma assinatura de periodicidade;

i) O preço total equivalente à totalidade dos encargos mensais ou de outra periodicidade, no caso de um contrato com uma tarifa fixa, devendo ser comunicado o modo de cálculo do preço quando for impossível o seu cálculo em momento anterior à celebração do contrato;

j) Modalidades de pagamento, de entrega, de execução, a data-limite em que o profissional se compromete a entregar o bem ou a prestar o serviço, e, se for o caso, o sistema de tratamento de reclamações dos consumidores pelo fornecedor de bens ou prestador de serviços;

l) Quando seja o caso, a existência do direito de livre resolução do contrato, o respetivo prazo e o procedimento para o exercício do direito, nos termos dos artigos 10º e 11º com entrega do formulário de livre resolução constante da parte B do anexo ao presente decreto-lei, do qual faz parte integrante;

m) Quando seja o caso, a indicação de que o consumidor suporta os custos da devolução dos bens em caso de exercício do direito de livre resolução e o montante desses custos, se os bens, pela sua natureza, não puderem ser devolvidos normalmente pelo correio normal;

n) A obrigação de o consumidor pagar ao prestador de serviços um determinado montante, proporcional ao serviço já prestado, sempre que o consumidor exerça o direito de livre resolução depois de ter apresentado o pedido a que se refere o artigo 15º do RCDFEC;

o) Quando não haja direito de livre resolução, nos termos do artigo 17º do RCDFEC, a indicação de que o consumidor não beneficia desse direito ou, se for caso disso, as circunstâncias em que o consumidor perde o seu direito de livre resolução;

p) Custo de utilização da técnica de comunicação à distância, quando calculado em referência a uma tarifa que não seja a tarifa base;

q) A duração do contrato, quando não seja indefinida ou instantânea, ou, em caso de contrato de fornecimento de bens ou prestação de serviços de execução continuada ou periódica ou de renovação automática, os requisitos da denúncia, incluindo, quando for o caso, o regime de contrapartidas estabelecidas para a cessação antecipada dos contratos sujeitos a períodos contratuais mínimos;

r) A existência e o prazo da garantia de conformidade dos bens, quando seja aplicável o regime jurídico da venda de bens de consumo constante do Decreto-Lei nº 67/2003, de 8 de abril, alterado pelo Decreto-Lei nº 84/2008, de 21 de maio;

s) A existência e condições de assistência pós-venda, de serviços pós-venda e de garantias comerciais quando for o caso;

t) A existência de códigos de conduta relevantes, quando os haja, e o modo de obter as respetivas cópias;

u) A duração mínima das obrigações dos consumidores decorrentes do contrato, quando for o caso;

v) A existência de depósitos ou outras garantias financeiras e respetivas condições, a pagar ou prestar pelo consumidor a pedido do profissional, quando as houver;

x) Sendo o caso, a funcionalidade dos conteúdos digitais, incluindo as medidas de proteção técnica;

z) Qualquer interoperabilidade relevante dos conteúdos digitais com equipamentos e programas informáticos de que o profissional tenha ou possa razoavelmente ter conhecimento, quando for o caso;

aa) A possibilidade de acesso a um mecanismo extrajudicial de reclamação e recurso a que o profissional esteja vinculado e o modo de acesso a esse mesmo mecanismo, quando for o caso.

Além desta particularidade, os contratos celebrados à distância estão sujeitos a requisitos[191] que procuram salvaguardar a completa prestação de informação pré-contratual e a segurança nas transações. Assim, para além da necessidade de confirmação da celebração do contrato pelo vendedor/fornecedor (artigo 6º RCDFEC), de acordo com o disposto no artigo 5º do diploma citado:

[191] Para além do que resulta de outras leis especiais (Lei da televisão, da rádio, "call centers", código da publicidade, comércio eletrónico).

1 – As informações ....devem ser prestadas de forma clara e compreensível por meio adequado à técnica de comunicação à distância utilizada, com respeito pelos princípios da boa-fé, da lealdade nas transações comerciais e da proteção das pessoas incapazes, em especial dos menores.

2 – Quando, num contrato celebrado à distância por via eletrónica, a encomenda pelo consumidor implicar uma obrigação de pagamento, o fornecedor de bens ou prestador de serviços deve dar ao consumidor, de forma clara e bem visível, e imediatamente antes de o consumidor concluir a encomenda, as informações pré-contratuais previstas nas alíneas *d*), *e*), *f*), *g*), *h*), *i*), *q*) e *u*) do nº 1 do artigo 4º do RCDFEC;

3 – Para o cumprimento do disposto no número anterior, o fornecedor de bens ou prestador de serviços deve garantir que o consumidor, ao concluir a encomenda confirma, de forma expressa e consciente, que a encomenda implica a obrigação de pagamento.

4 – Quando a conclusão da encomenda implicar a ativação de um botão ou função semelhante, o botão ou a referida função é identificada de forma facilmente legível, apenas com a expressão «encomenda com obrigação de pagar» ou uma formulação correspondente e inequívoca, que indique que a realização da encomenda implica uma obrigação de pagamento ao profissional.

5 – Sem prejuízo do dever de comunicação das restantes informações de acordo com o meio de comunicação à distância utilizado, quando o contrato for celebrado através de um meio de comunicação à distância com espaço ou tempo limitados para divulgar a informação, o fornecedor de bens ou prestador de serviços deve facultar, nesse meio específico e antes da celebração do contrato, pelo menos, as informações pré-contratuais exigidas pelas alíneas *a*), *d*), *e*), *f*), *g*), *h*), *i*), *l*) e *q*) do nº 1 do artigo anterior.

6 – Em caso de comunicação por via telefónica, a identidade do fornecedor do bem ou prestador de serviços ou do profissional que atue em seu nome ou por sua conta e o objetivo comercial da chamada devem ser explicitamente comunicados no início de qualquer contacto com o consumidor.

7 – Quando o contrato for celebrado por telefone, o consumidor só fica vinculado depois de assinar a oferta ou enviar o seu consentimento escrito ao fornecedor de bens ou prestador de serviços, exceto nos casos em que o primeiro contacto telefónico seja efetuado pelo próprio consumidor.

8 – Se o fornecedor de bens ou prestador de serviços não observar o disposto nos nºs 2, 3 e 4, o consumidor não fica vinculado ao contrato.

Por sua vez, de acordo com o artigo 9º do RCDFEC, o contrato celebrado fora do estabelecimento comercial (já não o contrato celebrado à distância) está sujeito à forma escrita:

1 – O contrato celebrado fora do estabelecimento comercial é reduzido a escrito e deve, sob pena de nulidade, conter, de forma clara e compreensível e na língua portuguesa, as informações determinadas pelo artigo 4º

2 – O fornecedor de bens ou prestador de serviços deve entregar ao consumidor uma cópia do contrato assinado ou a confirmação do contrato em papel ou, se o consumidor concordar, noutro suporte duradouro..........

No que respeita ainda a estes contratos (celebrados fora do estabelecimento comercial) deve ter-se em atenção o disposto no artigo 21º do RCDFEC:

"1 – Quando o contrato celebrado fora do estabelecimento comercial seja acompanhado ou precedido da divulgação de catálogos, revistas ou qualquer outro meio gráfico ou audiovisual, devem os mesmos conter os seguintes elementos:

a) Elementos identificativos da empresa fornecedora;
b) Indicação das características essenciais do bem ou serviço objeto do contrato;
c) Preço total, forma e condições de pagamento;
d) Forma, lugar e prazos de entrega dos bens ou da prestação do serviço;
e) Regime de garantia e de assistência pós-venda quando a natureza do bem o justifique, com indicação do local onde se podem efetuar e para o qual o consumidor possa dirigir as suas reclamações;
f) Se aplicável, informação sobre a existência do direito de livre resolução com indicação do prazo e modo do seu exercício.

2 – Não se aplica o disposto no número anterior às mensagens publicitárias genéricas que não envolvam uma proposta concreta para aquisição de um bem ou a prestação de um serviço."

Relativamente ao contrato à distância, o mesmo é celebrado sem a presença física de comprador e vendedor, mediante a utilização de técnicas de comunicação à distância (v.g. correspondência postal, correio eletrónico, redes sociais, sítio na internet, SMS, MMS, telefone, rádio, televisão), dentro de um sistema de venda organizado pelo vendedor (plataformas de negociação com ou sem utilização da internet).

Por contraposição aos contratos celebrados fora do estabelecimento comercial, à exceção dos celebrados por telefone por iniciativa do vendedor (artigo 5º nº 7), que carecem de confirmação escrita, os restantes contratos celebrados à distância não carecem de forma especial, devendo observar-se as normas aplicáveis ao meio de comunicação utilizado.

Na execução do contrato celebrado à distância deve ainda ter-se em atenção o disposto no artigo 19º do referido diploma, que dispõe:

1 – Salvo acordo em contrário entre as partes, o fornecedor de bens ou prestador de serviços deve dar cumprimento à encomenda no prazo máximo de 30 dias, a contar do dia seguinte à celebração do contrato.

2 – Em caso de incumprimento do contrato devido a indisponibilidade do bem ou serviço encomendado, o fornecedor de bens ou prestador de serviços deve informar o consumidor desse facto e reembolsá-lo dos montantes pagos, no prazo máximo de 30 dias a contar da data do conhecimento daquela indisponibilidade.

3 – Decorrido o prazo previsto no número anterior sem que o consumidor tenha sido reembolsado dos montantes pagos, o fornecedor fica obrigado a devolver em dobro, no prazo de 15 dias úteis, os montantes pagos pelo consumidor, sem prejuízo do seu direito à indemnização por danos patrimoniais e não patrimoniais que possa ter lugar.

4 – O fornecedor pode, contudo, fornecer um bem ou prestar um serviço ao consumidor de qualidade e preço equivalentes, desde que essa possibilidade tenha sido prevista antes da celebração do contrato ou no próprio contrato e o consumidor o tenha consentido expressamente, e aquele informe por escrito o consumidor da responsabilidade pelas despesas de devolução previstas no número seguinte.

5 – Na situação prevista no número anterior, caso o consumidor venha a optar pelo exercício do direito de livre resolução, as despesas de devolução ficam a cargo do fornecedor.

Em todos estes contratos o comprador tem o *direito de resolução*[192] no prazo de 14 dias (artigo 10º e 11º do RCDFEC), a contar:

a) Do dia da celebração do contrato, no caso dos contratos de prestação de serviços;
b) Do dia em que o consumidor ou um terceiro, com exceção do transportador, indicado pelo consumidor adquira a posse física dos bens, no caso dos contratos de compra e venda, ou:
   i) Do dia em que o consumidor ou um terceiro, com exceção do transportador, indicado pelo consumidor adquira a posse física do último bem, no caso de vários bens encomendados pelo consumidor numa única encomenda e entregues separadamente,
   ii) Do dia em que o consumidor ou um terceiro, com exceção do transportador, indicado pelo consumidor adquira a posse física do último lote ou elemento, no caso da entrega de um bem que consista em diversos lotes ou elementos,

[192] Sobre as exceções ao direito de resolução rege o artigo 17º do RCDFEC.

iii) Do dia em que o consumidor ou um terceiro por ele indicado, que não seja o transportador, adquira a posse física do primeiro bem, no caso dos contratos de entrega periódica de bens durante um determinado período;

c) Do dia da celebração do contrato, no caso dos contratos de fornecimento de água, gás ou eletricidade, que não estejam à venda em volume ou quantidade limitados, de aquecimento urbano ou de conteúdos digitais que não sejam fornecidos num suporte material.[193]

Do direito à resolução do contrato, que pode ser efetuado mediante a utilização do modelo anexo ao RCDFEC ou por outra declaração inequívoca, decorrem, entre outras, as obrigações para fornecedor e consumidor previstas nos seguintes artigos do RCDFEC:

Artº 12º

"1 – No prazo de 14 dias a contar da data em que for informado da decisão de resolução do contrato, o fornecedor de bens ou prestador de serviços deve reembolsar o consumidor de todos os pagamentos recebidos, incluindo os custos de entrega do bem nos termos do nº 2 do artigo 13º

2 – O reembolso dos pagamentos deve ser feito através do mesmo meio de pagamento que tiver sido utilizado pelo consumidor na transação inicial, salvo acordo expresso em contrário e desde que o consumidor não incorra em quaisquer custos como consequência do reembolso.

....

6 – O incumprimento da obrigação de reembolso dentro do prazo previsto no nº 1, obriga o fornecedor de bens ou prestador de serviços a devolver em dobro, no prazo de 15 dias úteis, os montantes pagos pelo consumidor, sem prejuízo do direito do consumidor a indemnização por danos patrimoniais e não patrimoniais.

Artº 13º

1 – Caso o fornecedor de bens não se ofereça para recolher ele próprio o bem, o consumidor deve no prazo de 14 dias a contar da data em que tiver comunicado a sua decisão de resolução do contrato nos termos do artigo 10º, devolver ou entregar o bem ao fornecedor de bens ou a uma pessoa autorizada para o efeito.

[193] Estes prazos podem ser alargados nos casos mencionados nos números 2, 3 e 4 do artigo 10 do RCDFEC, designadamente, no caso de o vendedor/fornecedor não cumprir o dever de informação sobre o direito de resolução pelo comprador, facultando o respetivo formulário a utilizar para o efeito, caso em que se prolonga o prazo por mais 12 meses.

2 – Incumbe ao consumidor suportar o custo da devolução do bem, exceto nos seguintes casos:

a) Quando o fornecedor acordar em suportar esse custo; ou
b) Quando o consumidor não tiver sido previamente informado pelo fornecedor do bem que tem o dever de pagar os custos de devolução.

Na execução do contrato celebrado à distância deve ainda ter-se em atenção o disposto no artigo 19º do referido diploma, que dispõe:

1 – Salvo acordo em contrário entre as partes, o fornecedor de bens ou prestador de serviços deve dar cumprimento à encomenda no prazo máximo de 30 dias, a contar do dia seguinte à celebração do contrato.

2 – Em caso de incumprimento do contrato devido a indisponibilidade do bem ou serviço encomendado, o fornecedor de bens ou prestador de serviços deve informar o consumidor desse facto e reembolsá-lo dos montantes pagos, no prazo máximo de 30 dias a contar da data do conhecimento daquela indisponibilidade.

3 – Decorrido o prazo previsto no número anterior sem que o consumidor tenha sido reembolsado dos montantes pagos, o fornecedor fica obrigado a devolver em dobro, no prazo de 15 dias úteis, os montantes pagos pelo consumidor, sem prejuízo do seu direito à indemnização por danos patrimoniais e não patrimoniais que possa ter lugar.

4 – O fornecedor pode, contudo, fornecer um bem ou prestar um serviço ao consumidor de qualidade e preço equivalentes, desde que essa possibilidade tenha sido prevista antes da celebração do contrato ou no próprio contrato e o consumidor o tenha consentido expressamente, e aquele informe por escrito o consumidor da responsabilidade pelas despesas de devolução previstas no número seguinte.

5 – Na situação prevista no número anterior, caso o consumidor venha a optar pelo exercício do direito de livre resolução, as despesas de devolução ficam a cargo do fornecedor.

Relativamente ao comércio eletrónico e a contratos celebrados entre empresários/profissionais e consumidores (contratos B2C), cuja negociação se processe a pedido dos últimos, o Decreto-Lei nº 7/2004, de 7 de Janeiro, na sua redação atual (LCE), nos artigos 24º e seguintes, estabelece o princípio da liberdade de contratação, ficando excetuados os negócios em matéria de Direito de família e sucessões, os que exijam intervenção de tribunais ou entidades públicas que exerçam poderes de autoridade, os negócios sujeitos a reconhecimento ou autenticação por notário, os contratos com efeitos reais imobiliários (v.g compra e venda de imóveis), bem com a prestação de caução e garantias fora do âmbito de atividade profissional de quem as presta (artigo 25º).

As declarações eletrónicas[194] são consideradas documentos escritos, que podem ser assinados, se nos mesmos tiver sido aposta assinatura digitalmente certificada (artigo 26º), mas, importa sobretudo considerar a formação de contratos por meios eletrónicos diversos[195].

[194] Sobre documentos eletrónicos veja-se o Decreto-Lei nº 12/2021, de 9 de fevereiro (que revogou o Decreto-Lei nº 290-D/99, de 2 de Agosto). O documento eletrónico constitui documento elaborado mediante processamento electrónico de dados, que satisfaz o requisito legal de forma escrita quando o seu conteúdo seja susceptível de representação como declaração escrita (artº 3º), pelo que, os negócios eletrónicos podem considerar-se celebrados por documentos escritos, desde que as declarações sejam contidas em suporte que ofereça as mesmas garantias de fidedignidade, inteligibilidade e conservação de documentos em suporte de papel (artigo 26º da LCE). As partes podem celebrar contratos eletrónicos mesmo sem a aposição de assinatura digital certificada, prevista no Decreto-Lei 12/2021, de 9 de fevereiro, substituindo-a por outra ou criando outras vias de autenticação. Sobre identificação eletrónica e serviços de confiança para as transações eletrónicas na União Europeia pode ler-se o Regulamento (EU) nº 910/2014 do Parlamento Europeu e do Conselho, de 23 de julho de 2014 in https://eur-lex.europa.eu/legal-content/PT/TXT/PDF/?uri=CELEX:32014R0910&from=ga. O artigo 5º do Decreto-Lei nº 12/2021 estabelece ainda que: "1 – O documento eletrónico comunicado por um meio de comunicação eletrónica considera-se enviado e recebido pelo destinatário se for transmitido para o endereço eletrónico definido por acordo das partes e neste for recebido. 2 – São oponíveis entre as partes e a terceiros a data e a hora da criação, da expedição ou da receção de um documento eletrónico que contenha uma validação cronológica emitida por um prestador qualificado de serviços de confiança. 3 – A comunicação do documento eletrónico ao qual seja aposta assinatura eletrónica qualificada ou selo eletrónico qualificado, por meios de comunicação eletrónica que assegure a efetiva receção, equivale à remessa por via postal registada e, se a receção for comprovada por mensagem de confirmação dirigida ao remetente pelo destinatário que revista idêntica forma, equivale à remessa por via postal registada com aviso de receção. 4 – A comunicação de dados e documentos com recurso a serviços qualificados de envio registado eletrónico, nos termos definidos nos artigos 43º e 44º do Regulamento" (regulamento supra citado), "equivale à remessa por via postal registada com aviso de receção.". Estas considerações são aplicáveis quando os negócios sejam efetuados por correio eletrónico. Note-se que, para as celebração dos contratos eletrónicos referidos no texto e na LCE as comunicações processam-se por meios técnicos diversos do correio eletrónico, dispensando-se a assinatura qualificada ou não de documentos.

[195] Aos contratos celebrados exclusivamente por correio electrónico ou outro meio de comunicação individual equivalente não são aplicáveis as disposições específicas sobre formação do contrato referidas no texto para os B2C, por força do disposto no artigo 30º do Decreto-Lei nº 7/2004, de 7 de Janeiro, valendo, assim, para além de outra legislação relevante, as regras gerais sobre formação de contratos previstas na lei civil.

Por outro lado, a contratação presencial (v.g. negociação via vídeochamada) está também fora do âmbito deste regime específico, uma vez as declarações negociais não se consideram processadas por meios eletrónicos de comunicação à distância.

Estes contratos, aos quais de aplica, subsidiariamente, o disposto na RCDFEC e a LDC, podem ser celebrados mediante meios de comunicação eletrónica eficazes que permitam ao cliente identificar e corrigir erros de introdução, antes de formular uma ordem de encomenda (artigo 27º), sendo prestadas informações pré-contratuais ao consumidor relativas também ao processo de celebração do contrato, arquivamento ou não do contrato pelo prestador de serviço e a acessibilidade àquele pelo destinatário, língua ou línguas em que o contrato pode ser celebrado, meios técnicos que o prestador disponibiliza para poderem ser identificados e corrigidos erros de introdução que possam estar contidos na ordem de encomenda, termos contratuais e as cláusulas gerais do contrato a celebrar e códigos de conduta de que seja subscritor e a forma de os consultar eletronicamente (artigo 28º).

Na formação do contrato podem distinguir-se a oferta de produtos//serviços on line, a ordem de encomenda, o aviso de receção e a confirmação da ordem de encomenda.

A oferta de produtos ou serviços on line representa, segundo a lei, uma proposta contratual dirigida ao público quando contiver todos os elementos necessários para que o contrato fique concluído com a simples aceitação do destinatário, representando, caso contrário, um convite a contratar (artigo 32ºnúmero 1).

Segundo o artigo 29º do diploma referido, para prestação de serviços a consumidor:

> "1 – Logo que receba uma ordem de encomenda por via exclusivamente eletrónica, o prestador de serviços deve acusar a receção igualmente por meios eletrónicos
>
> ....;
>
> 2 – É dispensado o aviso de receção da encomenda nos casos em que há a imediata prestação em linha do produto ou serviço.
>
> 3 – O aviso de receção deve conter a identificação fundamental do contrato a que se refere.
>
> 4 – O prestador satisfaz o dever de acusar a receção se enviar a comunicação para o endereço eletrónico que foi indicado ou utilizado pelo destinatário do serviço.
>
> 5 – A encomenda torna-se definitiva com a confirmação do destinatário, dada na sequência do aviso de receção, reiterando a ordem emitida.

Como resulta do exposto, após a celebração do contrato com a encomenda efetuada pelo comprador, que vale como aceitação da proposta do vendedor, preveem-se ainda duas formalidades pós-contratuais que parecem destinar-se apenas a comprovar aquela: a confirmação da receção da encomenda pelo vendedor e a confirmação posterior pelo comprador.

Finalmente, o artigo 33º do mesmo diploma permite a contratação entre computadores, remetendo para o regime descrito, exceto quando o negócio pressupuser uma atuação humana.

Vendas à distância: direito de resolução

A vende a B, consumidor, pela internet, o computador X, que lhe envia pelo correio para o seu domicílio. B recebe X e nada diz no prazo de 14 dias. O contrato considera-se definitivamente concluído. No caso de B resolver o negócio no prazo de 14 dias, tem direito à devolução do preço.

Venda no domicílio: direito de resolução

A vende a B, consumidor, no domicílio deste, o móvel X . B recebe X e nada diz no prazo de 14 dias. O contrato considera-se definitivamente concluído. No caso de B resolver o negócio no prazo de 14 dias, tem direito à devolução do preço.

Diferente do regime que acabamos de expor é o das denominadas *vendas à consignação*, pelas quais o comprador, no caso de não revender os produtos no prazo convencionado, pode resolver o negócio, reavendo o preço.

Venda à consignação

A, importador, vende a B, retalhista, à consignação, os produtos x, y, e z, respetivamente, pelos preços M1, M2 e M3. As vendas deverão concretizar-se até ao fim do ano N. B, que pagou integralmente os preços, no prazo indicado, não consegue vender z, comunicando a A ficar resolvida a venda deste produto, com direito a reaver M3.

9.2.4.2.4.8. Vendas automáticas

Segundo o artigo 22º do RCDFEC, a venda automática consiste na colocação de um bem ou serviço à disposição do consumidor para que este o adquira mediante a utilização de qualquer tipo de mecanismo, com o pagamento antecipado do seu preço. O equipamento destinado à venda automática de bens e serviços deve permitir a recuperação da importância introduzida em caso de não fornecimento do bem ou serviço solicitado, devendo estar afixadas, de forma clara e perfeitamente legível, as seguintes informações (artigo 23º do RCDFEC):

a) Identificação da empresa comercial proprietária do equipamento, com o nome da firma, sede, número da matrícula na conservatória do registo comercial competente e número de identificação fiscal;
b) Identidade da empresa responsável pelo fornecimento do bem ou prestação de serviço;
c) Endereço, número de telefone e contactos expeditos que permitam solucionar, rápida e eficazmente, as eventuais reclamações apresentadas pelo consumidor;
d) Identificação do bem ou serviço;
e) Preço por unidade;
f) Instruções de manuseamento e, ainda, sobre a forma de recuperação do pagamento no caso de não fornecimento do bem ou serviço solicitado.

O proprietário do local onde se encontram instaladas as máquinas, é solidariamente responsável pela observância do exposto e devolução do preço de produtos não recebidos (artigo 24º do RCDFEC).

Venda automática

A introduz X euros na máquina instalada no Instituto Universitário para adquirir o produto Y, de acordo com as instruções publicitadas no seu exterior. A máquina não entrega Y. O proprietário da máquina e o Instituto são responsáveis pelo pagamento de X euros e por indemnização correspondente aos prejuízos que A prove ter sofrido por virtude do descrito.

9.2.4.2.4.9. Venda a retro

Diz-se a retro a venda em que se reconhece ao vendedor a faculdade de resolver o contrato (artigo 927º do CC), mediante o pagamento de preço não superior ao da venda (artigo 928º nº 2 CC), sem que o comprador possa beneficiar de remuneração como contrapartida da resolução (artigo 928º nº 1 CC)[196]. A modalidade pode proporcionar um financiamento ao vendedor, com a garantia de poder reaver o bem vendido.

Venda a retro como financiamento

A, tendo necessidade de um financiamento, vende a B, por 250.000, a ações de que é titular na sociedade FGL SA, recebendo esta quantia com a celebração do contrato. O mesmo contrato contem cláusula segundo a qual, A pode pôr fim ao mesmo no prazo de dois anos, reembolsando B do preço.

[196] Pretende-se evitar que o comprador se aproveite da fragilidade económica do vendedor.

9.2.4.2.4.10. Venda a prestações e locação venda

Se o pagamento do preço for fracionado em prestações, os artigos 934º e 935º do CC estabelecem *duas regras*, extensivas a contratos análogos (artigo 936º CC):

- Vendida a coisa a prestações, *com reserva de propriedade*, e feita a sua entrega ao comprador, a *falta de pagamento de uma só prestação que não exceda a oitava parte do preço não dá lugar à resolução do contrato, nem sequer, haja ou não reserva de propriedade, importa a perda do benefício do prazo* relativamente às prestações seguintes, sem embargo de convenção em contrário;
- A *indemnização estabelecida em cláusula penal*, por o comprador não cumprir, *não pode ultrapassar metade do preço, salva a faculdade de as partes estipularem*, nos termos gerais, *a resarcibilidade de todo o prejuízo sofrido.* A indemnização fixada pelas partes será reduzida a metade do preço, quando tenha sido estipulada em montante superior, ou quando as prestações pagas superem este valor e se tenha convencionado a não restituição delas; havendo, porém, prejuízo excedente e não se tendo estipulado a sua resarcibilidade, será ressarcido até ao limite da indemnização convencionada pelas partes.

A primeira regra consagra, imperativamente, para este caso, o regime supletivo previsto no artigo 886º do CC, quanto à resolução do contrato, contrariando, por outro lado, o regime geral previsto no artigo 781º do CC no respeitante ao pagamento de dívida liquidável em prestações.

Para a falta de pagamento de prestações superiores à oitava parte do preço, o vendedor opta entre a exigência do preço e a resolução da venda se tiver sido estipulada a reserva de propriedade ou a posse da coisa não se tiver transmitido para o comprador.

Pagamento do preço em prestações; cláusulas abusivas

A vende e entrega a B o veículo X, pelo preço de 20.000, sendo este pago em 20 prestações mensais de 1.000, acordando em que a propriedade de X se transmitirá para B após o integral pagamento do preço e ainda que, a falta de pagamento de qualquer prestação implica o vencimento das prestações ainda não vencidas. Mais acordam A e B em que, no caso de atraso no pagamento por B por período superior a 120 dias, A poderá resolver o contrato considerando-se perdidas todas as quantias entregues.

Do regime imperativo da lei resulta que, contrariamente ao convencionado, por falta de pagamento de uma prestação de 1000, não pode ser resolvida a compra e venda (representa menos do que a oitava parte do preço), nem se vencem as que lhe seguirem no tempo. Por sua vez, quanto aos efeitos da resolução por A da compra e venda, não podem consistir na perda a seu favor de pagamentos por B no que excederem 10.000 (metade do preço). Os danos sofridos por A, no que excedam 10.000, só podem ser atendidos se forem provados e A e B tiverem acordado na possibilidade de serem ressarcidos.

Por sua vez o artigo 936º nº 2 do CC prevê a locação/venda, dispondo:

"Quando se locar uma coisa, com a cláusula de que se tornará propriedade do locatário depois de satisfeitas todas as rendas ou alugueres pactuados, a resolução do contrato por o locatário o não cumprir tem efeito retroativo, devendo o locador restituir as importâncias recebidas, sem possibilidade de convenção em contrário, mas também sem prejuízo do seu direito a indemnização nos termos gerais e nos do artigo anterior."

Esta locação/venda *não corresponde ao contrato de leasing* (locação financeira), *definido* pelo Decreto-Lei nº 149/95, de 24 de junho *como "o contrato pelo qual uma das partes se obriga, mediante retribuição, a ceder à outra o gozo temporário de uma coisa, móvel ou imóvel, adquirida ou construída por indicação desta, e que o locatário poderá comprar, decorrido o período acordado, por um preço nele determinado ou determinável mediante simples aplicação dos critérios nele fixados."*, nem a este último são aplicáveis as regras do artigo 936º nº 2 do CC, por força do disposto no artigo 17º número 1 do Decreto-Lei nº 149/95.

Locação/venda

A dá em arrendamento a B o imóvel X, convencionando que, se B lhe pagar as rendas relativas aos vinte anos seguintes, adquirirá a propriedade de X. Para o efeito, A e B acordam uma renda superior em 10% à que resultaria do livre funcionamento do mercado, atendendo ao facto de o contrato se poder converter em compra e venda.. Decorridos dez anos sobre o início de vigência do contrato, B deixa de pagar as rendas e A resolve o contrato, tendo a resolução efeito retroativo. Neste caso, A restitui as rendas recebidas, mas com direito a ser indemnizado pelos danos causados por B.

Locação financeira (leasing)

A (obrigatoriamente, uma instituição de crédito) dá, em locação financeira, a B o automóvel X mediante o pagamento da renda mensal de Y, pelo prazo de cinco anos. Findos os cinco anos, B poderá renovar o contrato, considerar o mesmo findo, restituindo o automóvel a A, ou adquirir o direito de propriedade sobre o mesmo mediante o pagamento do valor residual Z.

9.2.4.2.4.11. Venda sobre documentos

Os artigos 937º e 938º do CC regulam a venda em que a entrega da coisa é substituída pela entrega de documentos, o que se verifica relativamente a mercadorias em trânsito[197].

Venda sobre documentos: importação de bens

A, com estabelecimento sito em França vende a B, com estabelecimento sito em Portugal, mercadorias no valor de 50.000. Feito o pagamento por B, este recebe a guia de transporte que representa a mercadoria vendida e concede o direito do portador à sua entrega. Antes da entrega, B vende a C a mercadoria, transmitindo-lhe (endossando-lhe) a guia de transporte. A propriedade da mercadoria transmite-se pela entrega da guia de transporte com a declaração de transmissão (endosso), que confere o direito à sua entrega a C. A entrega das mercadorias de B a C, que decorreria da venda, é, assim, substituída, pela entrega da guia de transporte que a representa.

9.2.4.2.4.12. Venda de coisas defeituosas

O regime da venda de coisas defeituosas deve analisado tendo em consideração o disposto nos artigos 913º a 922º do CC, e, tratando-se de venda de bens a consumidor, a LDC (Lei nº 24/96 de 31 de julho[198]), bem como o LFCG (Decreto-Lei nº 84/2021, de 18 de outubro, que transpôs a Diretiva (UE) 2019/771 do Parlamento Europeu e do Conselho, de 20 de maio de 2019, alterando o Decreto-Lei nº 67/2003, de 8 de abril[199]).

Desta forma, obtemos o seguinte quadro normativo:

A) O regime do Código Civil *(aplicável em geral à compra e venda, sem prejuízo da aplicação dos regimes especiais referidos em B) e C):*

[197] Ou quando são emitidos documentos representativos de determinados bens, cuja transmissão é, por lei, suficiente para conferir o direito aos mesmos.

[198] Última redação dada pelos Decretos-Leis nº 59/2021, de 14/07 e nº 84/2021, de 18/10, tendo este último revogado os seus artigos 9º-B e 9º-C, consultável em http://www.pgdlisboa.pt/leis/lei_mostra_articulado.php?nid=726&tabela=leis.

[199] Consultavel em https://files.dre.pt/1s/2021/10/20200/0000400029.pdf.

Considera-se a coisa defeituosa se sofrer de vício que a desvalorize ou impeça a realização do fim a que é destinada, ou não tiver as qualidades asseguradas pelo vendedor ou necessárias para a realização daquele fim (artigo 913º nº 1 CC).

Perante o defeito, que se presume culposo por parte do vendedor (artigo 799º CC), o *comprador tem o direito de exigira este a reparação* da coisa *ou*, se for necessário e esta tiver natureza fungível, *a sua substituição*; mas, esta obrigação não existe, se o vendedor provar que desconhecia, sem culpa, o vício ou a falta de qualidade de que a coisa padece (artigo 914º do CC).

Por outro lado, *se o defeito não é reparável, nem a coisa substituível*, e a compra se não tivesse concretizado se o comprador tivesse conhecimento do mesmo, *este pode requerera resolução do negócio, acrescendo indemnização* (aplicação do regime dos artigos 905º, 908º e 909º do CC), *ou, em alternativa, pedir a redução de preço* (artigo 911º CC), sempre por remissão do seu artigo 913º.

Condições de procedibilidade das pretensões do comprador são a *denúncia do defeito no prazo de trinta dias* após o conhecimento do mesmo[200] e *dentro dos seis meses* seguintes à entrega da coisa, *se for móvel, ou no prazo, respetivamente, de um ano e cinco anos, se for imóvel* (artigo 916º CC), *sob pena de caducidade do direito*, a menos que o negócio ainda não tenha sido completamente executado (artigo 917º do CC).

Decorridos seis meses após a denúncia do defeito, ou verificando-se a falta de denúncia dentro dos prazos indicados, caduca o direito de o comprador resolver o negócio (artigo 917º CC), *mas, não os restantes direitos.*

No caso de o vendedor assegurar a *garantia* da coisa vendida, a responsabilidade pela reparação ou substituição pelo vendedor, que existirá sempre, independentemente de culpa, termina findo o prazo de *seis meses após a entrega da coisa*, sem prejuízo de convenção em contrário, sendo também indispensável a *denúncia no prazo e trinta dias*, sem prejuízo de convenção em contrário (artigo 921º do CC). O *direito de ação judicial* pelo comprador, neste caso, deverá respeitar o prazo de *seis meses sobre a data em que a denúncia foi efetuada.*

[200] Na *venda comercial* sob amostra, o prazo é de oito dias sobre a entrega das coisas, se o comprador não as examinar no ato da entrega (artigo 471º Ccom).

Compra e venda de coisa móvel

Em 21 de abril do ano n AJB Lda vende e entrega a BJA SA um veiculo automóvel, que esta afeta ao uso dos seus administradores. Em 30 de dezembro do ano n BJA denuncia a AJB Lda o facto de o veículo ter ficado subitamente imobilizado na via pública, por várias vezes, devido ao mau funcionamento de circuitos elétricos.

Como não se trata de venda a consumidor, BJA SA não pode exigir a reparação de defeitos por ter decorrido o prazo de seis meses sobre a entrega do automóvel. A não ter sido estipulado prazo de garantia por período superior a seis meses (não é obrigatório, neste caso), BJA SA deveria ter denunciado o defeito nos 30 dias após o conhecimento do mesmo e dentro dos seis meses seguintes à entrega do veículo. Imaginando que tinha sido convencionada garantia por um prazo de um ano, a denúncia de defeitos deveria ser efetuada até ao limite de trinta dias e dentro daquele prazo, ou seja, até 21 de abril do ano n+1.

Compra e venda de coisa imóvel

Em 21 do mês de novembro do ano n AJB Lda vende e entrega a BJA SA um armazém, que esta afeta à sua rede de distribuição de mercadorias. Em 22 de fevereiro do ano n+1 um administrador de BJA SA vê-se confrontado com inundação de águas pluviais no armazém, derivadas de deficiente impermeabilização da cobertura. Em 25 de fevereiro do ano n+1 o administrador de BJA SA exige à AJB Lda a reparação imediata da cobertura do armazém e indemnização pelos danos causados pela inundação nas mercadorias armazenadas. Perante a passividade de AJB Lda, em 15 de junho do ano n+1 BJA SA intenta ação de resolução da compra e venda, pedindo a restituição do preço pago e a indemnização pelos danos sofridos.

Neste exemplo de defeitos verificados numa coisa imóvel, foram cumpridos todos os prazos previstos no CC para o exercício dos direitos que assistem à compradora BJA SAl.

B) A lei de defesa do consumidor[201]:

Se o bem for vendido a consumidor final o *regime de proteção deste é substancialmente reforçado.*

Considera-se *consumidor* todo aquele a quem sejam fornecidos bens, prestados serviços ou transmitidos quaisquer direitos, destinados a uso não profissional, por pessoa que exerça com caráter profissional

[201] Quanto à *aquisição de bens e serviços essenciais* (energia elétrica, gás, água, telecomunicações, serviços postais, tratamento e recolha de resíduos sólidos urbanos e águas residuais), *o disposto na Lei nº 23/96, de 26 de julho*, alterada pela Lei nº 12/2008, de 26 de fevereiro, Lei nº 24/2008, de 2 de junho, Lei nº 6/2011, de 10 de março, Lei nº 44/2011, de 22 de junho e Lei nº 10/2013 de 28 de janeiro, *não prevê qualquer regime especial quanto a bens defeituosos.*

uma atividade económica que vise a obtenção de benefícios (artigo 2º nº 1 da LDC).

Consideram-se também incluídos no âmbito da LDC os bens, serviços e direitos fornecidos, prestados e transmitidos, pelos organismos da Administração Pública, por pessoas coletivas públicas, por empresas de capitais públicos ou detidos maioritariamente pelo Estado, pelas Regiões Autónomas ou pelas autarquias locais e por empresas concessionárias de serviços públicos (artigo 2º nº 2 da LDC).

Nos termos da LDC o consumidor tem direito à qualidade dos bens e serviços (artigos 3º e 4º), à proteção da saúde e segurança física (artigo 5º), devendo aqueles serem aptos a satisfazer os fins a que se destinam e a produzir os efeitos que se lhes atribuem, segundo as normas legalmente estabelecidas, ou, na falta destas, de modo adequado às legítimas expectativas do consumidor.

Assim, o consumidor *tem direito à indemnização dos danos patrimoniais e não patrimoniais*[202] resultantes do fornecimento de bens ou prestações de serviços defeituosos, sendo o *produtor responsável, independentemente de culpa*, pelos danos causados por defeitos de produtos que coloque no mercado (artigo 12º LDC).

Além disso, mesmo decorrido o prazo de garantia dos bens vendidos, *o consumidor tem direito à assistência* após a venda, com incidência no fornecimento de peças e acessórios, *pelo período de duração média normal dos produtos fornecido* (artigo 9º).

Estes direitos acrescem aos gerais resultante do regime do CC exposto em A).

Indemnização por defeitos do produto vendido; direito a peças de substituição

O consumidor A comprou no hipermercado do empresário B: duas embalagens de legumes cosidos pré-embalados, prontos a consumir, e uma bicicleta com garantia de funcionamento por dois anos.

Se A utilizar na sua alimentação os legumes referidos dentro do período de validade assinalado obrigatoriamente na embalagem, e de acordo com instruções constantes da mesma, e, por esse facto, sofrer de intoxicação alimentar, causadora de incapacidade para o trabalho durante dez dias, com perda de salário, internamento hospitalar, e elevado sofrimento físico, pode exigir a B indemnização pelos danos sofridos, sem ter que provar que B é culpado da presença de defeito na mercadoria vendida.

[202] Sobre esta matéria, cfr. infra 9.2.4.3.2.3.

Se, decorridos mais de dois anos sobre a compra da bicicleta (prazo dado como garantia), A necessitar de peças e acessórios para a mesma ser reparada, tem direito às mesmas, a fornecer pelo fabricante e pelo seu representante (vendedor).

C) O regime de falta de conformidade e garantia na venda de bens a consumidor

O regime de falta de conformidade e garantia na venda de bens a consumidor por profissional, produtor ou seu representante, desenvolvido pelo Decreto-Lei nº 84/2021, de 18 de outubro[203] [204], que constitui lei imperativa, não admitindo estipulação das partes pela qual se renuncie aos direitos conferidos ao comprador consumidor (artigo 51º), vem revogar o disposto no Decreto-Lei nº 67/2003, de 8 de abril, constituindo um novo regime para a falta de conformidade de produtos vendidos por profissionais a consumidores (LFCG).

[203] Em vigor desde 1 de janeiro de 2022 (artigo 55º). Todos os artigos citados, salvo indicação em contrário, reportam-se ao regime instituído pela LFCG aprovada pelo Decreto-Lei nº 84/2021, de 18 de outubro.

[204] Noções definidas no artigo 2º da LFCG nos seguintes termos (desta forma se introduzindo uma primeira restrição ao âmbito de aplicação da lei): "*Consumidor», uma pessoa singular* que, no que respeita aos contratos abrangidos pela LFCG, atue com fins que não se incluam no âmbito da sua atividade comercial, industrial, artesanal ou profissional; *«Profissional», uma pessoa singular ou coletiva*, pública ou privada, que atue, inclusivamente através de qualquer outra pessoa em seu nome ou por sua conta, para fins relacionados com a sua atividade comercial, industrial, artesanal ou profissional, no que respeita aos contratos abrangidos pela LFCG; *«Produtor»* o fabricante de bens, conteúdos ou serviços digitais, o importador de bens na União Europeia ou qualquer outra pessoa que se apresente como produtor, através da indicação, nos bens, do seu nome, marca ou outro sinal distintivo; *«Representante do produtor»*, qualquer pessoa singular ou coletiva que atue na qualidade de distribuidor comercial do produtor e ou de centro autorizado de serviço pós -venda, à exceção dos profissionais independentes que atuem apenas na qualidade de retalhistas". O mesmo artigo define ainda *bens móveis corpóreos*, ligados ou não a serviços digitais, bem imóveis (apenas para fins habitacionais), bens recondicionados, entre outros temas relevantes. Nos termos do artigo 3º nº 1 alíneas *a*), *b*) e *c*) o regime *é aplicável a contratos celebrados para fornecimento de bens a fabricar ou a produzir e contratos de empreitada com incorporação de bens de consumo pelo empreiteiro, à locação de bens de consumo e a conteúdos ou serviços digitais incorporados nos bens vendidos.* Para além das exclusões que resultam do âmbito restrito do diploma, nos termos referidos, são ainda de realçar as previstas no seu artigo 4º. Todos os artigos sem indicação da lei na alínea que se desenvolve reportam-se à LFCG com o regime definido pelo indicado Decreto-Lei nº 84/2021, de 18 de outubro" (itálico nosso).

Nos termos do disposto nos artigos 5º a 9º desta LFCG o vendedor deve entregar ao comprador *bens móveis*[205] que:

a) Correspondam à descrição, ao tipo, à quantidade e à qualidade e que detenham a funcionalidade, a compatibilidade, a interoperabilidade e as demais características previstas no contrato de compra e venda;

b) Sejam adequados a qualquer finalidade específica a que o consumidor os destine, de acordo com o previamente acordado entre as partes;

c) Sejam entregues juntamente com todos os acessórios e instruções, inclusivamente de instalação, tal como estipulado no contrato de compra e venda; e

d) Sejam fornecidos com todas as atualizações, tal como estipulado no contrato de compra e venda.

Os bens vendidos devem:

a) Ser adequados ao uso a que os bens da mesma natureza se destinam;

b) Corresponder à descrição e possuir as qualidades da amostra ou modelo que o profissional tenha apresentado ao consumidor antes da celebração do contrato, sempre que aplicável;

c) Ser entregues juntamente com os acessórios, incluindo a embalagem, instruções de instalação ou outras instruções que o consumidor possa razoavelmente esperar receber, sempre que aplicável; e

d) Corresponder à quantidade e possuir as qualidades e outras características, inclusive no que respeita à durabilidade, funcionalidade, compatibilidade e segurança, habituais e expectáveis nos bens do mesmo tipo considerando, designadamente, a sua natureza e qualquer declaração pública feita pelo profissional, ou em nome deste, ou por outras pessoas em fases anteriores da cadeia de negócio, incluindo o produtor, nomeadamente na publicidade ou na rotulagem.

Relativamente a *bens com elementos digitais*, salvo declaração em contrário resultante do contrato, os bens devem ser entregues na versão mais recente, devendo o profissional assegurar que as atualizações, incluindo as de segurança, necessárias para colocar os bens em conformidade, são comunicadas e fornecidas ao consumidor, durante o período razoavelmente esperado pelo consumidor. No caso do fornecimento contínuo de conteúdo ou serviço digital até dois anos, o dever de comunicação e fornecimento das atualizações mencionado no número anterior vigora pelo período de dois anos.

[205] Sobre exclusões (bens e serviços não abrangidos pela LFCG) ver o seu artigo 4º.

No caso de fornecimento continuo de conteúdo ou serviço digital superior a dois anos, o dever de comunicação e fornecimento das atualizações mencionado no nº 1 vigora pelo período de duração do contrato.

Os direitos do comprador consumidor previstos na LFCG *podem ser exercidos a partir da posse física do bem comprado* (artigo 11º nº 1), que deve ocorrer, salvo indicação em contrário no contrato, nos *trinta dias* seguintes à sua celebração (artigo 11º nºs 4 e 5), podendo o comprador resolver o mesmo se tal prazo não for observado e também não for cumprido o prazo adicional solicitado pelo mesmo, e ainda se o vendedor se recusar a entregar os bens comprados e o prazo for considerado pelas partes essencial para a sua celebração ou o consumidor declare a essencialidade do mesmo antes da compra e venda (artigo 11º nºs 6 a 8), cabendo ao vendedor a prova da entrega do bem (artigo 11º nº 11)[206].

O *vendedor responde* perante o consumidor *por qualquer falta de conformidade que se manifeste no prazo de três anos a contar da entrega do bem, incluindo produtos recondicionados, ou de idêntico ou superior prazo de fornecimento continuo do conteúdo ou serviço digital*, podendo aquele prazo ser reduzido para *dezoito meses*, por acordo das partes, *se o bem móvel for usado*, (artº 12º LFCG), prorrogando-se estes prazos por seis meses relativamente a cada reparação com o limite de quatro (artigo 18º nº 4) e passando a incidir novo prazo de três anos de garantia de conformidade se for operada a substituição do bem (artigo 18º nº 6)[207]. Esta falta de conformidade deve ser comunicada pelo comprador por qualquer meio suscetível de prova (artº 12º nº 5 LFCG).

A fim de facilitar a prova da falta de conformidade, a *lei estabelece, para as coisas móveis, que a manifestada num prazo de dois anos a contar da data de*

[206] Em caso de resolução, o vendedor deve devolver o preço recebido em 14 dias, sob pena de o mesmo ser devido em dobro acrescido de indemnização pelos danos patrimoniais e não patrimoniais sofridos pelo comprador (artº 11º números 9 e 10).

[207] Uma vez que podem existir quatro reparações com acréscimo de seis meses de garantia de conformidade de seis meses por cada uma delas, tal implica o acréscimo possível do prazo de garantia por mais dois anos sobre o prazo inicial de três anos. Por outro lado, deve notar-se que o prazo de dois anos para propositura de ação judicial a seguir à denúncia da falta de conformidade se suspende desde o momento em que o consumidor coloca à disposição do vendedor o bem comprado para reparação ou substituição ou se verifica a tentativa de resolução extrajudicial do conflito (artigo 17º nº 2).

entrega da coisa, se presume existente nesta última data[208], salvo quando tal for incompatível com a natureza do mesmo ou com as características da falta de conformidade (artigo 13 nº 1 LFCG), prazo que se reduz para *um ano* no caso de redução da garantia relativa a *bens usados.*

No caso de *fornecimento contínuo de conteúdos digitais o ónus da prova* de conformidade dos mesmos *cabe ao profissional durante o período de três anos ou prazo superior correspondente à duração do* contrato (artigo 14º)[209].

Em caso de desconformidade, *o comprador consumidor de bem móvel tem o direito à reposição da conformidade*, através da *reparação ou da substituição do bem comprado*, sem custos, *redução proporcional do preço ou resolução do contrato* (artigo 15º).

No entanto, contrariando o que resultava do regime jurídico anterior, *o exercício destes direitos*[210] *obedece a uma ordem determinada por lei.*

Assim, em primeiro lugar, *o comprador pode optar entre a reparação ou a substituição do bem*, salvo se o meio escolhido para a reposição da conformidade for impossível ou, em comparação com o outro meio, impuser ao profissional custos desproporcionados (artigo 15º nºs 2 e 3).

A reparação ou substituição deverá processar-se gratuitamente, sem custos para o comprador, e no prazo de trinta dias, salvo se for exigível prazo inferior pelo facto de aquele causar grave danos ao comprador, ou prazo superior se a situação assim o exigir, acrescendo nova garantia relativamente ao objeto reparado (artigo 18º).

Nos termos do disposto no artigo 15º nº 4, *o comprador pode escolher entre a redução proporcional do preço e a resolução do contrato* caso:

a) O profissional:

- *i*) Não tenha efetuado a reparação ou a substituição do bem;
- *ii*) Não tenha efetuado a reparação ou a substituição do bem nos termos do disposto no artigo 18º, ou seja, por forma gratuita, num prazo razoável que, em princípio, não deve exceder trinta dias,

[208] O que facilita a prova para o comprador desta desconformidade nos primeiros dois anos, uma vez que bastará provar a existência da mesma para se presumir que esta enfermava desde a entrega da coisa. No terceiro ano de garantia de conformidade o comprador pode provar a desconformidade, mas já não beneficia da presunção da sua existência na data da entrega do que comprou.

[209] Bastará, assim, ao consumidor provar a falta de conformidade durante estes prazos, presumindo-se a sua verificação desde a entrega do bem, adquirido.

[210] Direitos que se transmitem a terceiro adquirente (artigo 15º nº 10).

iii) Tenha recusado repor a conformidade dos bens; ou

iv) Tenha declarado, ou resulte evidente das circunstâncias, que não vai repor os bens em conformidade num prazo razoável ou sem grave inconveniente para o consumidor;

b) A falta de conformidade tenha reaparecido apesar da tentativa do profissional de repor os bens em conformidade;

c) Ocorra uma nova falta de conformidade; ou

d) A gravidade da falta de conformidade justifique a imediata redução do preço ou a resolução do contrato de compra e venda;

e) A falta de conformidade tenha levado ao perecimento ou deterioração do bem por motivo não imputável ao consumidor (nº 9).

A *redução do preço deve ser proporcional* à diminuição do valor de bem comprado (artigo 19º), *inexistindo direito de resolução do contrato se a falta de conformidade for "mínima"* (artigo 15º nºs 5 e 6), prevendo a lei ainda, no caso de o preço não estar totalmente pago o direito do comprador recusar o pagamento de prestações ainda não vencidas (artigo 15º nº 7).

Porém, a LFCG prevê que, *nos trinta dias seguintes à entrega do bem comprado, o comprador possa solicitar imediatamente a substituição do bem ou a resolução do contrato* (artigo 16º), comunicando a mesma ao vendedor por qualquer meio suscetível de prova (artº 20º LFCG), *direito que deve ser, assim, considerado independentemente da observação da ordem hierárquica enunciada no artigo 15º, pois, configura o denominado direito de rejeição*[211].

A *resolução implica a destruição retroativa do contrato*, com a devolução do que foi recebido ao abrigo do mesmo, nos termos gerais (artigos 433º a 435º e 289º do Código Civil). Assim, surgirão na esfera jurídica das partes a obrigação de o consumidor devolver os bens adquiridos ao profissional, a expensas deste, e a obrigação de o profissional *reembolsar o consumidor do preço pago* pelos bens após a sua receção ou de prova do seu envio, apresentada pelo consumidor, *sem custos para o último, no prazo de catorze dias* (artigo 20 nºs 4, 5 e 6), gozando o vendedor do direito de reter este valor enquanto o comprador não fizer prova do envio do bem comprado (artigo 20º nº 7), recaindo sobre o vendedor o dever de gra-

[211] Para salvaguardar o princípio da proibição do abuso de direito (artigo 334º do CC) e, coerentemente com o previsto no artigo 15º nº 6 do diploma analisado, não deve reconhecer-se o direito de resolução nos casos em que a desconformidade é mínima, muito embora a lei não seja clara a este propósito.

tuitamente remover os bens vendidos que tiver instalado (pense-se na venda com conteúdo digitail– artigo 20º nº 8).

O *direito de ação judicial* pela qual o comprador exercerá os direitos supra mencionados deve ser exercido *nos dois anos posteriores à comunicação de falta de conformidade*, sob pena de caducidade (artigo 17º), suspendendo-se a sua contagem nas situações previstas no mesmo normativo (reparação, substituição, tentativa de composição extrajudicial do conflito). No entanto, *a resolução do contrato não depende da propositura de ação judicial*, uma vez que pode ser efetuada por declaração comunicada ao vendedor por carta, correio eletrónico ou qualquer outro meio (artigo 20º nº 2).

No caso de o comprador ainda dever parte do preço, poderá opor-se ao seu pagamento enquanto se verificar a falta de conformidade (artigo 15º nº 7).

Complementando a proteção do comprador consumidor de bens móveis, exceto quanto a bens perecíveis, estabelece ainda a lei (artigo 21º) a obrigatoriedade do produtor de disponibilizar *peças necessárias à reparação* dos bens adquiridos *durante dez anos* após a colocação no mercado da última unidade do bem, *garantindo assistência pós-venda no mesmo prazo para os móveis sujeitos a registo* (caso, por exemplo, dos veículos automóveis e embarcações).

Quanto à *falta de conformidade de coisas imóveis*, relativamente aos quais a lei não aplica as considerações subjetivas e objetivas sobre falta de conformidade previstas para os bens móveis nos artigos 6º e 7º, limitando-se a referir que o vendedor deve garantir características de qualidade, de segurança, de habitabilidade, de proteção ambiental e de funcionalidade de modo a assegurar a aptidão dos bens ao uso a que se destinam durante o período de vida útil técnica e economicamente razoável (artigo 22º nº 1), o artigo 22º nº 2 *presume que a desconformidade se verifica* quando os bens vendidos não estejam de acordo com a descrição que deles é feita pelo profissional vendedor ou não possuam as qualidades que o mesmo tenha apresentado ao consumidor como amostra ou modelo, não sejam adequados ao uso específico para o qual o consumidor os destine, desde que o profissional tenha sido informado de tal uso aquando da celebração do contrato e o tenha aceite, não sejam adequados às utilizações habitualmente dadas aos bens do mesmo tipo ou não apresentarem as qualidades e o desempenho habituais nos bens do mesmo tipo e que o consumidor pode razoavelmente esperar, atendendo à natureza do bem e, eventualmente, às declarações públicas sobre as suas características concretas feitas pelo profissional, pelo produtor ou pelo seu representante, nomeadamente na publicidade, *a menos que o comprador tivesse conhecimento ou não pudesse ignorar a falta de conformidade na data da celebração da compra e venda ou a falta de qualidade decorrer dos fornecimentos feitos pelo comprador* (artigo 22º), *presumindo-se a sua existência aquando da entrega do imóvel nos dez ou cinco anos, conforme se refira a elementos construtivos estruturais ou outros* (artigo 23º)[212].

O vendedor (profissional) tem o dever de entregar ao consumidor os bens imóveis com as características já referidas de modo a assegurar a aptidão dos mesmos ao uso a que se destinam durante o período de vida útil técnica e economicamente razoável (artigo 22º).

O profissional vendedor responde perante o consumidor por qualquer falta de conformidade que exista quando o bem imóvel lhe é entregue e se manifeste no prazo de dez anos, em relação a faltas de conformidade relativas a elementos construtivos estruturais *e cinco anos, em relação às restantes faltas de conformidade* (artigo 23º).

Relativamente a estes bens (imóveis) *assiste ao comprador* consumidor, em caso de desconformidade da coisa comprada, *o direito à reparação à custa do vendedor, substituição, redução proporcional de preço ou resolução do contrato*[213]*, não estando obrigado a respeitar uma ordem determinada* quanto ao exercício de cada um destes direitos, *sem prejuízo do funcionamento do instituto do abuso de direito* (artigo 24º da LFCG e 334º do CC) *e da verificação de situação de impossibilidade de reparação ou substituição da coisa comprada* (a respetiva infungibilidade ou outra causa de tal impossibilidade), *devendo os direitos serem exercidos judicialmente nos três anos seguintes à denúncia da*

[212] Tal como a lei dispôs para a compra de coisas móveis no período de dois anos sobre a entrega, neste caso, para os imóveis, nos prazos indicados de dez ou cinco anos, provada a falta de conformidade pela verificação de uma das circunstâncias enunciadas o comprador não tem que provar que a mesma já existia quando o contrato foi celebrado, o que significa que não lhe é imputável. Este regime impõe, no entanto, que o comprador de coisa imóvel a examine diligentemente no momento da compra uma vez que se a falta de conformidade fosse evidente nesse momento, para uma pessoa com normal diligência, deixará se poder invocar a mesma. Diferentemente a falta de conformidade de bens móveis para deixar de poder ser invocada pelo comprador necessita de informação prévia sobre a sua existência pelo vendedor e de aceitação expressa e inequívoca pelo comprador (artigo 7º nº 3).

[213] Direitos que se transmitem, a terceiro adquirente (artigo 24º nº 4).

falta de conformidade, mas suspendendo-se o prazo desde a comunicação da falta de conformidade até à conclusão da reparação ou substituição e em caso de composição extrajudicial do conflito (artigo 25º).

O regime descrito para o caso de desconformidade de bens móveis e imóveis, *não prejudica o direito do comprador a ser indemnizado* pelos danos sofridos nos termos gerais (artigos 798º e seguintes do CC), desde que o consumidor prove a sua ocorrência bem como a relação de causalidade entre a falta de conformidade e aquela, presumindo-se a culpa do vendedor[214].

O regime exposto também não prejudicará *os direitos resultantes de garantia voluntária definida como* compromisso ou declaração, de carácter gratuito ou oneroso, assumido pelo profissional, produtor, ou por qualquer intermediário («o garante») perante o consumidor, *para além das obrigações legais do profissional de garantia de conformidade*, de reembolsar o preço pago, substituir, reparar ou ocupar-se de qualquer modo de um bem, conteúdo ou serviço digital no caso de este não ser conforme com as especificações ou qualquer outro elemento não relacionado com a conformidade estabelecidos na declaração de garantia ou na respetiva publicidade divulgada na celebração do contrato ou antes desta (artigo 2º alínea *k*), redigida em português em documento escrito ou outro suporte duradouro, *da qual constará, para além do referido, que o comprador consumidor é titular dos direitos à reposição de conformidade, redução de preço ou resolução do contrato previstos na LFCG*, a identificação do garante, o procedimento a seguir para acionar a garantia, os bens a que se aplica e a duração e âmbito territorial, garantia que se mantem no caso de o bem comprado ser posteriormente adquirido por terceiro (artigo 43º).

Apesar da LFCG não designar de compra e venda o " fornecimento de conteúdos e serviços digitais" a que se reporta o seu capítulo III (artigos 26º a 39º), motivo pelo qual nos eximimos de tratar especificamente o tema, tal fornecimento engloba também, substancialmente, compra e venda de bens, facto a que não é alheia uma proteção jurídica semelhante à analisada para o consumidor, comprador

[214] Por cautela, deve o pedido de reparação de danos ser acionado nos prazos previstos para a ação judicial por falta de conformidade (dois ou três anos sobre a denúncia da mesma, consoante de trate de bens móveis ou imóveis).

de bens móveis, muito embora o prazo de garantia de conformidade seja reduzido para dois anos, com a presunção de falta de conformidade se verificada no prazo de um ano sobre o fornecimento ou durante o prazo de fornecimento contínuo (artigos 32º e 33º).

Como nota final, deve observar-se que, *para além do profissional vendedor, o produtor dos bens vendidos* (caso seja pessoa diversa)[215], *incluindo os bens por si recondicionados, e o seu representante na zona do domicilio do consumidor também podem ser responsabilizados solidariamente,* nos casos em que o consumidor que tenha adquirido coisa defeituosa, assistindo ao último *o direito à sua reparação ou substituição, salvo se tal se manifestar impossível ou desproporcionado tendo em conta o valor que o bem teria se não existisse falta de conformidade, a importância desta e a possibilidade de a solução alternativa ser concretizada sem grave inconveniente* para o consumidor (artigo 40º nº 1), *ou de ser admissível a oposição do produtor nos casos referidos no artigo 40º nº 2, entre os quais ressaltam a má utilização do produto pelo comprador e o decurso do prazo de dez anos sobre a sua colocação no mercado.*

Também importante é a responsabilidade do " *prestador de mercado em linha*" (artigos 44º e seguintes) nos mesmos termos do vendedor profissional, devendo esclarecer se é ou não parceiro contratual do vendedor para efeitos de isenção de responsabilidade (artigo 45º), considerando-se que o prestador de mercado em linha *é parceiro contratual do profissional sempre que exerça influência predominante* na celebração do contrato, o que se verifica, designadamente, nas seguintes situações:

a) O contrato é celebrado exclusivamente através dos meios disponibilizados pelo prestador de mercado em linha;

[215] A responsabilidade do produtor, independentemente de culpa, resulta do disposto no artigo 12º da LDC (Lei de Defesa do Consumidor) que, no seu nº 2, estabelece que o "produtor é responsável, independentemente de culpa, pelos danos causados por defeitos de produtos que coloque no mercado" e do artigo 8º do Decreto-Lei nº 383/89, de 6 de novembro, na redação atual, que estabelece serem indemnizáveis os danos superiores a € 500,00 resultantes de morte ou lesão pessoal e os danos em coisa diversa do produto defeituoso, desde que seja normalmente destinada ao uso ou consumo privado e o lesado lhe tenha dado principalmente este destino, prevendo-se o prazo de caducidade de dez anos sobre a data de colocação do produto em circulação para acionar o produtor e o prazo de prescrição do direito a indemnização de três anos sobre a data em que o lesado teve ou deveria ter conhecimento do dano, do defeito e da identidade do produtor.

b) O pagamento é exclusivamente efetuado através de meios disponibilizados pelo prestador de mercado em linha;
c) Os termos do contrato celebrado com o consumidor são essencialmente determinados pelo prestador de mercado em linha ou o preço a pagar pelo consumidor é passível de ser influenciado por este; ou
d) A publicidade associada é focada no prestador de mercado em linha e não nos profissionais.

Naturalmente que, sendo responsabilizado o prestador do mercado em linha, goza de direito de regresso sobre o profissional (artigo 47º).

Por fim, a *lei estabelece a nulidade de todo o acordo que exclua ou limite os direitos do consumidor na mesma previstos*, sem prejuízo da aplicação de regime mais favorável para o comprador que tenha sido convencionado (artigo 51º).

Compra de bem móvel

A comprou ao comerciante B o automóvel Y, no estado de usado, tendo convencionado um prazo de garantia de seis meses. O automóvel destina-se ao uso pessoal de A. Decorridos oito meses sobre a venda, o motor deixou de funcionar por defeito na correia de distribuição. A pode exigir a reparação, substituição do veículo ou a resolução da compra e venda no prazo de dois anos sobre o denúncia de falta de conformidade nos dezoito meses seguintes à entrega do veículo, uma vez que a cláusula que limitava a garantia a seis meses é nula (a garantia mínima de conformidade que poderia ser convencionada era de dezoito meses por se tratar de veículo usado).

Compra de bem imóvel

A comprou a B, empresária da construção civil, a fração autónoma designada pela letra L do prédio X, destinada à sua habitação permanente, pelo preço Y, tendo a mesma sido entregue em 2 de maio do ano n. Em 15 de dezembro do ano n A verificou que a pintura interior da fração estava completamente deteriorada, por confronto com o seu estado à data da entrega. Por outro lado, na mesma data ocorreu na fração um incêndio provocado pela sua deficiente instalação elétrica. A denuncia estes defeitos a B em 17 de dezembro do ano n. Nos termos da lei, presume-se que os defeitos já existiam em 2 de maio do ano n, podendo A: exigir a reparação e indemnização pelos danos ocorridos por virtude da realização das obras de reparação, ou, sem prejuízo de indemnização pelos danos sofridos, pedir redução de preço da compra e venda, ou a resolução desta com restituição do preço pago. Assim pode proceder uma vez que a denúncia dos defeitos não estruturais foi efetuada dentro do prazo de cinco anos seguintes à entrega da fração. Feita a denúncia em 17 de dezembro do ano n, o prazo para propor ação judicial contra a vendedora B terminará em 17 de dezembro do ano n+3, suspendendo-se o mesmo desde a comunicação de falta de conformidade (se optar por a solicitar e se a mesma implicar privação de uso).

9.2.4.3. Responsabilidade Civil

9.2.4.3.1. Noção, distinção face a outros tipos de responsabilidade

A responsabilidade civil extra-contratual é uma fonte autónoma de obrigações que consiste essencialmente no dever ou obrigação que nasce da circunstância de uma dada conduta humana (facto) ter provocado um prejuízo (dano) a um determinado titular de um direito ou de um interesse, de natureza jurídico-privada, legalmente tutelados.

A responsabilidade civil tem, pois, o seu âmbito de aplicação limitada aos chamados ilícitos privados para os quais a Ordem Jurídica estabelece cominações ou sanções puramente de natureza civil.

Nisso se distingue de outros tipos de responsabilidade. Desde logo da responsabilidade criminal, porquanto esta representa e consubstancia a tutela de interesses públicos, seja através de sanções de natureza coactiva (*maxime* a aplicação da pena de prisão), seja de formas de tutela de natureza preventiva (é o caso de medidas de segurança como o internamento em estabelecimentos psiquiátricos).

Mas também da responsabilidade de natureza contra-ordenacional, onde igualmente se tutela a defesa de interesses de natureza pública, atenta a natureza do dever incumprido e/ou do interesse lesado, de forma menos violenta ou menos dura do que a criminal, com a aplicação de sanções essencialmente pecuniárias (como as coimas).

A responsabilidade civil distingue-se ainda da responsabilidade disciplinar, onde está em causa a manutenção do concreto funcionamento de uma dada instituição pública ou privada buscando preservá-la mediante a aplicação de sanções definidas em função da natureza do dever ético, deontológico ou corporativo que haja sido incumprido.

Uma mesma conduta pode acarretar para o seu autor diferentes tipos de responsabilidade (por exemplo, um médico de uma clínica privada que, actuando de forma negligente e em violação da *legis artis*, causa a morte de um paciente estará sujeito à responsabilidade penal, designadamente pelo crime de homicídio involuntário, à responsabilidade civil pelo dano morte que causou e às responsabilidades disciplinares, quer da sua entidade empregadora, quer da respectiva Ordem profissional), mas nem por isso elas se confundem.

Por outro lado, quando se fala em responsabilidade civil como fonte de obrigações estamos a pensar na responsabilidade civil extra-contratual, distinta – ainda que o seu regime seja bastante similar – da responsabilidade civil obrigacional (ou contratual), isto é, da que resulta da violação de direitos decorrentes de relações jurídicas contratuais pré-existentes ao facto danoso.

9.2.4.3.2. Responsabilidade civil subjectiva

A denominada responsabilidade civil subjectiva reporta-se à responsabilidade civil extra-contratual por factos ilícitos, é baseada na culpa e encontra-se prevista no artigo 483º do Código Civil, o qual estipula o seguinte: "*Aquele que, com dolo ou mera culpa, violar ilicitamente o direito de outrém ou qualquer disposição legal destinada a proteger interesses alheios fica obrigado a indemnizar o lesado pelos danos resultantes da violação*".

Temos, pois, por pressupostos da responsabilidade civil subjectiva os seguintes:

1º O facto ilícito;

2º A culpa (imputação do facto ao agente);

3º O dano ou prejuízo;

4º O nexo de causalidade entre o facto e o dano.

9.2.4.3.2.1. O facto ilícito

O primeiro dos pressupostos é, por um lado, a existência de uma conduta ou facto humano voluntário – não sendo, por isso, relevante um evento natural – que tanto pode consistir numa acção (a destruição de um determinado bem) como numa mera omissão (como por exemplo a não prestação de auxílio a uma vítima de um acidente de viação), e, por outro, que consubstancie a violação ou de um direito não contratual (direito à vida, à integridade física, à imagem, etc.) ou de uma disposição legal destinada a proteger directamente interesses particulares alheios.

Há ainda outras situações específicas geradoras de responsabilidade civil, como é o caso do abuso de direito (em que o titular do direito o exerce de forma que excede manifestamente os limites impostos pela boa-fé, pelos bons costumes ou pelo fim económico e social para que tal direito foi consagrado).

Por outro lado, casos há em que, embora se verifique a prática de um acto danoso, com lesão dos direitos de outrém, não existe, porém, ilicitude – é o caso, previsto no artigo 335º do Código Civil, de o agente actuar no exercício de um direito ou não cumprimento de um dever, ou de agir em legítima defesa (artigo 337º do Código Civil), em estado de necessidade (artigo 339º) ou em acção directa (artigo 336º).

9.2.4.3.2.2. A culpa

O segundo pressuposto da responsabilidade civil é a imputação do facto (ilícito) ao seu autor.

Tal significa, antes de mais, que este é imputável, ou seja, que tem capacidade para entender e querer, sendo que o artigo 488º do Código Civil presume que são inimputáveis os menores de sete anos e os interditos por anomalia psíquica.

Mas significa também que o acto em causa pode ser atribuído ao seu autor (imputável), o que se designa por culpa ou sentido amplo.

Esta abrange tanto a culpa em sentido restrito (ou negligência) como o dolo (ou conduta intencional).

Por seu turno este pode ser <u>directo</u> (quando o agente prevê e deseja o resultado final da sua conduta), <u>necessário</u> (quando o autor age, não visando directamente esse mesmo resultado final, mas sabendo que ele decorrerá necessariamente da sua actuação) ou <u>eventual</u> (quando o agente considera somente como possível o resultado da sua conduta, mas mesmo assim actua conformando-se com tal previsão).

O determinar-se se o agente actuou com dolo ou com mera culpa não é necessário para a constituição da obrigação de indemnização, mas pode ser relevante para a redução equitativa do valor da mesma em caso de mera culpa, nos termos do artigo 496º do Código Civil, desde que o grau de culpabilidade do agente, a situação económica deste e do lesado e as demais circunstâncias do caso o justifiquem.

9.2.4.3.2.3. O Dano

Os danos ou prejuízos resultantes da conduta ilícita e culposa do agente podem ser patrimoniais (se são susceptíveis de avaliação ou determinação pecuniária) e não patrimoniais ou morais (se o não são).

Ambos os tipos de danos são indemnizáveis mas enquanto para os danos patrimoniais não há limite ou restrição, já para os danos não patrimoniais o artigo 496º do Código Civil estipula que só são atendíveis aqueles "*que, pela sua gravidade, mereçam a tutela do Direito*", e o respectivo montante indemnizatório deverá ser, nos termos do artigo 494º do Código Civil, fixado equitativamente.

Os danos podem também ser classificados em presentes (já verificados) e futuros (que são aqueles que se prevê que se venham ainda a verificar).

E de igual modo em "danos emergentes" (ou seja, aqueles que correspondem à lesão ou diminuição do património do lesado em virtude do facto lesante) e "lucros cessantes" (que dizem respeito aos valores ou acréscimos patrimoniais que o mesmo lesado deixou de auferir), sendo a regra geral, conforme resulta do artigo 564º, nº 1, do Código Civil, e ainda que com excepções pontuais (como as dos artigos 899º e 900º do Código Civil), a de que a obrigação de indemnização deve abranger tanto uns como os outros.

9.2.4.3.2.4. Nexo de causalidade

O último dos pressupostos da responsabilidade civil é o nexo de causalidade entre a prática do facto e a ocorrência do dano.

Tal causalidade tem de ser adequada, ou seja, tem de significar que, em condições normais (ou então em condições específicas mas que o agente conhecia, por exemplo pregando um susto a uma dada pessoa que já previamente se sabia padecer de doença cardíaca), aquela conduta é adequada a produzir aquele resultado (danoso).

A lei portuguesa e em particular o artigo 563º do Código Civil consagram, segundo a melhor doutrina e jurisprudência, o princípio da causalidade adequada, afastando assim quer a teoria da "condição necessária" ("*conditio sine qua non*"), quer a teoria da condição mais próxima (ou "condição eficiente"). O que quer significar que pode haver condutas sem as quais o resultado final não se teria verificado (por exemplo a produção dum ferimento não letal em alguém que, ao ser conduzido ao hospital, falece num acidente de viação envolvendo a ambulância em que seguia, e causado por um terceiro) ou que constituem tão somente a última e mais próxima temporalmente de toda uma cadeia de circunstâncias (o último dos embates de veículos entre si, mas causado pelo abandono de uma viatura, de noite, e em plena curva da estrada, sem qualquer iluminação ou adequada sinalização), mas que, todavia, não constituem a causalidade adequada a produzir o resultado danoso final e por isso não dão lugar à constituição da obrigação de indemnização.

Mesmo a teoria da causalidade adequada comporta duas formulações ou variantes possíveis: a positiva ou restritiva e a negativa ou ampla. De acordo com a primeira, o facto só poderá ser considerado causa adequada do dano quando este seja a consequência normal ou típica daquele, independentemente de quaisquer circunstâncias, isto é, a causalidade adequada verificar-se-á sempre que, uma vez praticado o facto, se possa prever o dano como efeito provável dessa prática. Já de acordo com a concepção restritiva, deixará de existir nexo de causalidade adequada para a ocorrência do dano quando para este tiverem contribuído, e de forma decisiva, circunstâncias anómalas, extraordinárias ou excepcionais.

De acordo com a jurisprudência largamente dominante do Supremo Tribunal de Justiça, deve entender-se que o já referido artigo 563º do código Civil consagrou a tese restritiva ou negativa.

9.2.4.3.2.5. Obrigação de indemnizar

A obrigação de indemnização dos danos causados é regulada, autonomamente, em sede das modalidades das obrigações, ou seja e mais exactamente, na Secção VIII no Capítulo III do Livro II (Direito das Obrigações) do Código Civil, nos seus artigos 562º e seguintes.

Nesta disciplina jurídica, abrange-se desde logo o âmbito e natureza dos danos indemnizáveis, bem como as modalidades e formas de responsabilidade civil e de indemnização e, enfim, os critérios de determinação do valor desta.

Já antes se referiu que diversas das normas relativas à responsabilidade civil extra contratual (como os artigos 483º, 485º, nº 2 e 488º do código Civil) são também aplicáveis à responsabilidade civil contratual.

Mas o regime da obrigação de indemnização de uma e outra modalidade é diferente nalguns pontos. Assim, e entre outros, encontramos as seguintes diferenças relevantes:

1) Enquanto na responsabilidade extra-contratual o ónus da prova incumbe ao lesado, seguindo a regra geral do artigo 342º, nº 1 do Código Civil, já na responsabilidade contratual, e por força do

artigo 799º, tal ónus da prova (de que o incumprimento da prestação não decorreu de culpa sua) cabe ao devedor lesante;

2) A graduação da culpa e a eventual redução equitativa do montante indemnizatório somente se encontram previstas para a responsabilidade extra-contratual, nos termos dos artigos 494º e 495º;
3) Havendo vários agentes lesantes, a regra da respectiva responsabilidade é, no caso de ser extra-contratual, ela ser solidária (artigo 497º do Código) enquanto, no caso da responsabilidade contratual, é ela ser conjunta (artigo 513º);
4) O prazo prescricional geral do direito à indemnização é muito mais curto (3 anos, por força do artigo 498º) no caso da responsabilidade extra-contratual do que na responsabilidade contratual (que é, em regra e nos termos do artigo 309º do Código, de 20 anos).

A indemnização tem por objectivo fundamental procurar reconstituir a situação que existiria se não se tivesse verificado o evento danoso que obriga à respectiva reparação (artigo 562º) e, como já antes referido, abrange quer os danos emergentes, quer os lucros cessantes (artigo 564º, nº 1).

Se a reconstituição natural não fôr possível, se revelar demasiado onerosa ou não reparar a integralidade dos danos, então a indemnização será fixada em montante pecuniário correspondente à diferença entre a situação patrimonial do lesado no momento mais próximo da ocorrência da lesão que fôr possível apurar e aquela que, no momento presente, ele teria se não fosse tal ocorrência, nos termos do artigo 566º, sendo que o peticionante da referida indemnização nem tem que indicar logo no início da acção judicial respectiva a importância exacta em que avalia os danos, nem o facto de ter indicado um certo valor o impede de, no decurso da mesma acção judicial, reclamar um montante mais elevado em face da demonstração de danos afinal superiores aos que haviam sido inicialmente referidos (artigo 569º).

Certo é também que o Tribunal, face às circunstâncias do caso, pode atribuir ao lesado, a requerimento deste, quer uma indemnização provisória enquanto decorre o processo judicial respectivo, quer a indemnização definitiva, no todo ou em parte, não sob a forma de uma valor único e total mas sim de renda (vitalícia ou temporária), tudo de acordo com o que prevêm os artigos 565º e 567º do Código.

Se o mesmo lesado ou algum dos seus representantes legais ou auxiliares tiver concorrido para a ocorrência dos danos ou, pelo menos, para o seu agravamento, o Tribunal pode e deve então decidir, em função da gravidade da conduta culposa do lesado, se a indemnização deve ou não ser reduzida ou até mesmo denegada, por força do estabelecido nos artigos 570º e 571º.

Como já atrás se referiu também, os danos patrimoniais são, em princípio, todos ressarcíveis e as eventuais dificuldades na determinação do montante da respectiva indemnização residem tão somente no exacto apuramento do valor respectivo, em particular quanto aos lucros cessantes.

Já quanto aos danos morais a questão é bem mais complexa, dado o facto de o artigo 496º, nº 1 estipular que, para a fixação da indemnização, apenas são atendíveis aqueles "*que, pela sua gravidade, mereçam a tutela do direito*" e não sejam "*meros incómodos*".

Há mesmo decisões jurisprudenciais a dizer que danos morais ressarcíveis serão apenas os que espelhem um sofrimento de tal ordem "*que, segundo as regras da experiência e do bom senso, se torna inexigível em termos de resignação*".

Este grau de exigibilidade, aliado a uma cultura judiciária dominante mais do que miserabilista na fixação de montantes indemnizatórios por danos morais (que são, por natureza, irreparáveis e cuja compensação visa apenas a obtenção e o acesso a bens e benefícios que possam servir de lenitivo ou de factor de atenuação da dor sofrida) conduz, muitas vezes, a uma ausência prática de real compensação dos mesmos danos.

9.2.4.3.3. Responsabilidade civil objectiva

O Código Civil prevê nos artigos 499º e seguintes a chamada responsabilidade objectiva ou pelo risco.

Assim, o artigo 500º estabelece a responsabilidade objectiva daquele (comitente) que encarregou, seja gratuita, seja onerosamente, outra pessoa (comissário) da prática de determinado(s) acto(s), de executar uma tarefa ou de exercer uma função, pelos danos que essa outra pessoa causar, exigindo-se para a constituição deste tipo de responsabilidade os seguintes requisitos:

1º *Que a prestação seja executada pelo comissário não apenas por conta mas também e sobretudo sob a direcção do comitente*, que lhe dá ordens e fiscaliza o modo como ele actua (o que significa que tem que existir a atribuição de uma função a ser exercida em regime de subordinação e que o facto danoso resulta de acto praticado nesse mesmo exercício);

2º *Que o comissário tenha actuado com culpa*, em sentido amplo (ou seja, com dolo ou com mera negligência).

A responsabilidade pelo risco verifica-se então porquanto é o comitente que, mesmo não tendo tido qualquer conduta ilícita e culposa, responde perante o lesado pelos danos que lhe foram causados pelo comissário (embora possa depois, e nos termos do nº 3 do já referido artigo 500º, exigir deste o reembolso de tudo quanto tenha tido de pagar).

Se porventura o comitente também agiu culposamente então é, solidariamente com o comissário, responsável perante o lesado, podendo apenas exigir, posteriormente, do mesmo comissário o pagamento do valor correspondente aos danos que resultem exclusivamente da conduta deste.

Ainda dentro da responsabilidade civil objectiva ou pelo risco se inserem outros casos, como os da responsabilidade do Estado e de outras pessoas colectivas públicas pelos danos causados pelos respectivos órgãos, agentes ou representantes no exercício de actividade de gestão privada (artigo 501º), dos utilizadores, em seu próprio interesse, de animais que causem danos a terceiros, desde que esses danos resultem do perigo especial provocado por tal utilização (artigo 502º), da responsabilidade pelos danos causados por instalações de energia eléctrica ou de gás (artigo 509º) e da responsabilidade, por acidentes causados por veículo, de quem tenha direcção efectiva do mesmo e o utilize no seu próprio interesse (artigo 503º), o que significa que responsável por estes últimos danos não é necessariamente o respectivo proprietário mas sim o seu detentor ou utilizador.

O artigo 504º do Código Civil define quem são, e a medida em que o são, os beneficiários desta última modalidade de responsabilidade objectiva: as pessoas fora do veiculo são indemnizadas de todos os danos; as nele transportadas por virtude do contrato têm direito à indemnização dos danos pessoais e dos danos causados às coisas por ele transportadas; e, finalmente, quanto às pessoas transportadas gratuitamente ("à boleia"), a responsabilidade só abrange os danos pessoais do transportado, pois se presume que este aceita o risco inerente ao transporte no veículo. Só assim não será – e então, e em tal caso, sair-se-á do âmbito da responsabilidade civil objectiva – se o lesado lograr demonstrar (uma vez que, nessa situação, o ónus da prova é dele) que o transportador agiu culposa e ilicitamente.

A responsabilidade objectiva estabelecida no artigo 503º é todavia excluída, por força do artigo 508º, se o acidente fôr causado pelo próprio lesado ou por terceiro (sendo este então quem responde pelos danos), ou então se resultar de uma causa de força maior, desde que estranha ao funcionamento do veículo (por exemplo, uma súbita e violenta enxurrada que o arrasta e atira contra uma habitação, destruindo-a parcialmente).

No caso de colisão entre dois veículos sem culpa de qualquer dos condutores, a responsabilidade pelos danos ocorridos é, por força do disposto no artigo 506º, nº 1, repartida na proporção do risco com que cada um deles contribuiu para a ocorrência do acidente; e no caso de haver culpas dos dois condutores elas presumem-se, em caso de dúvida, iguais, bem como a contribuição do risco de cada veículo (artigo 506º, nº 2).

Finalmente, importa referir que o artigo 508º do Código Civil estabelece, mas apenas e como é evidente para os casos em que não haja culpa do responsável, limites máximos para as indemnizações fundadas em acidente de viação (nº 1), em acidente em veículo de transporte colectivo (nº 2) e de transporte ferroviário (nº 3), e os quais limites correspondem ao capital mínimo de seguro obrigatório de responsabilidade civil para cada um desses 3 tipos de acidentes, limite similar sendo depois estipulado, no artigo 510º, para a responsabilidade pelos danos causados por instalações de energia eléctrica e de gás.

9.2.5. Garantia

9.2.5.1. Da relação jurídica em geral

A natureza jurídica da relação social pressupõe a sua tutela pelo Direito.

De acordo com o artigo 1º do CPC o *princípio geral*, em sede de tutela de direitos, é o seguinte: *não é lícito o recurso à força (entende-se, força física) com o fim de realizar ou assegurar o próprio direito.*

Tendo em vista a aplicação coerciva do Direito, a reposição da legalidade, o reconhecimento dos direitos constituídos e a resolução dos litígios, a CRP consagra a *função jurisdicional do Estado*, exercida pelos órgãos de soberania Tribunais, a todos assistindo o *direito de ação judicial*, sendo as decisões judiciais obrigatórias para todas as entidades públicas e privadas (artigos 20º, 202º, 203º, 205º número 2 da CRP, e 2º do CPC).

Nisto consiste a tutela geral da relação jurídica, a denominada *hétero-tutela*, por emanar de uma entidade alheia à relação litigiosa, o Tribunal.

Sobre a *função jurisdicional do Estado* dá-se por reproduzido o que se disse em 6.2.4 e em 6.2.5.

Sabe-se que *também a Administração Pública*, nas suas várias componentes (direta, indireta e autónoma) *intervém ativamente na aplicação coativa das normas* jurídicas, ao regulamentar as leis, tornando-as exequíveis, praticando atos e operações indispensáveis ao bem-estar coletivo e à paz social, *regulando as atividades económicas*, cabendo-lhe as *funções de polícia* (artigo 272º da CRP), conforme expusemos, pelo que *a proteção coativa das relações jurídicas também passa pela sua atuação*, uma vez que aquela representa o *Estado em ação*, sendo certo que a *proteção de direitos se encontra confiada a este último*.

Mas, *quando surge o litígio* entre particulares ou entre particulares e o Estado ou outras entidades públicas, ou mesmo entre entidades públicas, *só os Tribunais podem resolver o mesmo se as partes conflituantes não acordarem em recorrer a meios alternativos*, (arbitragem, mediação, conciliação), nos *casos restritos previstos na lei*.

Em caso de litígio, os Tribunais, órgãos de soberania do Estado, *são as únicas entidades com competência executiva, traduzida na imposição coerciva de direitos.*

Na verdade, se bem que o artigo 209º nº 2 da CRP preveja a existência de *Tribunais arbitrais, a execução forçada das suas decisões*, seja para imposição de medidas cautelares, seja para outros fins, *só por via dos Tribunais, órgãos de soberania, se pode satisfazer* (artigos 27º, 47º e 55º da LAV – publicada em anexo à Lei número 63/2011 de 14 de dezembro). *O artigo 1º da LAV prevê que*, desde que, por lei especial, não esteja submetido exclusivamente aos tribunais do Estado ou a arbitragem necessária, *qualquer litígio respeitante a interesses de natureza patrimonial pode ser cometido pelas partes, mediante convenção de arbitragem, à decisão de árbitros, sendo ainda válida uma convenção de arbitragem relativa a litígios que não envolvam interesses de natureza patrimonial, desde que as partes possam acordar sobre o direito controvertido.*

A convenção de arbitragem pode ter por objeto um litígio atual, ainda que afeto a um tribunal do Estado, através do denominado *compro-*

misso arbitral, ou futuros e eventuais litígios emergentes de determinada relação jurídica contratual ou extracontratual, pela denominada *cláusula compromissória*.

Os Tribunais arbitrais são compostos por árbitros designados pelas partes, pelas partes e pelo Tribunal judicial ou por organizações diversas (Centros de Arbitragem instituídos ao abrigo de diploma especial – artigo 62º LAV)[216].

Para além da arbitragem a lei tem, progressivamente, implementado *formas alterativas de resolução de litígios sem a intervenção dos Tribunais, recorrendo à mediação e/ou conciliação*[217]. Na primeira (mediação familiar, laboral, penal), o conflito é solucionado mediante acordo das partes, sendo as negociações estabelecidas entre as mesmas intermediadas por uma terceira pessoa (mediador), enquanto que na segunda quem preside à conciliação apresenta propostas de resolução do litígio, participando ativamente na formação da resolução do diferendo.

Por outro lado, excecionalmente, a lei prevê a *autotutela de direitos*, o recurso à força pelo interessado, como forma de compor um litígio.

Tal pode suceder nos *casos pontuais previstos em negócio jurídico ou na lei*, em que seja conferido o direito de atuar em defesa de interesses próprios[218], sem intervenção do Tribunal, ou nos casos de *ação direta, legítima defesa, estado de necessidade, e direito de resistência* (artigos 336º, 337º e 339º do CC, artigo 21º da CRP, artigos 32º, 33º, 34º e 35 do CP).

Nestas últimas situações verifica-se uma *situação de urgência, de impossibilidade de recurso à autoridade pública* como forma de, em tempo útil, satisfazer o direito, de indispensabilidade da sua satisfação, tendo-se em conta também a *proporcionalidade de meios utilizados* pelo agente para satisfazer

[216] Em Portugal a arbitragem não se limita a questões de direito privado, estando enquadradas por lei especial a arbitragem administrativa e tributária, processadas pelo Centro de Arbitragem Administrativa (cfr. http://www.caad.org.pt/).

[217] Para uma visão concreta, podem consultar-se http://www.citius.mj.pt/portal/Contactos-MeiosRal.aspx ou http://www.dgpj.mj.pt/sections/gral, http://www.dgpj.mj.pt/sections/gral/mediacao-publica, http://www.dgpj.mj.pt/sections/gral/arbitragem, http://www.dgpj.mj.pt/sections/gral/julgados-de-paz, http://www.dgpj.mj.pt/sections/gral/apoio-ao.

[218] *Por exemplo*, conferindo ao titular de um crédito a possibilidade de reter uma coisa em garantia, enquanto aquele não for satisfeito (cfr. infra 9.2.5.3.3.5), ou conferindo às partes de um negócio o direito de o extinguirem, por resolução, face ao incumprimento definitivo do mesmo pela parte contrária (cfr. artigos 808º, 801º nº 2 e 432º a 436º do CC).

os fins e um *equilíbrio de interesses* sacrificados. Através destes *meios excecionais* de satisfação coerciva de direitos, a lei considera, em geral[219], lícitos comportamentos que, em circunstâncias normais, seriam ilícitos.

Ação direta

C, proprietário do prédio rústico Y, no mesmo residente com o seu agregado familiar, tem acesso a este apenas por um caminho que atravessa os prédios W, U e V, utilizado, desde tempos imemoriais, para esse fim, pelos sucessivos proprietários de Y. D, proprietário do prédio W, confinante com o prédio Y, fechou o caminho colocando uma vedação no seu prédio. C, para ter acesso imediato à sua residência, cortou a vedação a fim de utilizar o único acesso à sua habitação.

A atuação de C visou salvaguardar em tempo útil[220] a posse de uma servidão de passagem constituída por usucapião (artigos 1251º, 1296º, 1543º, 1544º, 1548º do CC), nos termos do artigo 336º do CC.

Legítima defesa

C, jornalista, vê dirigir-se para as instalações do jornal onde trabalha vários indivíduos armados, ostentando na roupa frases alusivas à violência física. Depois de manifestarem a intenção de matar quem se encontrasse nas instalações e de as destruir, os indivíduos armados entraram nas mesmas. C, diretor do jornal, aproveitando o facto se encontrar numa posição mais protegida, acionou uma arma atingindo os membros inferiores dos agressores, provocando, a sua queda, a que se seguiu a imobilização pelos jornalistas presentes. No local não se encontrava qualquer agente de autoridade. Estamos perante uma agressão eminente e ilícita que, não sendo repelida, lesionará o direito à vida e integridade física de C e dos seus colegas, não sendo possível impedir a mesma, em tempo útil, por recurso à autoridade pública. C atua preventivamente, tendo em vista salvaguardar interesses iguais ou superiores aos que resultariam da agressão, fazendo uso de meio adequado para o efeito.

Estado de necessidade

D, ao sair do apartamento do prédio onde reside, reparou que, do apartamento onde mora o seu vizinho, saía bastante fumo, fazendo supor a existência no mesmo de um incêndio. D sabe que neste último apartamento reside o seu vizinho E, o respe-

[219] O único caso em que a atuação não é punida atendendo à inexistência de ilicitude, mas, pelo contrário, à inexistência de culpa é a do estado de necessidade desculpante (artigo 35º do CP).

[220] A decisão judicial proferida em processo instaurado tendo em vista remover a obstrução existente à utilização por B do caminho de acesso ao seu prédio e residência nunca seria proferida a tempo de C poder aceder à sua residência no dia em que o portão foi colocado, ou nessa semana (ou, porventura nesse mês ou meses seguintes mais próximos....).

tivo cônjuge F, bem como os Filhos G e H, menores, respetivamente, de 3 e 5 anos de idade, cujos Pais se tinham ausentado, por curto período, para se deslocarem à farmácia mais próxima. D, perspetivando a hipótese de se verificar um incêndio na residência dos menores e de estes correrem perigo de vida, procede ao arrombamento da porta de entrada do apartamento onde supostamente estes se encontravam, retirando-os do mesmo e, assim, evitando a sua morte ou danos graves na sua saúde e integridade física.

D destruiu ou danificou a porta de entrada do apartamento onde residiam E, F, G e H tendo em vista remover o perigo de morte ou lesão da integridade física de G e H, danos manifestamente superiores a tal destruição ou danificação[221].

Direito de resistência

M, transitando na via pública, foi interpelado por N no sentido de não prosseguir a sua marcha, devendo considerar-se preso, à sua ordem. N, agente de uma força policial, não apresentou qualquer justificação para a detenção de M, entre as várias previstas nos artigos 27º e 28º da CRP (v.g prática de crime em flagrante delito, mandato judicial para depor em processo judicial).

M pode opor-se à detenção, por esta violar a sua liberdade pessoal (artigo 27º da CRP), não sendo possível recorrer a autoridade pública que faça respeitar a mesma.

9.2.5.2. Da relação jurídica obrigacional

9.2.5.2.1. Noções gerais

A lei civil (artigo 397º do CC) define a *relação jurídica obrigacional* como o vínculo pelo qual uma pessoa (devedor) fica adstrito para com outra (credor) à realização de um comportamento (prestação), que corresponde a um interesse digno de proteção legal (artigo 398º do CC).

Este vínculo pode ter *fontes muito diversas*, como sejam os negócios jurídicos (artigos 405º a 463º, 874º a 1250º do CC – cfr. supra 9.2.3.3), gestão de negócios (artigos 464º a 472º do CC), enriquecimento sem causa (artigos 473º a 482º do CC), ou a responsabilidade civil (artigos 483º a 510º e 562º a 572º do CC – cfr. supra 9.2.4.3.).

A lei regula o cumprimento e incumprimento das obrigações nos artigos 762º a 816º do CC, e a sua realização coativa nos artigos 817º a 830º do CC.

[221] No *confronto de valores consideramos sempre superiores os pessoais* (v.g direito à vida, integridade física e psíquica, honra e consideração, direito à imagem), *por contraposição aos materiais* (direitos avaliáveis pecuniariamente).

Em caso de *incumprimento voluntário* da obrigação assiste ao credor a garantia geral da relação jurídica, traduzida no exercício do direito de ação judicial na qual pedirá a condenação do devedor a cumprir.

Mas, se o devedor persistir no incumprimento após a sentença condenatória, ou verificando-se esse incumprimento estando a situação devedora estiver suficientemente documentada por forma ao credor ser titular de *título executivo*[222], que dispense a prévia condenação judicial do devedor, e se a obrigação for pecuniária[223], *o credor pode avançar no processo de cobrança através da propositura de ação executiva, na qual requer a apreensão pelo Tribunal e agente de execução de bens do devedor* (penhora de bens), a fim de os mesmos serem vendidos, ou lhe serem adjudicados por certo valor, ou sobre os mesmos se constituir uma consignação de rendimentos, *pagando-se, assim, coercivamente,o que lhe é devido* (artigos 817º a 826º do CC e artigo 795º do CPC).

> *Através da penhora, são determinados os bens afetos ao pagamento da dívida, passando a estar imunes à disponibilidade do devedor,* nos termos do artigo 819º do CC. Se o devedor alienar (vg. vender, doar), onerar (v.g hipotecar), ou arrendar os bens penhorados, estes atos não produzem efeitos relativamente ao processo judicial, que prosseguirá como se os mesmos não tivessem sido praticados. Os bens penhorados são entregues a depositário nomeado nos termos da leis processuais (em princípio, o agente de execução, com exceções – ex: artigo 756º do CPC), e no caso de consistirem em créditos, o pagamento destes deve ser efetuado no âmbito do processo judicial (artigos 820º e 821º do CC). Por sua vez, *a penhora constitui o direito de o credor ser pago com preferência aos demais credores que não gozem de uma das garantias reais infra referidas* (artigo 822º do CC) *ou de privilégios creditórios legais prevalecentes* (artigo 788º do CPC), o que significa uma garantia de cobrança da dívida.

Se as obrigações *não forem de natureza pecuniária*, é ainda possível ao credor, em certos casos, lançar mão da *execução específica* prevista nos artigos 827º a 830º do CC. Nos casos em que se verifique incumprimento de obrigação de prestação de facto ou de entrega de coisa certa, uma

[222] Para *além das sentenças judiciais, constituem títulos executivos*, ou seja, documentos com base nos quais o credor pode imediatamente propor ação judicial com vista à penhora de bens do devedor para se fazer pagar coercivamente de dívida, *entre outros, os documentos exarados ou autenticados por notário, ou outras entidades com competência para tal, que importem a constituição ou reconhecimento de qualquer obrigação e os títulos de crédito* (por ex. letras, livranças, cheques).

[223] Com expressão monetária (ver artigos 550º a 558º do CC).

vez frustrada a possibilidade da realização da prestação, esta converte-se, no primeiro caso, numa indemnização em dinheiro correspondente ao prejuízo sofrido (artigo 869º do CPC), ou ao custo da realização da prestação por outrem ou pelo credor (artigos 870º e 872º do CPC) e, no segundo caso, ao prejuízo sofrido (artigo 867º do CPC), *convertendo-se a execução* forçada na penhora de bens do devedor suficientes para a liquidação da dívida pecuniária daí resultante.

A *prisão por dívidas civis foi abolida* em Portugal por Lei de 20 de junho de 1774, a *escravatura foi abolida* no "Império Português" pela lei de 25 de fevereiro de 1869. Os *trabalhos forçados* foram abolidos no âmbito da Convenção nº 105 da Organização Internacional do Trabalho de 25/06/1957, aprovada para ratificação em Portugal pelo Decreto-Lei nº 42 381, de 13 de julho de 1959, com ratificação desse ano e entrada em vigor em Portugal em 23/11/1960. Assim, *a garantia do cumprimento de obrigações desde há muito que é meramente patrimonial, não podendo recair sobre pessoas, mas, apenas sobre os seus bens.*

Cobrança de dívida com base em sentença

A deve a B a importância de 50.000,00, a ser paga em 05/02 do ano n. Nesta data A não liquida a quantia em dívida, vindo a ser condenado no seu pagamento por sentença judicial transitada em julgado[224]. B propõe ação executiva para penhora de bens de A, a fim de serem vendidos, reduzindo-se a dinheiro, podendo, em alternativa, propor-se ficar com os mesmos por valor que seja determinado no processo, sendo-lhe, nesse caso, adjudicados para se fazer pagar da dívida.

Cobrança de dívida com base em título de crédito

A deve ao Banco B a importância de 50.000,00 consoante consta de livrança[225] subscrita a favor do último, vencida em 05/02/do ano n. No caso de não ser paga, como a livrança constitui título executivo, B não tem que lançar mão de ação de condenação de A, podendo imediatamente requerer a penhora de bens de A nos termos do exemplo anterior.

Execução para prestação de facto/conversão em pagamento de quantia certa

C celebra com D um contrato de empreitada segundo o qual o último se obriga a construir, pelo preço de 500.000,00 um prédio urbano, sendo a obra concluída até 01/02 do ano n+3. Nesta última data apenas 50% da obra se encontra realizada. C obtém a condenação judicial de D no cumprimento do contrato. Executando a

[224] Ou seja, de que não é possível interpor recurso ordinário ou reclamação, tornando-se, assim, definitiva.

[225] Titulo de crédito representativo de dívida, utilizado, sobretudo, em operações bancárias.

sentença, C requer ao Tribunal a avaliação do custo da obra por realizar, procedendo-se à penhora dos bens de D necessários ao pagamento da quantia apurada, para a sua posterior liquidação, ou propõe-se realizar a obra diretamente, ou sob sua orientação, com a obrigação de prestar contas; neste caso, aprovadas as contas, pode seguir-se a penhora de bens de D para pagamento coercivo.

Execução para entrega de coisa certa/conversão em pagamento de quantia certa

E compra a F pelo preço de 10.000,00, o quadro X do pintor Y, devendo F entregar o mesmo no seu domicílio no dia 05/04 do ano n. Perante a recusa de F em entregar o quadro, E, na posse da sentença condenatória pretende executá-la. Todavia, verificando que o quadro não se encontra no património de F, por o ter vendido e entregue a G, E, na execução, indica os danos sofridos por virtude da não entrega do quadro, seguindo-se a penhora de bens do património de F necessários ao pagamento de indemnização para reparação daqueles.

Execução específica de contrato

H promete comprar a J o imóvel Y, destinado a habitação, pelo preço de 200.000,00, recebendo o último, a título de sinal e princípio de pagamento do preço, a quantia de 50.000,00.

Posteriormente, J recusa vender o imóvel Y, porque o mesmo se valorizou no mercado para a quantia de 300.000,00. H, deposita à ordem do processo 150.000,00, que representa o preço que ainda deve a J, propondo ação judicial contra o último com vista a obter sentença que considere H proprietário de Y, suprindo a recusa de J em outorgar a venda do imóvel (artigo 830º do CC).

Uma vez que *só o património pode garantir o cumprimento das obrigações, a lei prevê meios de evitar a sua dissipação.*

Para este fim, os artigos 605º a 622º do CC, facultam aos credores várias *providências tendo em vista manter o património penhorável* do devedor, por forma a que o mesmo possa fazer face ao cumprimento das suas obrigações, seja substituindo-se o credor ao devedor no exercícios de direitos (sub-rogação – artigo 606º do CC), seja suscitando a invalidade de negócios que envolvam dissipação do património (impugnação pauliana – artigo 610º do CC), seja requerendo ao Tribunal a apreensão preventiva de bens do devedor quando existe justo receio de perda da garantia patrimonial (arresto – artigo 619º do CC).

Procedimento cautelar – arresto – para garantia de bens penhoráveis

A compra a B materiais de construção que vai utilizar na edificação de um imóvel, pelo preço de 100.000,00. Depois de entregar os materiais a A, B, não tendo recebido o preço dos mesmos, verifica que A se encontra em situação económica difícil, sendo eminente a venda dos materiais a C. B requerer em Tribunal o arresto dos materiais que ainda se encontram no estaleiro de A, por ter justo receio de não encontrar outros bens penhoráveis com que se possa fazer pagar do preço em dívida. O arresto manter-se-á até à sua penhora no futuro processo de execução.

Relativamente às obrigações pecuniárias, vigora o *princípio da responsabilidade ilimitada*, porquanto todo o património do devedor suscetível de penhora responde pelo pagamento das suas dívidas (artigo 601º do CC[226]), devendo o produto da sua venda ser repartido proporcionalmente pelos credores se não for suficiente para pagar a todos (artigo 604º do CC), como será natural em situações de insolvência.

No *concurso de credores* ao património do devedor, podem alguns deles serem pagos pelo produto da venda de bens do devedor preferencialmente a outros, denominando-se, por isso, *credores "privilegiados" ou "garantidos"* (artigo 47º nº 4 *a*) do CIRE[227]), por contraposição aos credores que não dispõem dessa posição, denominados *"credores comuns"* (artigo 47º nº 4 *c*) do CIRE), sendo a posição dos últimos especialmente frágil, face à dos primeiros.

Tem, assim, sentido estudar as denominadas garantias reais e privilégios creditórios, que possibilitam a certos credores serem pagos preferentemente aos credores comuns. Mas, também tem sentido dizer algo sobre as denominadas garantias pessoais, em que a posição favorecida do credor assenta no património de pessoa(s) diversa(s) do devedor que acrescem, em responsabilidade, a este, sendo frequente a lei, os Tribunais ou as partes em negócio jurídico, exigirem a prestação de caução (artigo 623º do CC), designação de garantia genérica para cumprimento de obrigações futuras e eventuais, que se traduz na constituição de garantias específicas (reais ou pessoais).

[226] O Código de Processo Civil indica os bens, do devedor ou terceiro responsável, que podem ser penhorados (735º), os bens totalmente impenhoráveis (artigo 736º e 739º), os relativamente penhoráveis (artigo 737º) e os parcialmente penhoráveis (artigo 738º).

[227] Aprovado pelo Decreto-Lei nº 53/2004 de 18 de março, com alterações posteriores, a última das quais operada pelo DL nº 79/2017, de 30/06 (consultável em http://www.pgdlisboa.pt/leis/lei_mostra_articulado.php?nid=85&tabela=leis.

Em conclusão, podemos afirmar que a relação jurídica obrigacional goza, para além da garantia geral de qualquer relação jurídica, *de uma tutela específica resultante, quer dos processo judiciais* que podem ser desencadeados tendo em vista a realização coativa da prestação (artigos 817º a 826º do CC e CIRE, e artigos 827º a 830º do CC), *quer do facto de o património do devedor ou de terceiros poder ser afetado, em benefício do credor, seja em geral (artigo 601º do CC), seja por via de garantias especiais, de natureza real ou pessoal.*

Não constitui objetivo deste estudo a abordagem exaustiva de todas as garantias das obrigações, nem sequer de outras figuras que podem desempenhar tais funções, mas apenas referir algumas das mais frequentes.

9.2.5.2.2. Garantias pessoais

9.2.5.2.2.1. Generalidades

As garantias pessoais consistem na intervenção de pessoa(s) diversa(s) do devedor que se compromete(m) a efetuar a prestação, podendo assumir diversas modalidades.

Garantia bancária

O banco A garante o cumprimento das obrigações que para a sociedade B, sua cliente, resultam do contrato de empreitada para construção de uma obra que lhe foi adjudicada pela entidade pública C. Assim, se B se atrasar na entrega da obra e não pagar a C a penalização pecuniária prevista contratualmente A deve pagar a mesma a C.

Fiança

D contrai um empréstimo para habitação junto do banco E, sendo fiador F. Se D não pagar as prestações devidas a E, este pode exigir o pagamento a F.

Aval

O banco G empresta 50.000,00 a H para a compra de produtos, exigindo de H a subscrição de uma livrança[228] a seu favor, avalisada por M. No dia do vencimento[229] da livrança, G pode pedir o pagamento a H e se este não pagar, a M.

[228] Título de crédito representativo da dívida, no caso, contraída pelo respetivo subscritor junto do banco, portador do título.

[229] Ou seja, no momento em que a livrança deve ser paga.

Nos três exemplos antecedentes, *o primeiro e segundo integram a garantia pessoal fiança*, muito embora no primeiro possam existir particularidades, *e o terceiro a garantia pessoal aval.*

Iremos tratar da fiança, por ser a garantia prevista no direito privado comum (civil), relegando o aval para outras disciplinas.

9.2.5.2.2.2. Fiança

A fiança tem, normalmente, natureza contratual[230] [231], tendo *por conteúdo e função garantir ao credor a satisfação do direito de crédito por pessoa diversa do devedor* (artigo 627º nº 1 do CC), nada obstando a que prestação garantida resulte de obrigação futura ou condicional (artº 628º nº 2 do CC).

A fiança constitui uma *garantia acessória* da dívida principal[232], na medida em que a obrigação do fiador fica dependente da validade e eficácia desta última, extinguindo-se se a obrigação afiançada se extinguir (artigos 627º nº 2, 632º número 1 e 651º do CC).

Por outro lado, *o seu conteúdo coincide com o da obrigação garantida* (artigo 634º do CC), não podendo exceder a última, nem conter condições mais gravosas do que as impostas ao devedor principal (artigo 631º do CC), podendo o fiador opor ao credor os meios de defesa que assistem a este (artigo 637º do CC).

Finalmente, a fiança *é subsidiária relativamente à obrigação principal*, na medida em que, salvo convenção ou determinação legal em contrário[233], ao fiador é lícito recusar o cumprimento enquanto o credor não tiver excutido todos os bens do devedor sem obter a satisfação do seu crédito (artigo 638º número 1 do CC).

Por sua vez, na sua relação com as garantias reais (artigo 639º do CC), exceto se houver convenção em sentido contrário (artigo 640º do CC)[234], o fiador só é acionado depois de se esgotarem aquelas.

[230] Apesar de poder ser prestada sem conhecimento do devedor ou contra a vontade dele.

[231] Podendo resultar de um mandato de crédito. O artigo 629º do CC prevê "...Aquele que encarrega outrem de dar crédito a terceiro, em nome e por conta do encarregado, responde como fiador, se o encargo for aceite.".

[232] Ou seja, da obrigação garantida.

[233] Se a fiança tiver natureza comercial, o fiador responde solidariamente com o devedor, não existindo benefício de excussão prévia (artigo 101º do Ccom), podendo o credor exigir o cumprimento ao fiador, mesmo que o devedor principal tenha bens com que possa fazer face ao débito.

[234] Ou seja, se o fiador se tiver obrigado como principal pagador.

No campo das operações bancárias é frequente a fiança ser prestada como garantia de todas as obrigações que o cliente venha a assumir perante o banco[235] (fiança genérica), dispensando a prestação futura e casuística de garantias pessoais, o que se aceita como válido desde que seja estabelecido um critério que permita apurar que débitos estão compreendidos, concretamente, como há de ser determinado o debito, designadamente, por referência aos títulos de que possa provir, tendo o fiador a possibilidade de quantificar o encargo assumido; caso contrário, será nula por indeterminabilidade do objeto (artigo 280º CC).

Após o pagamento, goza o fiador de direito de regresso contra o afiançado na medida do pagamento efetuado (artigos 644º e 592º CC).

Para garantir este seu crédito o fiador pode, por sua vez, exigir do devedor afiançado uma garantia (de natureza pessoal[236] ou real[237]).

A forma exigida é a prevista para a constituição da obrigação garantida (artigo 628º CC)[238].

Fiança

A, proprietário, arrenda a B o imóvel x destinado a habitação, intervindo no contrato de arrendamento C, que presta fiança ao arrendatário B, garantindo o cumprimento das suas obrigações. Se B se atrasar no pagamento das rendas A pode pedir o pagamento destas e indemnização devida pelo atraso, primeiro a B, e se este não pagar, ao fiador C.

Índices da natureza acessória da fiança:

- se o arrendamento tiver sido celebrado verbalmente, exigindo a lei documento escrito, é inválida qualquer obrigação de B e, consequentemente de C.
- se as rendas são pagas por B, extingue-se a fiança relativamente a tais obrigações;
- se as rendas não são pagas porque o senhorio A não emite recibos, facto que concede a B direito a não pagar enquanto aqueles não forem emitidos, C pode invocar o mesmo motivo para também não pagar.

[235] Artigos 628º nº 2 e 654º CC.

[236] No caso de ser uma fiança fala-se de "retro-fiança".

[237] O que ocorre vulgarmente na fiança prestada pelas instituições de crédito, a pedido dos clientes.

[238] Naturalmente que, por uma questão de segurança, reveste, normalmente, a forma escrita.

Índices da natureza subsidiária da fiança:

Persistindo o incumprimento, se A instaurar ação judicial para cobrança coerciva das importâncias em dívida, C tem o direito de exigir que A penhore o património de B e só após este se ter esgotado ("excutido")através da venda judicial, seja penhorado o seu património, ou seja, tem o benefício de excussão prévia do património do devedor principal (B). Só assim, não será se o contrato de arrendamento tiver natureza comercial ou for convencionado que o fiador C se obriga como principal pagador, ou como fiador solidário, casos em que C pode ver penhorado o seu património, simultaneamente à penhora do património do devedor afiançado B.

Índice da natureza sub-rogatória da fiança:

Se C pagar a A as rendas em dívida por B, fica com o direito de regresso sobre B, a quem pode pedir idêntico pagamento.

9.2.5.2.2.3. Outras situações

Outras situações cumpre *distinguir da fiança.*

Assim, as denominadas "*cartas de conforto*", pelas quais alguém manifesta intenção de um compromisso vir a ser honrado, seja porque existe uma relação societária em que a sociedade "garante "manifesta o seu apoio no grupo à sociedade "garantida" ("*conforto fraco* "), seja porque a primeira se obriga, por exemplo, perante o banco a desenvolver esforços no sentido de a última cumprir as suas obrigações ("*conforto médio*"), *não constituem juridicamente garantias pessoais.*

Pelo contrario, no caso da *carta de conforto "forte* "em que a sociedade "garante" se obriga a pagar no caso de impossibilidade de a "garantida" o fazer, já pode vislumbrar-se uma *verdadeira garantia* (com a natureza de fiança).

O mesmo se diga se, por exemplo, uma sociedade solicita ao banco que conceda crédito a outra sociedade, caso que integra o *mandato de crédito* previsto no artigo 628º do CC, ficando a primeira obrigada por lei a garantir o pagamento do crédito que venha a ser concedido[239].

Também é frequente, designadamente no *domínio bancário,* a concessão pela instituição de crédito de uma *garantia autónoma*, pela qual, a pedido do cliente, se obriga a pagar a um seu credor as importâncias que o mesmo lhe venha a exigir por referência a um determinado con-

[239] Embora possa revogar o mandato enquanto o crédito não for concedido ou denunciar o mesmo sujeitando-se a pagamento de indemnização (artigo 629º nº 2 CC).

trato ou situação jurídica, independentemente de tais importâncias serem efetivamente devidas pelo garantido. Nesta garantia a *obrigação do banco é autónoma, e não acessória da obrigação* que o seu cliente tem para com o beneficiário da garantia, *como sucede na fiança*, não existindo subordinação relativamente à última, sendo disso *exemplo* frequente a *garantia bancária à primeira solicitação*, em que basta que o pedido de pagamento seja efetivado nas condições previstas no contrato de garantia para que o banco deva pagar ao beneficiário, sem poder levantar quaisquer objeções fundadas na situação jurídica existente entre o cliente e o beneficiário da garantia.

O banco não poderá, assim, invocar motivos para não pagar fundados no contrato celebrado pelo seu cliente e beneficiário da garantia, porque a garantia é autónoma relativamente a tal contrato, ou seja, o pagamento ao beneficiário deriva autonomamente do contrato de garantia celebrado e não desse outro contrato. Todavia, mesmo que seja convencionado o pagamento à primeira solicitação, em situações limite, o banco poderá não pagar, por aplicação dos princípios da boa fé, da proibição da fraude ou abuso de direito por parte do beneficiário da garantia, atendendo a que a causa (a finalidade) do contrato de garantia deve ser respeitada.

Garantia autónoma bancária

C, entidade pública, abriu o concurso público internacional nº 22 do ano n, para a construção de instalações escolares. Nesse concurso saiu vencedora a proposta da sociedade B, a quem a obra foi adjudicada. Antes de celebrar o contrato de empreitada com B, C solicitou-lhe que prestasse caução, nos termos do CCP[240], para garantia do cumprimento do contrato. B pode prestar caução pelos meios previstos no artigo 623º do CC, um dos quais consiste na "fiança bancária". B entrega a C uma declaração denominada "garantia bancária", pela qual o banco A se obriga a pagar a C, à primeira solicitação, qualquer importância que lhe venha a ser solicitada por C, tendo por referência o indicado contrato, sem poder discutir se a mesma é devida por B, até ao limite de 3.000.000,00.

[240] Artigos 88º a 90º do Código dos Contratos Públicos aprovado pelo Decreto-Lei nº 18/2008 de 29 de janeiro, com posteriores alterações (consultável em http://www.pgdlisboa.pt/leis/lei_mostra_articulado.php?nid=2063&tabela=leis). A partir de 1/01/2018 entra em vigor o Decreto-Lei nº 111-B/2017 de 31 de Agosto, que introduz alterações ao CCP, objeto da declaração de retificação nº 36-A/2017 publicada no DRE, 1ª Série de 30 de Outubro.

Imaginemos que B entrega a obra um ano depois da data prevista e que se verificam defeitos na mesma. C pode receber, provisoriamente a obra, mas, com reservas, quanto aos defeitos que deverão ser corrigidos, pedindo ao banco o pagamento de 250.000,00 correspondente a penalidade prevista no contrato de empreitada para o atraso verificado na entrega da obra, O banco A deve pagar, sem poder discutir se o atraso se verificou, e, no caso afirmativo, se o mesmo se deve a culpa de B, porque a garantia bancária é autónoma relativamente ao contrato de empreitada celebrado entre B e C.

Se a "garantia bancária" tivesse a natureza de fiança, o banco poderia discutir se o incumprimento da empreitada se tinha verificado e se a sua cliente era culpada, porque a obrigação como fiador era acessória das obrigações da cliente empreiteira (artigo 627º número 2 do CC), bem como, poderia também discutir, se fosse caso disso, a validade do contrato de empreitada, para efeitos de se eximir ao pagamento (artigo 632º do CC).

Porém, neste caso o banco obriga-se diretamente perante C, beneficiária da garantia, a proceder a um determinado pagamento, independentemente da situação jurídica existente entre a sua cliente B, que lhe pediu a garantia, e C beneficiária da mesma. A obrigação de A é, assim, autónoma, relativamente às de B para com C.

Além de autónoma relativamente aos acordos celebrados entre a cliente (B) e a terceira beneficiária (C), a garantia exemplificada funciona à primeira solicitação ("on first demand") porque o banco se obriga a pagar imediatamente, logo que interpelado para o efeito pelo beneficiário.

9.2.5.2.3. Garantias reais

9.2.5.2.3.1. Generalidades

Se, nas garantias pessoais, à responsabilidade do devedor acresce a de outra(s) pessoa(s), nas garantias reais procede-se à afetação de bens concretos ao cumprimento de certas obrigações.

9.2.5.2.3.2. Consignação de rendimentos

Conforme dispõe o artigo 656º do CC, o cumprimento da obrigação pode ser garantido mediante a consignação dos *rendimentos de certos bens imóveis, ou* de certos bens *móveis sujeitos a registo.*

Esta consignação pode ser constituída voluntariamente pelo devedor ou por terceiro, mediante negócio entre vivos, formalizado por escritura pública ou documento particular autenticado se respeitar a bens imóveis, ou testamento, e ainda por decisão judicial, estando sujeita a registo predial.

Através da consignação os rendimentos dos bens consignados são atribuídos ao credor, para pagamento da dívida, podendo os bens continuar na posse do devedor ou passar para a posse do credor ou de terceiro (artigo 661º do CC), que prestarão contas no momento determinado, ou, na falta de fixação, no termo de cada ano (artigo 662º do CC).

O credor, se ficar na posse do bem cujo rendimento é consignado, não pode fazer seu o mesmo, como forma de cumprimento (artigo 694º, aplicável por força do artigo 665º do CC), mas, apenas auferir os respetivos rendimentos.

A deve 25.000,00 a B, convencionando, por escritura pública, seguida de registo predial, afetar os rendimentos auferidos do seu prédio urbano X ao pagamento da dívida. Para o efeito, as rendas dos apartamentos existentes em X deverão ser entregues a B até que o mesmo seja integralmente reembolsado do que lhe é devido.

9.2.5.2.3.3. Penhor

Através do penhor o devedor ou terceiro procede à *afetação de* uma *coisa móvel ou direito, que não recaia sobre coisas imóveis,* ao pagamento de uma dívida. Estes bens e direitos devem ser *suscetíveis de alienação,* porquanto, na falta de cumprimento da obrigação, é através da mesma que se obtêm os meios necessários à liquidação da dívida. Assim, só tendo legitimidade para empenhar quem puder alienar o bem dado em garantia (artigo 667º do Código Civil).

Ao credor atribui-se o direito à *satisfação do seu crédito,* bem como dos juros, se os houver, com preferência sobre os demais credores, *pelo valor da coisa ou direito empenhado* que consistirá sempre em algo não suscetível de hipoteca, pertencente ao devedor ou a terceiro (artigo 666º número 1 do CC).

A *obrigação* garantida pelo penhor *pode ser futura ou condicional* (artigo 666º número 3 do CC), desde que fique estabelecido o critério para a sua definição. Não pode, assim, dar-se em penhor uma coisa para garantia de qualquer dívida que futuramente possa existir para com o beneficiário da mesma. Neste caso, a indeterminabilidade da dívida gera a nulidade do penhor por aplicação ao caso do disposto no artigo 280º do CC.

9.2.5.2.3.3.1. Penhor de coisas

O penhor de coisas *constitui-se pela entrega* dos bens que integram a garantia, ou do documento que represente a sua titularidade, não se bastando com o contrato constitutivo da garantia (artigo 669º do CC)[241]. O credor pignoratício adquire o direito usar, em relação à coisa empenhada, das ações destinadas à defesa da posse, ainda que seja contra o próprio dono, de ser indemnizado das benfeitorias necessárias e úteis e de levantar estas últimas, nos termos do artigo 1273º, e de exigir a substituição ou o reforço do penhor ou o cumprimento imediato da obrigação, se a coisa empenhada perecer ou se tornar insuficiente para segurança da dívida, nos termos fixados para a garantia hipotecária (artigo 670º do CC).

Como a posse da coisa empenhada se transmite ao credor, a este assiste o *dever de guardar e administrar* como um proprietário diligente a coisa empenhada, respondendo pela sua existência e conservação, não usando dela sem consentimento do autor do penhor, exceto se o uso for indispensável à sua conservação, e *o dever de a restituir*, extinta a obrigação a que serve de garantia (artigo 671º do CC).

Vencida a obrigação, *ao credor assiste o direito de se pagar pelo produto da venda* executiva da coisa empenhada, podendo a venda ser feita extrajudicialmente, se as partes assim o tiverem convencionado, sendo lícito ainda convencionar que a coisa empenhada seja adjudicada ao credor pelo valor que o tribunal fixar (artigo 675º do CC), mas *não podendo o credor fazer sua a coisa empenhada como consequência do não cumprimento* (*proibição do pacto comissório* – artigo 694º, aplicável por força do artigo 678º, ambos do CC).

Se a *dívida* garantida for *comercial*, a *transmissão da posse* da coisa empenhada para o credor pode ser *simbólica* nos termos do disposto no artigo 398º do Ccom. Neste caso, contrariamente à regra geral, *a venda pode ser efetuada por corretor*, sem a necessária intervenção de agente de execução em processo judicial (artigo 401º do Ccom), *podendo o credor apropriar-se do bem dado em penhor se tal vier previsto no contrato e no mesmo vier estabelecido o critério de avaliação daquele* (artigo 2º do Decreto-Lei nº 75/2017 de 26 de Junho).

[241] Salvo o caso de penhor bancário referido no texto.

No que respeita ao *penhor bancário*[242] o Decreto-Lei nº 29.833 de 17 de agosto de 1939 *dispensa a entrega* do objeto empenhado, ficando o devedor depositário do mesmo, sujeitando-se à aplicação da pena criminal prevista para o furto se alienar, modificar, destruir ou desencaminhar aquela sem autorização escrita do banco, não a podendo empenhar novamente sem menção ao anterior penhor. Para esta operação, é indispensável a forma escrita (Decreto-Lei nº 32.032 de 22 de maio de 1942).

O *penhor é acessório da obrigação* garantida (artigo 677º do CC).

Penhor não comercial

F empresta 10.000,00 a G, para financiar a aquisição por este de um automóvel destinado ao seu uso pessoal, dando em penhor a F, em garantia do reembolso do capital mutuado e respetivos juros, vencidos à taxa anual de 5%, dois quadros do pintor L, de que é titular, avaliados em 15.000,00. F guarda os quadros na sua residência, acordando na sua restituição a G após o mesmo pagar os 10.000,00 recebidos, acrescidos dos juros remuneratórios, e, se não pagar na data prevista estas importâncias, de juros moratórios à taxa legal em vigor. O empréstimo vence-se em 15/03 do ano n. G não paga a F no dia do vencimento. F tem direito a requerer a penhora e venda dos quadros por agente de execução, para se pagar de 10.000,00 acrescidos dos juros remuneratórios vencidos em 15/03/do ano n e dos juros moratórios que se vencerem até integral liquidação da dívida.

Assim sendo, F não pode fazer seus os quadros como consequência do não pagamento da dívida em 13/03 do ano n, mas, apenas, requerer a penhora e alineação dos mesmos para esse efeito (é proibido o pacto comissório – artigo 694º, aplicável por força do artigo 678º do CC). Depois de liquidada a dívida extingue-se o penhor, por ser meramente acessório daquela[243].

Penhor de estabelecimento comercial

O banco A empresta a B, comerciante, 30.000,00, vencendo juro anual de 6%. O empréstimo é formalizado por escrito pelo qual se constitui penhor sobre estabelecimento de compra e venda de acessórios para veículos automóveis de que B é titular, sito na Rua X nº 2, e se prevê o pagamento do capital mutuado e respetivos juros remuneratórios em 01/03 do ano n. B continuou a exploração do estabelecimento, nada entregando ao banco.

[242] Constituído para garantia de divida contraída junto do banco.

[243] Ou seja, a subsistência do penhor depende da subsistência da obrigação garantida: se a dívida inexiste ou resulta de acordo inválido, o penhor que eventualmente as partes tenham desejado constituir será inexistente ou inválido.

Em 01/03/ do ano n B não pagou a A, tendo vendido, em 28/02 do ano n, o estabelecimento a C para obstar à venda por agente de execução em processo judicial para pagamento coercivo a A.

O penhor do estabelecimento, com todos os bens móveis que o integram, é válido mesmo sem ter sido entregue pelo devedor B ao credor A, porque se trata de penhor comercial (bancário) formalizado por documento escrito, possibilitando ao comerciante devedor a continuação da sua atividade comercial através da sua exploração, mesmo sem a entrega ao credor do bem empenhado. Todavia, a venda do estabelecimento que B fez a C, faz o mesmo incorrer na prática de crime, sujeitando-se a punição criminal, para além da cobrança da dívida.

Penhor comercial (bancário) com venda extrajudicial ou apropriação de bens dados em penhor – obrigações futuras

L constitui a favor do banco M penhor sobre uma coleção particular de quadros e esculturas do artista plástico Z de que é proprietário, que se encontram depositados no museu Y, para garantia de cumprimento das obrigações contraídas por L junto de M relativas a empréstimos concedidos e a conceder para aquisições de ações da sociedade ABC SA e outras operações de crédito que o banco vier a conceder relacionados com aquisições de valores mobiliários negociados no mercado de cotações oficiais da Euronex Lisbon. É expressamente acordado que, no caso de incumprimento, M poderá fazer vender extrajudicialmente a coleção e as obras que a integram, para o que lhe são conferidos os necessários poderes para venda, recebimento do respetivo preço, e emissão de recibo ou quitação, ou de fazer suas as obras dadas em penhor, desde que o seu valor na data do incumprimento não exceda o montante em dívida, segundo avaliação realizada pelo valor de mercado nacional das obras estabelecido pela agência de leilões M, habitual vendedora de obras do autor Z, identificada no contrato, tendo em conta o preço dos últimos quadros e esculturas equiparáveis vendidas por esta nos dois anos anteriores ao incumprimento. Trata-se de uma garantia relativa a obrigações futuras, mas, determinadas, em função do devedor e da sua atividade comercial (artigo 666º número 3 do CC). Neste caso, no caso de incumprimento por L, o credor M não é obrigado a recorrer ao Tribunal para executar o penhor, mas, pode extrajudicialmente vender as coisas empenhadas (artigo 675º número 1 do CC) ou fazer suas as obras (artigo 2º do Decreto-Lei nº 75/2017 de 26 de Junho).

9.2.5.2.3.3.2. Penhor de direitos

Ao penhor de direitos aplica-se subsidiariamente o disposto para o penhor de coisas (artigo 679º do CC), incidindo sobre direitos que têm por objeto coisas móveis e sejam suscetíveis de transmissão.

No caso de o direito empenhado ser um crédito, o penhor só produz os seus efeitos desde que seja notificado ao respetivo devedor, ou desde que este o aceite, salvo tratando-se de penhor sujeito a registo[244], pois, neste caso produz os seus efeitos a partir do registo, sem prejuízo de o devedor dever pagar àquele a quem foi transmitido o direito de crédito (cessionário), se tiver conhecimento desta transmissão.

Quando o direito de crédito dado em penhor constitua um direito a receber de outrem uma prestação deve o credor proceder à sua cobrança, passando a garantia a incidir sobre o produto daquela (artigo 685º número 1 do CC). Todavia, se o crédito dado em garantia se traduzir no direito a receber dinheiro ou outra coisa fungível por parte de vários credores, o devedor só pode cumprir perante todos os credores, conjuntamente, podendo, na falta de acordo, libertar-se da sua obrigação mediante o depósito previsto nos artigos 841º a 846º do CC (artigo 685º número 2 do CC).

Com a constituição do penhor o devedor deve entregar os documentos representativos do direito empenhado (artigo 682º do CC).

A jurisprudência admite o *penhor de conta bancária* a favor do respetivo banco, nos termos dos artigos 680º e 681º do CC, *ficando afeto ao pagamento de divida ao banco apenas o saldo da conta, uma vez que o dinheiro depositado não é propriedade do devedor, cliente, mas, sim do banco, obrigando-se o devedor a não movimentar a mesma para operações diversas do pagamento do banco*, bastando, para o efeito documento escrito, oponível a terceiros, admitindo a compensação dos débitos do cliente ao banco com os saldos positivos a seu favor da conta bancária, não considerando existir, assim, pacto comissório, proibido por lei. Para o *penhor financeiro* (diferente do penhor de conta bancária, *existe legislação específica no sentido de permitir o pacto comissório* (artigo 11º do Decreto-Lei nº 105/2004 de 8 de maio, na redação do Decreto-Lei nº 85/2011 de 29 de junho, que procedeu à sua republicação), mas o mesmo só vem previsto para um número restrito de pessoas enunciadas no seu artigo 3º (pessoas coletivas públicas, instituições de crédito, empresas de investimento, organismos de investimento coletivo, entre outras). *Também no sentido de permitir o pacto comissório (o credor fazer seu o direito empenhado no caso de incumprimento, sem ter que promover a sua venda), dispõe o artigo 2º do Decreto-Lei nº 75/2017 de 26 de Junho supra citado.*

Penhor de ações em sociedade anónima

Em 02/03 do ano n A empresta a B 40.000,00 pelo prazo de um ano, vencendo o empréstimo juros anuais à taxa de 5%. Para garantia do reembolso do capital mu-

[244] Predial, comercial, automóvel ou de outra natureza.

tuado e juros, B dá em penhor a A um lote de 25.000 ações da sociedade C, cotadas no mercado de cotações oficiais da Euronext Lisbon, avaliados em 50.000,00, depositadas na conta de valores de B no banco X. Para concretizar a operação, B solicita ao banco X que proceda ao registo do penhor relativo às ações referidas. Em 02/03 do ano n+1 B não reembolsa a A o capital mutuado, não pagando também os juros vencidos, no montante de 2.000,00.

Face a esta situação, se não foi convencionada a possibilidade de as ações serem vendidas extrajudicialmente por A no mercado em que se encontram cotadas, ou a possibilidade de A fazer suas as ações por valor determinado por critério contratualmente fixado, A deve mover processo de execução contra B requerendo a penhora das ações, para posterior venda por agente de execução nesse mercado[245], fazendo-se pagar da quantia de 42.000,00 pelo produto de tal venda, com preferência aos demais credores de B.

Neste caso, se o empréstimo não for comercial, A não pode fazer suas as ações como forma de pagamento da dívida (para o penhor de obrigações não comerciais é proibido o pacto comissório – artigo 694º, aplicável por força dos artigos 679º e 678º do CC), mas, apenas requerer ao Tribunal, em ação executiva, a penhora das ações, para se fazer pagar do que lhe é devido, pela respetiva venda. Porém, se o penhor for comercial (vg. penhor bancário) e tiver sido convencionada essa possibilidade e o critério para apurar o valor das ações (v.g o resultante da cotação das ações no mercado supra referido na data do incumprimento), o credor A pode fazer suas as ações pelo valor assim apurado.

O penhor de títulos de crédito ou valores mobiliários (ações, neste exemplo), constitui um penhor de direitos e não de coisas. A transmissão das ações empenhadas será averbada no título ou no registo competente (artigo 399º do Ccom)[246].

Penhor de quota em sociedade por quotas

L constitui a favor do banco M penhor sobre quota de que este é titular na sociedade L.....Unipessoal Lda, para garantia de cumprimento das obrigações contraídas no âmbito de empréstimos e outras operações de crédito que o banco vier a concede-lhe no âmbito da sua atividade profissional de médico estomatologista.

[245] No exemplo, a venda dos valores mobiliários, processa-se no respetivo mercado de valores mobiliários (artigo 401º do Ccom, e artigos 68º nº 1 *g*), 81º, 103º, 105º do CVM).

[246] O registo do penhor processa-se diretamente junto da sociedade comercial emitente dos valores (ações, obrigações) ou de intermediário financeiro, por opção daquela, ou obrigatoriamente, no caso de serem transacionáveis em mercado regulamentado de valores mobiliários. Sobre o assunto, pode ver-se o disposto nos artigos citados do CVM e nas Portarias números 289/2000 e 290/2000 de 25 de maio, estas para o registo de ações junto das sociedades emitentes.

É expressamente acordado que, no caso de incumprimento, M poderá vender extrajudicialmente os valores empenhados, recebendo e dando quitação do preço da venda e que, em alternativa, M poderá fazer sua a quota empenhada pelo valor contabilístico determinado pela sociedade de revisores oficiais de contas Z.

Trata-se de uma garantia relativa a obrigações futuras, mas, determinadas em função do devedor e da sua atividade profissional (artigo 666º número 3 do CC).

Neste caso, no caso de incumprimento por L, M não é obrigado a recorrer ao Tribunal para executar o penhor, mas pode extrajudicialmente vender a coisa empenhada (artigo 675º número 1 do CC) ou fazer sua a mesma.

9.2.5.3.3.3. Hipoteca

Pela constituição de hipoteca o devedor ou terceiro *afeta ao pagamento da dívida um bem imóvel ou equiparado*, suscetível de ser alienado, conferindo ao credor o direito de ser pago pelo produto da sua venda, com preferência sobre os demais credores que não gozem de privilégio especial ou de prioridade de registo (artigo 686º do CC). Em caso de incumprimento da obrigação, o credor não pode fazer sua a coisa hipotecada (*proibição do pacto comissório* – artigo 694º do CC), mas, apenas, propor ação judicial pela qual requer a penhora e venda por agente de execução do bem hipotecado, se no processo não surgir outra forma de liquidação da dívida, devendo a penhora de bens do devedor iniciar-se pelos hipotecados (artigo 697º do CC).

Assim, se o banco A tem hipoteca sobre o imóvel X para garantia do crédito concedido a B, seu proprietário, e, no processo executivo de cobrança judicial da dívida, requereu a penhora de bens diferentes do referido imóvel, B pode opor-se a tal penhora (artigo 784º do CPC).

A hipoteca *garante o pagamento da quantia devida e juros pelo período de três anos* (artigo 693º número 2 do CC), *sem prejuízo de, por acordo posterior ao vencimento da obrigação, ou por determinação em sentença, poder ser registada nova hipoteca relativamente a juros já vencidos há mais de três anos.* No caso de capitalização de juros posteriormente ao vencimento da dívida (artigo 560º do CC) não se aplica, assim, a restrição do artigo 693º número 2 do CC na medida em que se constitua nova hipoteca, passando a existir uma primeira hipoteca para garantir a primitiva dívida, e uma segunda hipoteca para garantir os juros apurados posteriormente ao vencimento.

Em rigor, *o objeto da hipoteca não é a coisa, mas os direitos reais sobre esta*, pelo que, a mesma incidirá sobre o direito de propriedade ou outros direitos relativos a prédios rústicos e urbanos, direito de superfície, direito resultante de concessões em bens do domínio público, observadas as disposições legais relativas à transmissão dos direitos concedidos, usufruto das coisas e direitos já referidos, e coisas móveis que, para este efeito, sejam por lei equiparadas às imóveis.

No caso de hipoteca *sobre fábrica*, a mesma compreende os maquinismos e demais móveis inventariados no título constitutivo, mesmo que não sejam parte integrante do respetivo imóvel (artigo 691º número 2 do CC), não podendo ser alineados nem retirados os maquinismos, móveis e utensílios destinados à exploração abrangidos no registo de hipoteca sem consentimento escrito do credor (artigo 691º número 3 do CC).

Para hipoteca sobre *automóveis* vigora o Decreto-Lei nº 54/75 de 12 de fevereiro, com alterações posteriores (para a última ver Decreto-Lei nº 403/88 de 9 de novembro), sobre *navios* pode ver-se o disposto nos artigos 584º e seguintes do Ccom e artigos 72º de seguintes do Regulamento Geral das Capitanias, aprovado pelo DL nº 265/72, de 31 de Julho, com alterações posteriores[247], para *aeronaves* a Convenção de Genebra sobre o reconhecimento de Direitos sobre Aeronaves, aprovada pelo Decreto do Governo nº 33/85 de 4 de setembro e os estatutos do INAC (Decreto--Lei nº 133/98 de 15 de maio).

Além de incidir sobre bens concretos, a hipoteca pode recair sobre a *quota de coisa ou direito comum* (artigo 689º do CC), ficando, neste caso limitada à parte do devedor que venha a resultar da divisão da coisa comum.

A *obrigação garantida poder ser futura*, desde que seja determinável em função de critérios pré-estabelecidos[248].

A hipoteca *é acessória do crédito*, dependendo da sua subsistência. Assim, a mesma extingue-se se a obrigação que garante se extinguir, prescrever ou a coisa hipotecada se perder (artigo 730º do CC).

Quanto à origem, a garantia *pode resultar da lei, de decisão judicial*[249], *de acordo entre credor e devedor, ou ainda de acordo entre credor e o terceiro* que concorde em dar bens em garantia (artigos 703º e 698º nº 1, 717º do CC)[250].

[247] Cfr. in http://www.pgdlisboa.pt/leis/lei_mostra_articulado.php?tabela=leis&artigo_id=&nid=1721&nversao=&tabela=leis&s o_miolo=.

[248] Ver supra, o que se disse em 9.2.4.2.3.3.1 para o penhor de coisas.

[249] Podendo, neste caso, o credor registar hipoteca com base em sentença de condenação no pagamento de prestação em dinheiro ou outra coisa fungível (artigo 710º número 1 do CC).

[250] Por exemplo, A dá em hipoteca um imóvel seu para garantir divida de B a C.

Na maior parte dos casos, a hipoteca é voluntária, resultando de contrato ou declaração unilateral do devedor ou de terceiro, devendo constar de escritura pública, documento particular autenticado ou testamento (artigos 712º e 714º do CC).

Todavia, podem existir *hipotecas que tenham por fonte a lei* (artigo 705º do CC e legislação avulsa), como é o caso da hipoteca legal a favor da Segurança Social[251]. Nestes casos a hipoteca pode ser registada sobre quaisquer bens pertencentes ao devedor (artigo 708º do CC). Todavia, *se o(a) devedor(a) foi declarada insolvente, o artigo 97º do CIRE prevê a extinção desta garantia relativamente ao Estado, Autarquias locais e Instituições de Segurança Social*[252].

No que se refere à *hipoteca judicial*, a mesma vale como se fosse uma penhora de bens, sendo *desconsiderada no caso de declaração de insolvência* do(a) devedor(a), nos termos do artigo 140º número 3 do CIRE, *contrariamente ao regime da hipoteca voluntária e da legal, ou seja, declarada judicialmente a insolvência, cessa a eficácia da hipoteca judicial, ao contrário do que sucede relativamente aos créditos de hipotecas voluntárias e legais* que se mantêm com direito a serem pagos preferencialmente, estas últimas (hipotecas legais) com a ressalva já referida relativa aos créditos do Estado, Autarquias locais e Instituições de Segurança Social.

Seja qual for a sua origem, a hipoteca só produz efeitos se registada (artigo 687º do CC)[253], podendo ser registadas várias hipotecas sobre os mesmos bens, preferindo a registada em primeiro lugar (artigo 713º do CC)[254].

Apesar da constituição da garantia não impedir a alienação do bem, é usual convencionar o vencimento imediato do crédito no caso de esta ocorrer (artigo 695º do CC).

[251] O artigo 207º do Código dos Regimes Contributivos do Sistema Previdencial de Segurança Social aprovado pela Lei nº 110/2009, de 16 de setembro, com alterações posteriores, prevê hipoteca legal a favor da Segurança Social sobre bens imóveis ou móveis sujeitos a registo que pertençam ao contribuinte, para garantia de contribuições, quotizações e respetivos juros de mora.

[252] Relativamente àquelas cujo registo tenha sido requerido nos dois meses anteriores ao início do processo de insolvência.

[253] O registo é efetuado nas Conservatórias de Registo Predial, relativamente a coisas imóveis, na Conservatória de Registo de Propriedade Automóvel, para os veículos, e nas Capitanias, para as embarcações.

[254] Por exemplo no caso de duas hipotecas sobre os mesmos bens, existirá uma primeira hipoteca, ou segunda hipoteca para identificar a que foi registada em primeiro e em segundo lugar, prevalecendo, salvo acordo em contrário, a primeira sobre a segunda.

Também, em caso de alienação, o adquirente tem o direito de expurgar (extinguir) a hipoteca nos termos do artigo 721º do CC.

Hipoteca voluntária para garantia de crédito bancário

Em 02/03/do ano n, o Banco D emprestou a F 200,000,00, para que este pagasse parte do preço de compra da fração autónoma AB do prédio X, destinada à sua habitação permanente. A dívida, incluindo juros, será paga em 360 prestações mensais vencidas no primeiro dia de cada mês, no montante de 650,00. O incumprimento de uma prestação importa o imediato vencimento das seguintes. Para garantia do reembolso de capital, juros, e despesas de cobrança judicial, F constituiu hipoteca sobre AB a favor de D, pelo valor máximo de 250.000,00. A partir de 01/03/ do ano n + 4 F deixa de pagar as prestações devidas a D, por dificuldades económicas. De facto, para além da dívida ao banco, F deve 5000,00 a G pela compra de mobiliários e pagamento de obras que realizou na fração autónoma AB e 15.000,00 a H relativos a parte do preço do automóvel que lhe comprou. D recorre a Tribunal propondo execução contra F, requerendo a penhora do imóvel hipotecado, seguindo-se a respetiva venda por agente de execução, se outra alternativa de pagamento não for apresentada. Uma vez vendido o imóvel, o banco será pago pelo produto da venda com preferência aos demais credores de F que não tenham hipoteca anterior ou outra posição privilegiada que se sobreponha legalmente à hipoteca. Assim, se o preço resultante da venda for superior às custas do processo e à dívida a D, F pode utilizar o remanescente para pagar a G e H, No caso de tal não suceder, todo o produto da venda será afeto ao pagamento das custas do processo e da dívida a D, prosseguindo este com pedido de penhora de outros bens de F, se assim não for pago da totalidade da dívida, neste caso, em posição de igualdade com G e H, uma vez que já não se encontram abrangidos pela hipoteca.

Hipoteca judicial – situação de insolvência – regime diferente para hipoteca judicial relativamente a hipotecas voluntárias

A é credor da sociedade B pela importância de 45.000,00 relativa ao preço de produtos que lhe vendeu. Face ao não pagamento da divida, A intenta processo judicial sendo B condenada no pagamento do capital de 45.000,00, acrescido de juros de mora. A, com base na sentença transitada em julgado, regista hipoteca judicial sobre o imóvel X pertencente a B, que vêm a ser penhorado em procedimento executivo. Porém, antes da venda de X, B é declarado insolvente, por decisão judicial, sendo apreendidos para o processo de insolvência todos os seus bens. C, D e E são credores de B com garantia de hipoteca voluntária constituída por B, respetivamente, sobre os prédios Y, YY e YYY. Declarada judicialmente a insolvência de B, C, D e E são considerados credores garantidos, com direito a serem pagos pelo produto da venda dos imóveis Y, YY e YYY com preferência aos demais credores; contrariamente, A, que possuí a seu favor hipoteca judicial e penhora, perde a garantia de pagamento preferencial pelo produto da venda do imóvel X, por força do disposto no artigo 140º número 3 do CIRE, sendo aquele produto repartido por todos os credores, sem prejuízo dos privilégios legais aplicáveis (cfr. infra 9.2.4.3.3.4).

9.2.5.3.3.4. Privilégios creditórios

Privilégio creditório é a faculdade que a lei, em atenção à causa do crédito, concede a certos credores, independentemente do registo, de serem pagos com preferência a outros (artigo 733º do CC)*, podendo ser mobiliários ou imobiliários, consoante incidam sobre bens móveis ou imóveis.*

Os privilégios *mobiliários são gerais*, se abrangem o valor de todos os bens móveis existentes no património do devedor à data da penhora ou de ato equivalente; *são especiais*, quando compreendem só o valor de determinados bens móveis; os *privilégios imobiliários são sempre especiais* (artigo 735º do CC).

Assim sendo, os *privilégios imobiliários*, como são especiais, constituem *direitos reais de garantia*, conferindo ao credor uma *posição semelhante à do credor hipotecário*, uma vez que incidem sobre bens determinados, embora, *contrariamente à hipoteca, não dependam de registo para se constituírem.* Quanto aos *privilégios mobiliários* também *serão direitos reais de garantia quando forem especiais, não dependendo igualmente de registo.* No que se refere aos *privilégios mobiliários gerais, apenas se constituem no momento da penhora* em processo judicial, ou ato equivalente, não pressupondo uma relação entre o crédito e a coisa garante, que, assim, não fica afetada ao respetivo pagamento, *cedendo perante direitos reais de garantia* (artigos 733º nº 2 e 749º do Código Civil).

O CC enuncia os créditos que beneficiam de privilégio mobiliário geral (artigos 736º e 737º), de privilégio mobiliário especial (artigos 738º a 742º) e de privilégio imobiliário (artigos 743º e 744º).

Como estes privilégios *não estão sujeitos a registo*, e, em geral são atribuídos ao Estado, ou pessoas coletivas de direito público do mesmo dependentes, constituem, muitas vezes, uma (desagradável) surpresa para os credores particulares, que, à partida, não tendo possibilidade de os quantificar, podem fazer julgamentos apressados sobre a cobrabilidade dos seus créditos.

A tem um crédito sobre a sociedade **B** no montante de 10.000,00, relativo ao preço de mercadoria que lhe vendeu.

B, para além do preço referido, deve também:

– ao Estado imposto sobre o rendimento (IRC) relativo ao ano n-1, Imposto sobre o Valor Acrescentado (IVA), no valor de 50.000,00 relativo ao ano n e n-1, e Imposto Municipal sobre Imóveis (IMI) relativo ao ano n-1

– ao Instituto da Segurança Social contribuições relativas aos seus trabalhadores e aos ano n, e n-1 e n- 2 no valor de 150.000,00

– aos trabalhadores salários em atraso relativos a seis meses do ano n, no valor de 100.000,00

– aos sucessores de **C**, falecido num acidente de trabalho, não coberto por contrato de seguro obrigatório, 150.000,00.

A desconhece a existência das dívidas de **B** ao Estado, ao Instituto da Segurança Social, aos trabalhadores, aos sucessores de **C**, só por mero acaso tendo acesso a informação a esse respeito, podendo estar, à partida, convicto de que **B** tem património suficiente para responder pelo pagamento da sua dívida de 10.000,00.

No entanto, ao tentar cobrar o seu crédito, **A** deve ter em conta que, os seguintes credores gozam do direito a serem pagos pelo produto da venda do património de B antes de si:

– relativamente aos bens imóveis, os trabalhadores no que respeita ao imóvel de **B** onde prestam a sua atividade (artigo 333º números 1 *b*) e 2 *b*) do CT)[255], o Estado, pela dívida de IMI (artigo 748º do CC), o Instituto da Segurança Social, pelas dívida de contribuições à Segurança Social (artigo 205º da Lei nº 110/2009 de 16 de setembro)[256] quanto aos bens existentes à data da instauração do processo executivo de cobrança;

– relativamente aos bens móveis, os trabalhadores (artigo 333º nº 1 *a*) e nº 2ª) do CT), o Estado e o Instituto da Segurança Social, pelas dívidas de Impostos e contribuições (artigo 747º nº 1 *a*) do CC e artigo 204º da Lei nº 110/2009 de 16 de setembro[257]), os sucessores da vítima de acidente de viação (artigo 747º *d*) do CC)[258].

[255] Código de Trabalho, aprovado pela Lei nº 7/2009 de 12 de fevereiro, com posteriores alterações.

[256] Cfr. artigo 205º da Lei nº 110/2009 de 16 de setembro, com alterações posteriores. A estes credores privilegiados, acrescem os credores hipotecários (que estão em grau inferior aos titulares de privilégio creditório imobiliário especial estabelecido no CC – artigo 751º do CC), sendo que a Segurança Social goza de hipoteca legal sobre imóveis e móveis sujeitos a registo (artigo 207º da referida Lei).

[257] Segundo o artigo 204º da Lei nº 110/2009 de 16 de setembro, supra citada, o privilégio mobiliário prevalece sobre penhores, ainda que estes sejam constituídos anteriormente, contrariando a regra geral dos artigos 666º e 749º do CC.

[258] Antes destes últimos há que considerar os eventuais titulares de penhor.

Por sua vez, no caso de **B** ser declarada insolvente pelo Tribunal, os privilégios do Estado, autarquias e Segurança Social vencidos há mais de doze meses antes do início do processo extinguem-se (artigo 97º número 1, *b*) do CIRE), mas, há que considerar o privilégio mobiliário especial do Estado relativamente a despesas de justiça (artigo 738º do CC), as dívidas da massa insolvente e outras despesas inerentes, só após o que serão pagos os credores garantidos[259], os privilegiados e os comuns[260], como é o caso de B, que não goza de garantia especial ou privilégio.

Assim sendo, se o património de B não for suficiente para a liquidação dos credores garantidos e privilegiados, o crédito de A será incobrável.

Há que reconhecer que, antes de vender os seus produtos a **B**, **A** pode e deve tentar conhecer a situação económica desta última, mas, nem sempre será possível atingir plenamente este objetivo.

Na dúvida, **A** não deve facilitar as condições de pagamento do preço, relativamente ao fornecimento dos produtos, e no caso de transações financeiramente vultosas, será vantajoso exigir a prestação de garantias especiais para cumprimento do pagamento do preço ou exigir o pagamento contra entrega da mercadoria.

9.2.5.3.3.5. Direito de retenção

O devedor que disponha de um crédito *goza do direito de retenção se, estando obrigado a entregar certa coisa, o seu crédito resultar de despesas feitas por causa dela ou de danos por ela causados* (artigo 754º do CC).

Para além de outros normativos, os artigos 755º e 1323º nº 4 do CC indicam casos especiais de direito de retenção, o artigo 756º do CC os casos de exclusão, e os artigos 758º e 759º do CC explicam o funcionamento do mesmo no caso de incidir, respetivamente, sobre coisas móveis ou imóveis[261].

Garantia de pagamento de despesas com reparações

A entrega a B, para reparação, o veiculo X. B tem o direito de não devolver o veículo sem que A pague o preço da reparação. Persistindo o incumprimento, B pode propor ação judicial de cobrança de dívida e, na fase executiva, requerer a penhora e venda do automóvel, fazendo-se pagar do preço em dívida com preferência aos credores de A que não disponham de garantia especial prevalecente.

[259] Com hipotecas voluntárias ou legais, relativamente aos bens imóveis, e penhores, quanto aos bens móveis.

[260] Artigos 51º, 172º a 175º do CIRE.

[261] O *direito de retenção sobre imóveis prevalece sobre a hipoteca, ainda que esta goze de registo anterior* (artigo 759º número 2 do CC).

Garantia de pagamento de despesas de alojamento

C permanece, por cinco dias, no hotel Y, propriedade de D. D tem o direito de não devolver a bagagem de C sem que lhe seja pago o preço da estadia, podendo atuar de forma idêntica à relatada para B no exemplo anterior

Garantia no caso de promessa de venda com transmissão de posse

E prometeu comprar a F, que lhe prometeu vender, o prédio Z, pelo preço de 250.000,00, tendo-lhe sido transmitida a posse do mesmo quando celebrou o contrato de promessa de compra e venda, momento em que entregou a F 100.000,00, a título de sinal e princípio de pagamento do preço. Sobre o prédio incidiam uma hipoteca registada constituída a favor do Banco G, para garantia do crédito de 150.000,00 que emprestara a F para que este construísse o imóvel.

Se F recusar a venda do prédio a E, este tem o direito de não entregar o mesmo enquanto não for reembolsado da importância correspondente ao dobro do sinal ou a outra apurada nos termos do artigo 442º do CC, podendo vir a cobrar judicialmente o seu crédito como se fosse credor hipotecário, prevalecendo este direito sobre a hipoteca registada a favor de G, o que significa que poderá fazer vender judicialmente o prédio, pagando-se pelo produto da venda com preferência a G e aos demais credores que não gozem de outra garantia prevalecente.

LEGISLAÇÃO BÁSICA

Constituição da República Portuguesa, edição 2006 ou posterior
Código Civil, última edição
Legislação avulsa consultada pelos sítios da internet mencionados

INTERNET

https://www.dre.pt
http://www.gddc.pt
http://www.pgdlisboa.pt
http://www.parlamento.pt
http://www.sg.pcm.gov.pt
http://europa.eu/index_pt.htm

BIBLIOGRAFIA DE DESENVOLVIMENTO

Albuquerque, Pedro de, "Direito das Obrigações – Contratos em especial, Vol I, Tomo I, Almedina, 2015.

Amaral, Diogo Freitas do, "Manuel de Introdução ao Direito" Vol I, Almedina, 2015 (reimpressão).

Ascensão, José de Oliveira, "O Direito, Introdução e Teoria Geral", Almedina, 2017.

Canotilho, J.J. Gomes/**Moreira**, Vital, "Constituição da República Portuguesa Anotada", Volumes I e II, Coimbra Editora, 2007 e 2010, respetivamente.

Costa, Mário Júlio de Almeida, "Direito das Obrigações", Almedina, 2014.

Duarte, Maria Luisa, "Introdução ao Estudo do Direito" Sumários Desenvolvidos, AAFDL, 2003.

Fontes, José, "Teoria Geral do Estado e do Direito", Coimbra Editora, 2014.

Justo, A. Santos, "Introdução ao Estudo do Direito", Coimbra Editora, 2015.

Leitão, Luiz Meneses, "Garantia das Obrigações", Almedina, 2012.

Machado, J Batista, "Introdução ao Direito e ao discurso legitimador". Almedina, 1987.

Marques, Maria Manuel Leitão/**Ramos**, Maria Elisabete/**Frade**, Catarina/ /**Pedroso**, João "Manual de Introdução ao Direito Saber Direito para entender o mercado", Almedina, 2017.

Martinez, Pedro Romano, "Direito das Obrigações (Parte Especial) Contratos", Almedina, 2014, "Garantias de Cumprimento" (em coautoria com Pedro Fuzeta da Ponte), Almedina, 2006.

Miranda, Jorge/**Medeiros**, Rui, "Constituição Portuguesa Anotada", Coimbra Editora, Tomo I, II e II, de 2005 a 2007.

Oliveira, Nuno Manuel Pinto, "Contrato de compra e venda – noções fundamentais", Almedina, 2008.

Pereira, António Pinto [2013]. "Princípios Gerais de Direito". Coimbra: Coimbra Editora. **Pereira**, Manuel de Sousa Domingues das Neves Pereira, "Introdução ao Direito e às Obrigações", Almedina, 2015.

Ribeiro, Manuel de Almeida, "Introdução ao Direito para as Ciências Sociais", Almedina, 2017.

Sousa, Marcelo Rebelo de/**Galvão**, Sofia, "Introdução ao Estudo do Direito", Lex, 2000.

Teles, Inocêncio Galvão [2010]. *Manual dos Contratos em Geral.* 4ª Edição, "Direito das Obrigações", 1997, Coimbra Editora., "Introdução ao Estudo do Direito", Vol. I e II, Coimbra Editora, 2001.

Varela, Antunes, "Das Obrigações em Geral". Vol II, Almedina, 2015, "Código Civil Anotado" Volumes I e II, Coimbra Editora, 2010.

Vaz, Manuel Afonso, "O Sistema Constitucional Português", Universidade Católica Editora, Porto, 2015, "Teoria da Constituição O que é a Constituição hoje?" Universidade Católica Editora, Porto, 2015.

ÍNDICE